認知言語学を拓く

森 雄一・西村義樹・長谷川明香 編

石塚政行
長屋尚典
李　菲
三宅登之
小嶋美由紀
相原まり子
西山佑司
高橋英光
加藤重広
森　雄一
眞田敬介
大橋　浩
野村剛史
小柳智一

くろしお出版

序

　本書は，「認知言語学を拓く」というタイトルのもと，14 名の言語研究者
が，それぞれの問題関心において言語現象を分析した論考を収録する。本書
のもととなっているのは，2015 年度〜 2017 年度成蹊大学アジア太平洋研究
センター共同研究プロジェクト「認知言語学の新領域開拓研究―英語・日本
語・アジア諸語を中心として―」（研究代表者：森 雄一）である。このプロ
ジェクトにおいては，研究会を 8 回，公開シンポジウムを 2 回開催し，プロ
ジェクトメンバーとゲストスピーカーが報告と討議を行った。ゲストスピー
カーには認知言語学的手法をメインにしている研究者だけではなく，様々な
スタイルの研究者をお招きすることができ，認知言語学研究の活性化のため，
有意義な機会であったと考える。その成果が，成蹊大学アジア太平洋研究セ
ンターからの助成を受け，本書『認知言語学を拓く』と姉妹書『認知言語学
を紡ぐ』の 2 巻に成蹊大学アジア太平洋研究センター叢書としてまとめられ
ることとなった。
　本書『認知言語学を拓く』は，次のような構成となっている。
　第 1 部「フィールド言語学と認知言語学」は，バスク語，タガログ語を
それぞれの調査フィールドとしている研究者が，認知言語学的手法を言語事
象の解明に用いたもの。世界的にみても認知言語学的分析の対象としてはほ
ぼ未開の領域を切り拓いたものであり，本書のタイトルに最もふさわしい 2
論文を巻頭においた。第 2 部「中国語研究と認知言語学」は長年の研究蓄積
のある中国語文法に認知言語学のアプローチによって切り込んだ 4 論考を収
める。構文，メトニミー，移動表現，文法化という認知言語学の主要トピッ
クが中国語文法研究のフィールドでどのように展開されているか，じっくり
とお読みになっていただきたい。第 3 部「語用論と認知言語学の接点」は，
2017 年 8 月 29 日に開催された公開シンポジウムをもとにしている。シンポ
ジウムでは関連性理論と認知言語学との関わりが主たる焦点となったが，当
日の討議を承け，各論者においてどのように論考の形で述べられているかと
いう点にまず注目いただきたい。加えて，語用論には多様なスタイルがあり，
関連性理論とは別の立場からの発題もあったが，それらと認知言語学との今
後の関係をどのように予期するか，といった点も重要なポイントである。第
4 部「言語変化と認知言語学」は，2016 年 8 月 12 日に開催された公開シン

ポジウムをもとにしている。日本語学における代表的な文法史研究者をお招きし，英語を研究対象とする認知言語学者とともに行ったこのシンポジウムでの相互の意見交換が論考のなかにどのように反映されているのか，本書の読みどころの一つであろう。

　以上はいずれも認知言語学の外部からの刺激により，その研究を展開させようという試みである。本書が『認知言語学を拓く』という書名になった由来を理解いただけるであろう。なお，本書の姉妹書『認知言語学を紡ぐ』は認知言語学内部からの問題意識を発展させた論考を多く収録する。あわせてお読みいただければ編者にとって望外の喜びである。

　本書は，森，西村，長谷川の3名の編者によって責任をもって編集されたが，もととなったプロジェクトの企画立案，本書所収の論考の点検等，随所でプロジェクトメンバーの久保田篤氏（成蹊大学），眞田敬介氏（札幌学院大学），野田大志氏（愛知学院大学），石塚政行氏（東京大学）のお力添えを賜った。姉妹書『認知言語学を紡ぐ』の執筆者のお一人，田中太一氏（東京大学大学院博士課程）には編集の重要な局面で多大な貢献をしていただいた。また，成蹊大学アジア太平洋研究センターの歴代所長，事務担当者の諸氏には，細やかなご援助をいただいた。本書の編集はくろしお出版の池上達昭氏が担当くださった。常に的確な助言をくださる氏の支えなしには，本書は成立し得なかった。以上の方々に心より御礼を申し上げる。

森　雄一　西村義樹　長谷川明香

目 次

第1部　フィールド言語学と認知言語学

第1章　バスク語の名詞文・形容詞文の文法と意味........................石塚政行　3

第2章　意図と知識―タガログ語の *ma-* 動詞の分析―...................長屋尚典　23

第2部　中国語研究と認知言語学

第1章　中国語の攻撃構文における臨時動量詞の意味機能................李　菲　47

第2章　行為の評価からモノの属性へのプロファイル・シフトについて

　　　　―中国語の難易度を表す形容詞の事例から―....................三宅登之　67

第3章　中国語主体移動表現の様相

　　　　―ビデオクリップの口述データに基づいて―................小嶋美由紀　91

第4章　中国語における直示移動動詞の文法化

　　　　―［動作者名詞句＋来＋動詞句］の"来"の意味と文法化の道筋―

　　　　...相原まり子　117

第3部　語用論と認知言語学の接点

第1章　認知言語学と関連性理論...西山佑司　145

第2章　なぜ認知言語学にとって語用論は重要か

　　　　―行為指示の動詞と項構造―..高橋英光　171

第3章　日本語の語用選好と言語特性

　　　　―談話カプセル化を中心に―..加藤重広　191

第4章　提喩論の現在...森　雄一　215

第 4 部　言語変化と認知言語学

第 1 章　認知言語学と歴史語用論の交流を探る

　　　　— MUST の主観的義務用法の成立過程をめぐって—.......眞田敬介　239

第 2 章　譲歩からトピックシフトへ—使用基盤による分析—.........大橋　浩　261

第 3 章　ノダ文の通時態と共時態 ....野村剛史　285

第 4 章　副詞の入り口—副詞と副詞化の条件—.............................小柳智一　305

第 1 部

フィールド言語学と認知言語学

第 1 章

バスク語の名詞文・形容詞文の文法と意味

石塚政行

キーワード：バスク語，認知文法，コピュラ文，形容詞，定冠詞

1. はじめに

　本章では，バスク語[1]の名詞述語文・形容詞述語文(以下，名詞文・形容詞文と呼ぶ)の文法と意味について，認知文法を用いた分析を提示する。バスク語には，動詞や名詞と文法的に区別すべき品詞として形容詞が存在する。本章で扱う名詞文・形容詞文とは，名詞・形容詞と後置定冠詞の *a*(またはその複数形の *ak*)からなる補語をとる措定文(コピュラ文の一種)のことである。(1)は名詞文，(2)は形容詞文の例である。(1)の補語は名詞 *zurgin* と定冠詞，(2)の補語は形容詞 *alai* と定冠詞で構成されており，どちらも全体としては主語の指示対象(以下，単に主語と呼ぶことがある)の属性を述べるコピュラ文になっている。訳から分かるとおり，バスク語の名詞文・形容詞文は，日本語の名詞述語文・形容詞述語文，英語の *be* と名詞句補語・形容詞句補語からなる文におおむね対応する。

(1)　Gu-re　　　aita　zurgin-a　　da.[2]
　　　1PL-GEN　　父　　大工 -DEF　　PRS.COP

　　　(父は大工だ)(cf. My father is a carpenter)

---

[1]　バスク語は，バスク地方(スペインおよびフランス)を中心に話されている系統不明の言語である。能格型(または活格型)の格組織を持つが，統語的には対格性を示す。他動詞文の基本語順は SOV とされるが，情報構造による変動が見られる。動詞の直前に焦点が，その前に主題が置かれ，その他の要素は動詞の後ろに置かれる。

[2]　出典を明示していない例文は作例である。LBC という表記がある例は，バスク語アカデミーの Lexikoaren Behatokiaren Corpusa(http://lexikoarenbehatokia.euskaltzaindia.eus/) から取った例である。

（2） Gu-re ama ez da alai-a.
1PL-GEN 母 NEG PRS.COP 陽気な -DEF
（母は陽気ではない）（cf. My mother is not cheerful）

　バスク語名詞文・形容詞文に関する問題のひとつは，補語となる名詞や形容詞が定冠詞を伴うことである。(1)に相当する英語の文の補語 a carpenter には不定冠詞が使われている。なぜバスク語では不定冠詞ではなく定冠詞が用いられるのだろうか。また，(2)に相当する英語の文では補語形容詞 cheerful には定冠詞も不定冠詞も付いていない。なぜバスク語では冠詞を伴うのだろうか。

　本章では，(1)や(2)の補語は名詞句であり，補語の名詞や形容詞（および主語名詞句，5.2節を参照）によって特定されるモノのタイプをプロファイルする，と提案する。あらゆるタイプは「タイプ空間」(4.2節参照)において唯一の指示対象を持つので，定冠詞を用いることができる。文全体としては，《主語が表すモノ》が《補語が表すモノのタイプ》の事例であるという意味になる。あるモノが，《形容詞によって特定されるモノのタイプ》の事例であるということは，その形容詞の表す属性をそのモノが有するということである。つまり，バスク語は，英語とは異なり，主語名詞句が表すモノがある属性を有することを表現するために，その属性を表す形容詞をコピュラの直接の補語にするのではなく，その属性を有するモノを表す名詞句を補語とすることで表現するのである。

　以下，まず第2節で分析の前提となる道具立てを提示する。次いで，第3節では分析の準備としてバスク語の名詞句とコピュラ文について詳しく解説する。第4節で名詞文，第5節で形容詞文の分析を示す。第6節はまとめである。

2.　分析に用いる認知文法の概念

　認知文法のひとつの特徴は，指示対象が何であるかというだけでなく，その指示対象をどのように捉えるかに着目して意味を分析する点である。たとえば，英語の snail と escargot の意味の共通点と相違点を見てみよう（Langacker 2008: 49）。snail と escargot という語からアクセス可能な知識の総体は等しい。どちらの語も，日本語でカタツムリと呼ばれる生き物で，

フランス料理などの食材の一種にもなるモノを指す点では変わりがない。一方で，*escargot* の意味としては，そのような知識のうち食材としての側面がとくに中心的な，活性化されやすい部分になっている。すなわち，*snail* と *escargot* では意味のどの側面が焦点化されるかが異なる。そのため，*My garden is crawling with escargots* とは言えない。このような，意味理解に必要な知識の諸側面をドメインと言う。これらのドメインの一部をベースとして，さらにそのうちの特定の部分に注意が向けられる。この注意が向けられた部分がプロファイル（指示対象）である。たとえば，日本語の「帯」のある種の用法が表すモノは，紹介文などを印刷して本の下部に巻き付ける長方形の紙である。このとき，その紙は本の下部に巻き付けられることを前提にして初めて「帯」としてカテゴリー化される。つまり，「帯」が表すもの（プロファイル）はある種の紙なのだが，その意味には背景（ベース）としてそれが巻き付けられる本が入っていると考える。これと同様に，形容詞一般のスキーマ的な意味では単に何らかの属性がプロファイルされるだけではなく，その属性を持つスキーマ的なモノがベースに含まれていると考える。

　もうひとつの特徴は，語彙項目と同様に，主語，目的語，名詞，形容詞といった文法項目も，形式と意味の対としての記号であると考えることである。たとえば名詞は，あらゆる名詞に共通するスキーマ的な意味（モノ（thing）として捉えた[3]事物をプロファイルすること）と形式を持った記号として分析される。語レベルのカテゴリーとしての名詞と，句レベルのカテゴリーである名詞句[4]は，どちらもモノをプロファイルするという点では同じだが，前者がモノのタイプをプロファイルするのに対して，後者はモノの事例（instance）をプロファイルする（Langacker 2008: 264ff.）。語レベルの名詞の主な機能が分類であるとすれば，名詞句の機能はそのカテゴリーに属する特定の対象への指示を成立させることである。英語では，名詞 *cat* は特定の猫を指すことはできず，限定詞を用いて *the cat* のような名詞句にしなければならない。

　Langacker（2008: 268）の提案では，事例として捉えるということは，ある

---

[3]　モノとして捉えるとは，複数の事物を単一の事物として捉える，ということである（Langacker 2008: 103ff., 2015）。典型的な名詞が表す物体を概念化する際にも，それを構成する物質のグループ化が行なわれている。このようなグループ化の捉え方を適用した事物をプロファイルしている表現が名詞なのである。

[4]　Langacker 自身は，*noun phrase* という言い方は不適切だとして，*nominal* と呼んでいる。

ドメイン内の特定の位置を占めていると捉えることである。たとえば，今私の膝の上で寝ている猫と，ドアの前で寝ている猫が違う猫である（すなわち，2つの猫の事例である）と捉えるとき，それは，その2者が三次元空間ドメインにおいてその時点で異なる位置を占めていると捉えていることによるのである。タイプとは，このようにあるドメインにおいてある位置を占めていると捉えられた複数の事例から，その特定の位置を占めているという部分を捨象したものである。

名詞句を用いて特定の事例を指示するためには，その事例がどんなタイプのモノであるかを限定するだけではなく，それをグラウンド（発話事象，発話参与者，発話時，発話の場，発話の文脈などの総体）に対して位置づける必要がある。これがグラウンディングである。定冠詞は，名詞のグラウンディング要素のひとつで，名詞句が表す特定のタイプのモノの事例が文脈上ただ1つ存在することを前提とし，そのモノをプロファイルする（Langacker 2008: 285 参照。これは基本的に英語の定冠詞に関する分析だが，バスク語の定冠詞もこのスキーマ的な意味は共通していると考える）。定冠詞がプロファイルするのはモノであるというところが本章の分析においては重要である。

最後に，構文（複数の記号から構成される複合的な記号）について簡単に見ておきたい。構文は，複数の成分（component）構造と，それらから合成される合成（composite）構造，それらの構造間の関係から構成される。たとえば，jar lid は jar と lid から構成される複合的な記号であるが，この意味構造について考えてみよう（Langacker 2008: 162ff.）。lid は，（上方に開口部のある何らかの容器の）蓋をプロファイルしており，jar はある種の上方に開口部のある容器をプロファイルしている。複合的記号である jar lid において，成分構造の jar のプロファイルは，もう一方の成分構造である lid の意味に含まれるスキーマ的な容器と対応関係（correspondence）を持っている（すなわち，同じ事物に対する2つの表示として捉えられている）。この対応関係にある意味構造は統合され，合成構造の意味には jar に分類される種類の容器が含まれることになる。さらに，この合成構造でプロファイルされているのは，そのような容器の開口部をふさぐための蓋であり，成分構造の lid のプロファイルと同じである。合成構造のプロファイルは成分構造のどれかのプロファイルと同じになるのが普通である。

以上の道具立てを用いて，第4節では名詞文，第5節では形容詞文の分

析を提示する。そのための準備として，次の節ではバスク語の名詞句とコ
ピュラ文について説明する。

3. バスク語の名詞句とコピュラ文

本節では，名詞文と形容詞文の分析に関わる文法事項として，バスク語の
名詞句とコピュラ文について詳しく解説する。

3.1 バスク語の名詞句

バスク語の名詞句は，名詞または限定詞を主要部とする句で，格助詞と
結びつき，動詞の項や後置詞の補部となる。人称代名詞，固有名詞，限定
詞（定冠詞 *a*, *ak*，分格冠詞 *ik* などを除く）は単独で名詞句を構成する。日
本語・英語とは異なり，可算・不可算の別にかかわらず，名詞は単独で名詞
句になることはできず，明示的な限定詞を必要とする。(3) の *katu bat*「猫」
と *kaleak*「街路」は可算名詞句の例で，前者は単数，後者は複数である。
(4) の *ura*「水」と *ardoa*「ワイン」は不可算名詞句の例である。いずれも，
不定冠詞 *bat* や定冠詞 *a* を削除すると非文法的になる。

（3） **Katu　bat**-ek　　　**kale-ak**　　　gurutza-tzen　ditu　begiratu　gabe.
　　　猫　　IDEF-ERG　　　街路 -DEF.PL　　渡る -IPFV　　PRS　見る　　　なしで
　　　（猫は周りを見ずに街路を渡る）
　　　　　　　　　　　　（https://eu.wikipedia.org/w/index.php?title=Katu&oldid=6007720）
（4） **Ur-a**　　barik　　　**ardo-a**　　edan　　　du.
　　　水 -DEF　代わりに　ワイン -DEF　飲む .PFV　PRS
　　　（彼は水の代わりにワインを飲んだ）　　　　　　　　（de Rijk 2008: 311）

定冠詞 *a*（単数形）と *ak*（複数形）は前の語をホストとする接語で，正書法上，
直前の語に続けて書かれる。以下では，定冠詞を限定詞とする名詞句を「定名
詞句」と呼ぶことがある。バスク語の名詞句では，名詞自体には複数であるこ
とは標示されず，定冠詞・不定冠詞・指示詞にのみ語形上の数の区別がある。
名詞はさまざまな連体修飾要素によって修飾される。(5) の *Nafarroako*
は，固有名詞 *Nafarroa*（地名）に位置格の連体形 *ko* が付いたもので，
「Nafarroa の（Nafarroa で統治していた）」という意味になる。このような，

8 ｜ 石塚政行

名詞句または後置詞句を元にした連体修飾要素は主要部である名詞（この場合は *errege*「王」）に前置される。また角括弧で囲った部分は関係節になっているが，関係節も同じく主要部名詞（ここでは *liburu*「本」）に前置される。一方，形容詞（(5) の *handi*「大きい」）は主要部名詞に後置される。

(5) [**Nafarroa-ko** errege-ek gain-ean zin egi-ten
　　 N.-LOC.ADN 王-DEF.PL.ERG 上-LOC 宣誓 する-IPFV

　　 zute-n] liburu **handi**-a
　　 PST-REL 本 大きい-DEF
　　 （Nafarroa の王たちが上に手を乗せて宣誓していた大きな本）
　　　　　　　　　　　　　　　　　　　　　（Jean Etxepare, *Beribilez*）

　文脈上明らかな場合には名詞を省略することができる。(6) の名詞句 *txikiagoak*「より小さいの」は，形容詞と定冠詞だけで構成されている。この名詞句はそれと等位接続されている *harri handiak*「大きい石」を参照して解釈され，「より小さい石」という意味になる。このような主要部名詞を欠いた名詞句を，本章では「主要部欠如名詞句」と呼ぶ。主要部欠如名詞句は第 5 節の形容詞文の分析で重要な役割を果たす。

(6) Harri handi-ak eta **txiki-ago-ak** tarteka-tzen
　　 石 大きい-DEF.PL AND 小さい-CMPR-DEF.PL 混ぜる-IPFV

　　 ditu entrena-tze-ko.
　　 PRS 練習する-NMLZ-ために
　　 （彼（石担ぎ競技の選手）は大きめの石と小さめの石を混ぜて練習している）
　　　　　　　　　　　　　　　　　　　　　　　　　　　　　（LBC）

3.2　バスク語のコピュラ文

　バスク語のコピュラは動詞の一種である。コピュラ動詞には自動詞と他動詞があるが，本章では自動詞コピュラの代表である *izan* のみを扱う。*izan* は英語の *be* に相当し，存在動詞や自動詞の助動詞としても用いられる非常に重要な動詞である。バスク語定形節の述語動詞は，助動詞と分詞から構成される複合形であるのが普通だが，*izan* は単独で定動詞になれる数少ない動

詞のひとつである。なお，本章の議論は，基本的に他の自動詞コピュラや他動詞コピュラにも適用できる。

バスク語のコピュラ文は，少なくとも措定文，指定文，同定文の3つに分類できる（この分類については西山2003を参考にした）。措定文は，主語について，それが有する属性を述べたり，その一時的状態を述べたりするコピュラ文である。本章の主題である名詞文・形容詞文は，措定文の一種である。

措定文の補語は，名詞句である場合とそうでない場合がある。措定文の補語になる名詞句は，名詞，形容詞，その他の連体修飾要素と定冠詞から構成される定名詞句である。(7)の (ingelesezko) irakasle は名詞，(8)の burugogorr は形容詞，(9)の nire「私の」は属格名詞句，(10)の familia oneko「良い家柄の」は連体形後置詞句，(11)の太字部分は関係節の例である。名詞が補語の一部を構成する場合，(12)のように定冠詞の代わりに不定冠詞を用いることを容認する話者もいる。名詞句を補語とするこのような措定文のうち，補語に名詞を含む(7)のような例が本章の名詞文であり，補語に名詞を含まず形容詞と定冠詞のみからなる(8)のような例が本章の形容詞文である。なお，第5節の形容詞文に関する議論は，(9)–(11)のような連体修飾要素と定冠詞からなる名詞句を補語とする措定文にも適用できる。

（7） Garazi **ingeles-ez-ko** **irakasle**-a da.
　　 G.　　 英語 -INST-ADN　教師 -DEF　 PRS.COP
　　（Garazi は英語の教師だ）　　　　　　　　　　　 （Zabala 2003: 435）

（8） Euskaldun-ok　　　　　　 oso　 **burugogorr**-ak　 gara.
　　 バスク人 -PROX.DEF.PL　とても　頑固な -DEF.PL　 1PL.PRS.COP
　　（我々バスク人はとても頑固だ）　　　　　　　　　　　　　　 （LBC）

（9） Zu-re-a　　　　　 dena **ni-re**-a　　　　 da.
　　 2SG-GEN-DEF　 全て　1SG-GEN-DEF　 PRS.COP
　　（お前のものは俺のもの）
　　　　　　（https://almightywind.com/prophecybasque/proph27basque.html）

（10） Andre hori **familia** **on-eko**-a　　　　　 zen.
　　　 女性　それ　家族　　良い -LOC.ADN-DEF　 PST.COP
　　　（その女性は良い家の出身の女性だった）
　　　　　　　　　　　　　　　　　 （Unai Elorriaga, *Van't Hoffen ilea*）

10 ｜ 石塚政行

(11) Euklides-en　teoremak　**gehienetan**　**eskola**　**moderno-an**
　　　E.-GEN　　　定理 .DEF.PL　多くの場合　学校　　現代の -LOC

　　　ikas-ten　　**ditu-zte-n-**ak　　　　　　dira.
　　　学ぶ -IPFV　PRS-ERG:3PL-REL-DEF.PL　PRS.COP

　　　(Euklides(ユークリッド)の定理は，現代の学校で多くの場合学ばれ
　　　ているものだ)

　　　　　　(https://eu.wikipedia.org/w/index.php?title=Euklides&oldid=5578839)

(12) Garazi　ingeles-ez-ko　　　irakasle　**bat**　da.
　　　G.　　英語 -INST-ADN　教師　　　IDEF　PRS.COP

　　　(Garazi は英語の教師だ)　　　　　　　　　　　　(Zabala 2003: 435)

　この種の措定文の補語に現れる *a* や *ak* は，定冠詞(限定詞 D の一種)では
なく，数の標識(Zabala 1993: 495ff.)やコピュラ代名詞(Eguren 2012)などの
D とは異なる統語範疇に属するものとして分析されることがある。こうした
分析では，措定文の補語は DP(本章で言うところの名詞句)ではないことに
なる。しかし，措定文の補語が名詞句であると考えるべき根拠は，少なくと
も 2 つある。

　第 1 に，*a* や *ak* を伴う補語は関係節化できるが，そうでない補語は関係
節化できない(Artiagoitia 1997)。(13)の角括弧で囲んだ部分は，*izanda* を述
語動詞とする非定形節になっている。この節の主語は *euskaldunok*「我々バ
スク人」で，補語が *garen burugogorrak* である。この補語は，関係節 *garen*
が *burugogorrak* を修飾する構造になっている。*burugogorrak gara*「我々は
頑固だ」(例 8 を参照)の補語である *burugogorrak* を関係節化すると，*garen*
burugogorrak が得られる。英語で逐語的に言い換えれば，we Basques are the
obstinate that we are に相当する。このように，*a* や *ak* を伴う補語は関係節
化できるのだが，(14)から分かるように，そうでない補語は関係節化できな
い。(14)では，*izan* ではなく *egon* がコピュラとして用いられているが(これ
は補語が一時的状態を表していることによる)それ以外は(13)と同じ構造に
なっている。この例からは，*lasai dago*「彼は落ち着いている」から *lasai* を
関係節化して *dagoen lasai* にできないことがわかる。

バスク語の名詞文・形容詞文の文法と意味 | 11

(13)　Hori　ulertzeko-a　　　　　da　　　　　[euskaldun-ok
　　　それ　理解できる -DEF　　PRS.COP　　バスク人 -PROX.DEF.PL

　　　gar-en　　　　　　　burugogorr-ak　　izan-da].
　　　1PL.PRS.COP-REL　　頑固な -DEF.PL　　COP-CVB

　　　（我々バスク人がこのように頑固であることを考えると，それは理解
　　　できる）　　　　　　　　　　　　　　　　　　（Artiagoitia 1997）

(14) *Hori　ulertzeko-a　　　　　da　　　　　[Jon
　　　それ　理解できる -DEF　　PRS.COP　　J.

　　　dago-en　　　　lasai　　　　egon-da].
　　　PRS.COP-REL　落ち着いて　　COP-CVB

　　　（Jon があのように落ち着いていることを考えると，それは理解できる）
　　　　　　　　　　　　　　　　　　　　　　　　　　　　　　　（ibid.）

　第 2 に，a または ak を伴う補語は指示代名詞 hori で代用することができ
るが，そうでない補語は指示代名詞ではなく指示副詞 hala で代用しなけれ
ばならない。(15) の hori は文脈から kazetaria「ジャーナリスト」の代用だ
と考えられる。(16) の hala は副詞 bakarrik「1 人きりで」の代用だが，指
示代名詞 hori で置き換えることはできない。

(15)　Kazetaritza　　　　　　　　zergatik?
　　　ジャーナリスト業 .DEF　　　なぜ

　　　Txiki-tatik　　　　hori　izan　nahi　　nuen.
　　　小さい -IDEF.ABL　それ　COP　欲しい　ERG: 1SG.PST. 持つ

　　　（なぜ私がジャーナリストをしているのかというと，小さいころから
　　　それになりたかったのだ）　　　　　　　　　　　　　　　　（LBC）

(16)　Bakarrik　na-go　　　　　berriz　ere　eta
　　　1 人きり　1SG.PRS-COP　また　　も　　AND

　　　hala　egon　nahi　　du-t.
　　　そう　COP　欲しい　PRS. 持つ -ERG: 1SG

　　　（今はまた 1 人きりだが，私はそうありたいのだ）
　　　　　　　　　（http://www.ehu.eus/ehg/hac/liburua?l=Nietzsche&o=82）

これらの点から，本章では a, ak を伴う補語は名詞句であり，a, ak は定冠詞であると見て議論を進める。名詞句以外の補語を持つ措定文については本章では扱わない[5]。

措定文と区別すべきものとして，指定文と同定文がある。指定文は，誰か・何かが満たすことが前提になっている記述について，その記述を満たす対象を指定するコピュラ文である。指定文でも，措定文と同じく，名詞・形容詞と定冠詞からなる名詞句が現れるが，補語ではなく主語になるので，本章の考察の範囲外とする。

同定文は，主語が何者であるかを補語によって述べるコピュラ文である。(17) の Txus の最後の台詞は同定文の例である。Txus が Platon（プラトン）という固有名詞を使ってこの世界の特定の人物を指示していることを Igone は分かっているが，その人物が何者なのかが分からない。それに対して，Txus は，Platon を他の人物から識別する十分な情報として，「偉大な哲学者のひとりである」ということを述べているのである。

(17)　Txus: Platon-en　bilduma　oso-oso-a　　　　　　zu-retzat!
　　　　　　　P.-GEN　　作品集　　完全な - 完全な -DEF　　2SG- のために

　　　　Igone: Platon?　Hori　nor　da,　　　　aktore　bat?
　　　　　　　P.　　　　それ　誰　PRS.COP　俳優　　IDEF

　　　　Txus: Ez,　**filosofo　handi　bat　da**.
　　　　　　　NEG　哲学者　　偉大な　IDEF　PRS.COP

　　　　（「Platon 全集をどうぞ」「Platon ?　それ誰，俳優？」
　　　　「違うよ。偉大な哲学者だよ」）　　　　　　　（*Goenkale*, 116. atala）

同定文では，(18) のように，名詞と定冠詞からなる名詞句が補語になる場合もあるが，本章では名詞文には含めない。第 4 節の最後で，同定文の補語における定冠詞と，名詞文の補語における定冠詞の意味を比較することで，措定文と同定文の違いの一端を明らかにする。

---

[5]　名詞句以外で措定文の補語になるのは，形容詞句，副詞句，後置詞句である。補語が名詞句でない措定文の場合，*izan* ではなく *egon* がコピュラとして使われる方言もある（例 14，16 を参照）。

バスク語の名詞文・形容詞文の文法と意味 | 13

(18) Nor da? **Zu-re** **ahizpa** edo **zu-re** **lagun-a**?
　　　誰　PRS.COP　2SG-GEN　姉妹 .DEF　OR　2SG-GEN　友達 -DEF
　　　（誰？　妹さん？　それとも友達？）　　　　　　　　　　（LBC）

4. 名詞文の分析

　この節と次の節では，認知文法に基づいて，バスク語名詞文・形容詞文に対する分析を提示する。第 4 節では，まず，フランス語名詞文に関するLangacker(1991) の分析を参考に，バスク語名詞文は主語が表すモノが，補語が表すモノのタイプの事例であることを表すと主張する。次に，バスク語名詞文の補語が定冠詞を取ることについて，あるタイプがその上位タイプの「タイプ空間」内では唯一の存在であるために，定冠詞の使用が可能になっていることを示す。

4.1　名詞文はタイプと事例の関係を表す

　Langacker(1991: 69) は，(19)–(20) に挙げたフランス語の名詞述語文を，モノのタイプと事例の関係を表す構文として分析している。主語は何らかのモノの事例をプロファイルし，補語はモノのタイプをプロファイルする。文全体としては，主語のプロファイルが補語のプロファイルの事例になっていることが表される。この種のフランス語名詞述語文の補語は，グラウンディングを経た名詞句ではなく，冠詞類を伴わない裸名詞になっている。Langacker の分析によれば，これは補語がモノのタイプを表していることの反映である。

(19) Alain est professeur.
　　　A.　COP.PRS　教師
　　　（Alain は教師だ）　　　　　　　　　　　　　　　（Langacker 1991: 69)
(20) Pierre est médecin.
　　　P.　COP.PRS　医者
　　　（Pierre は医者だ）　　　　　　　　　　　　　　　　　　　（ibid.）

　例 (21)–(22) は，(19)–(20) に対応するバスク語名詞文である。フランス語名詞述語文との違いは，補語を構成する名詞に定冠詞がついていること，

14 ｜ 石塚政行

すなわち，補語がグラウンディングを経た名詞句になっていることである。
本章の提案は，この名詞句がフランス語と同じようにタイプを表しており，
バスク語名詞文もとのプロファイルが補語のプロファイルの事例であること
を意味しているのだ，というものである。

(21)　Alain　irakasle-a　　da.
　　　A.　　　教師 -DEF　　PRS.COP
　　　（Alain は教師だ）
(22)　Peio　mediku-a　　da.
　　　P.　　　医者 -DEF　　PRS.COP
　　　（Peio は医者だ）

　名詞句のプロファイルは，グラウンディングを経たモノの事例である。タ
イプは，それより上位のタイプの事例として捉えることもでき，その場合，
その上位タイプの「タイプ空間」における唯一の存在であることから，定冠
詞が用いられるのである。次節では，このことについて詳しく議論する。

4.2　なぜ定冠詞か

　定冠詞は，名詞句が表す特定のタイプのモノの事例が文脈上ただ 1 つ存
在することを前提とし，そのモノをプロファイルする。あるタイプは，後述
する「タイプ空間」内では唯一の存在である。そのため，そのタイプをプロ
ファイルするときに定冠詞を用いることができる。

　タイプは，それより上位のタイプの事例として捉えられることもある
(Langacker 1991: 63)。たとえば，オカピ，ウォンバット，ウサギ，ノウサ
ギといったタイプは，哺乳類という上位タイプに対しては事例でもある。
(23) では，三次元空間内で特定の位置を占める特定のオカピやウォンバッ
トの事例ではなく，タイプとしてのオカピやウォンバットについて，動物園
ではめったに見られないということが言われている。一方で，このオカピや
ウォンバットのタイプは，上位の哺乳類というタイプの 2 つの事例として
も捉えられている。あるタイプの下位タイプの取りうる範囲を「タイプ空
間 (type space)」と呼ぶことにしよう (Langacker 1991: 64)。たとえば，哺乳
類のタイプ空間には，オカピ，ウォンバット，ウサギ，ノウサギなどが含ま

れる。(23)のオカピとウォンバットは，タイプとして，つまり三次元空間内の位置については捨象して捉えられていると同時に，哺乳類のタイプ空間ドメインの中で区別される異なる事例としても捉えられている。タイプ空間内の事例としての捉え方は，それらを合わせて *two mammals*「2種類の哺乳類」という名詞句で指せることに反映している。

(23)　The okapi and the wombat are two mammals seldom found in zoos.

（Langacker 1991: 63）

　これと同じことがバスク語の場合にも言える。(24)の *untxia*「ウサギ」と *erbia*「ノウサギ」は，どちらもタイプを表しているが，同時に哺乳類という上位タイプの事例でもあり，哺乳類タイプ空間の中で区別される。だからこそ，*bi ugaztun hauek*「この2種類の哺乳類」というように表現することができるのである。

(24)

Lehengo batean	lagun	bat-ek	mendi-an	untxi-a	edo
この前	友達	IDEF-ERG	山-LOC	ウサギ-DEF	OR

erbi-a,	bi-etako	bat	altxa
ノウサギ-DEF	2つ-DEF.PL.LOC.ADN	1つ	捕まえる.PFV

zu-ela	esan	zidan.	**Bi**	**ugaztun**	**hau-ek**
PST-COMP	言う.PFV	PST.DAT: 1SG	2つ	哺乳類	これ-PL

antzeko-ak	dir-en	arren,
似ている-DEF.PL	PRS.COP-COMP	けれども

erbi-a	handi-ago-a	da.
ノウサギ-DEF	大きい-CMPR-DEF	PRS.COP

（この前友達が山でウサギかノウサギのどちらかを捕まえたらしい。この2種類の哺乳類は似ているが，ノウサギのほうが大きい）

（http://www.santurtzieus.com/gelairekia/testuak/irak/untxia_edo_erbia.htm）

　あるタイプは，その上位タイプのタイプ空間内では唯一の存在である。たとえば，オカピ，ウォンバット，ウサギ，ノウサギというタイプは，哺乳類のタイプ空間内には1つしかない。そのため，(23)や(24)では，これらの

動物のタイプを指すのに定冠詞が用いられているのである。

　以上の分析から，バスク語名詞文の補語に定冠詞が用いられる理由は自然に導かれる。4.1 節の分析によれば，バスク語名詞文の補語はモノのタイプを表す。あるタイプは，その上位タイプのタイプ空間内では唯一の存在であるので，定冠詞が適切に使用できるのである。

　フランス語では，モノのタイプと事例の対応関係を述べるときに，そのタイプを裸名詞で表すことが慣習化しているのに対し，バスク語ではそれを定冠詞と名詞からなる名詞句で表すことになっているということである。このように，同じ機能が言語ごとに異なる方略を通して果たされることは，けっして珍しいことではない。たとえば，固有名詞は唯一の人や土地を指すのが普通であるため，定冠詞の意味と合致するが，英語では固有名詞に定冠詞を付けることはできない（*the Ronald Langacker）。固有名詞の意味に指示対象の唯一性が含まれているので，わざわざ定冠詞を使わなくてもよいのである。一方，フランス語では，一般に国名は定冠詞とともに用いられる（la France）。これは，言語に広く見られる冗長性の現れにすぎない。細部においては，個別言語が冠詞をどのように使うかは各言語の慣習によるのである（Langacker 1991: 102）。

4.3　同定文との比較

　名詞文の分析の締めくくりとして，名詞文と同定文を比較する。3.2 節の最後で示したように，同定文の補語は，名詞文と同じく名詞と定冠詞から構成される定名詞句になることがある。しかし，この節では，同定文の補語名詞句は名詞文とは異なりモノのタイプではなく事例を表すと主張する。なお，以下の議論は，坂原（2012）のフランス語についての議論を参考にしている[6]。

　たとえば，大学の警備員がある研究室の入口付近でうろうろしている怪しい人物に対して誰何したとしよう。このとき，その人物がその研究室を主宰する教授であった場合，(25)のように言うことができる。

---

[6]　例(19)–(20)から分かるように，フランス語では，職業を表す名詞はふつう無冠詞でコピュラ文の補語になる。しかし，この節で論じるような文脈では，冠詞を使わなければならない（坂原 2012）。

(25) Ni　　kateduradun-a　　naiz.
　　　1SG　教授 -DEF　　　　PRS.COP
　　（私は（ここの）教授です）

　このとき，補語となっている定名詞句 *kateduraduna* は，この研究室の1人しかいない教授の事例を指しているのであって，教授というタイプを表しているのではない。このことは，次の対比からはっきりする。警備員に誰何された人物がその研究室の学生であった場合，(26) のように，不定冠詞つきの名詞句を補語とするコピュラ文を用いることはできるが，定名詞句を補語とする文は使えないのである。

(26) Ni　　{ikasle　bat　 /　 *ikasle-a}　　naiz.
　　　1SG　{学生　IDEF　/　学生 -DEF}　PRS.COP
　　（私は（ここの）学生です）

　同定文は，主語を他者から区別する十分な情報を与えるのに用いられる。この研究室の教授や学生なのであれば，警備員はその人物に対して警戒する必要はない。このとき問題になっているのは，教授や学生という一般的タイプに属するかどうかではなく，この研究室の関係者である教授や学生であるかどうかということである。この研究室には教授が1人，学生が複数所属しているという想定のもとでは，その特定の教授であることや，その学生の1人であることを述べることは，警備員の誰何に対する十分な返答になる。そのため，前者は定冠詞，後者は不定冠詞が用いられるのである。
　このように，名詞文でも同定文でも補語は定名詞句になる場合があるが，前者においてはタイプがタイプ空間において唯一であることによって定冠詞が用いられているのに対し，後者においては同定の場面において唯一であることによって定冠詞が用いられるのである。

5.　形容詞文の分析
　続いて形容詞文の分析を提示する。まず，定冠詞がモノをプロファイルするという認知文法の提案に基づいて，バスク語の主要部欠如名詞句の意味を考察する。次に，形容詞文について，補語名詞句は形容詞と主要部名詞に

よって特定されるモノのタイプを表し，文全体としては主語名詞句の表すモノが補語名詞句の表すタイプの事例であることを表すと主張する。

5.1　主要部欠如名詞句の意味構造

　バスク語の名詞句では，3.1 節で述べたように，文脈から明らかな場合に名詞を省略することができる。(27)の *txikiagoak* は，形容詞 *txikiago*「より小さい」と定冠詞 *ak* で構成される名詞句で，「より小さい石」と解釈される。主要部名詞のないこの名詞句の意味構造は，どうなっているだろうか。

(27)　harri　handi-ak　　　　　eta　　**txiki-ago-ak**
　　　石　　大きい -DEF.PL　　AND　小さい -CMPR-DEF.PL
　　　（大きい石とそうでもない石）

　最初に，名詞と形容詞，定冠詞から構成される *harri handiak*「大きい石」のような名詞句の合成について詳しく見てみよう。形容詞 *handi*「大きい」がこの文で持つ意味には，ある種の属性とその属性を持つスキーマ的なモノが含まれる。*handi* は，空間内のモノが占める空間の程度がある基準を超えているという属性を持つことを表している。一方，名詞 *harri*「石」はある種の空間内のモノをプロファイルしている。*harri handi* という合成的表現においては，*handi* の意味に含まれるスキーマ的なモノと，*harri* のプロファイルが対応関係を持ち，全体としてはモノがプロファイルされる。

　結果として，*harri handi* は，*harri* 単独よりも詳細なモノのタイプ（石であり，かつ大きいモノ）をプロファイルすることになる。定冠詞 *ak* は，名詞句が表す特定のタイプのモノの事例が文脈上ただ 1 つ存在することを前提とし，そのモノをプロファイルする。*harri handi* のプロファイルと，定冠詞 *ak* のベースに含まれるモノのタイプが対応関係を持ち，全体としては，*harri handi* が表すタイプのモノの，文脈上ただ 1 つ存在する事例がプロファイルされる。

　では，*txikiagoak* はどうなっているだろうか。ここで，Langacker (1991: 151ff., 2008: 327) による，英語の *those three, the less fortunate, all who qualified* などの主要部欠如名詞句の分析が参考になる。Langacker はこれを *those, the, all* などのグラウンディング要素がモノをプロファイルすることに基づいて慣習化した構文として分析している。このような表現は，*three, less fortunate, who qualified* の意味に含まれるスキーマ的なモノと，グラウンディング要素のプロファイルであるスキーマ的なモノが対応関係を結ぶことによって成立しているのである。バスク語の *txikiagoak* についても同様に分析できる。*txikiago* の表す属性を持つスキーマ的なモノと，*ak* のプロファイルするモノが対応関係を持ち，全体としては *txikiago* によって限定されるタイプのモノの，文脈上ただ1つ存在する事例がプロファイルされるのである。

　txikiagoak のようなバスク語の主要部欠如名詞句の注意すべき特徴は，この種の名詞句が，英語の *one* に相当する照応機能を持つということである。3.1 節で述べたように，主要部欠如名詞句は欠けている名詞が文脈上明らかな場合に用いられる。つまり，このような主要部欠如名詞句の意味には，参照点となるようなモノのタイプが談話中にあることがベースとして含まれていることになる。主要部欠如名詞句のプロファイルするモノのタイプは，その参照点と同一のものとして解釈される。

5.2　形容詞文の補語名詞句もモノのタイプを表す

　前の節で取り上げた主要部欠如名詞句は，通常の名詞句と同じく，タイプを表す用法を持つ。(28)の2文目に現れる名詞句 *arra* と *emea* は，それぞれ「雄のシカ」「雌のシカ」と解釈される。これは，シカのタイプに属する特定の雄のシカ，雌のシカの事例を表しているわけではなく，雄のシカは一般に雌のシカよりも大きいということを言っている文である。

(28)　Orein-a　　Euskal Herri-ko　　　　　artiodaktilo　basati-en
　　　シカ -DEF　バスク地方 -LOC.ADN　　偶蹄類　　　　野生の -DEF.PL.GEN

　　　arte-an　　handi-en-a　　　　du-gu.
　　　間 -LOC　　大きい -SUP-DEF　PRS.COP-ERG: 1PL

　　　Arr-a　　　eme-a　　　baino　handi-ago-a　　　iza-ten　　da.
　　　雄の -DEF　雌の -DEF　より　大きい -CMPR-DEF　COP-IPFV　PRS
　　　（シカはバスク地方の野生の偶蹄類のなかで最も大きい。雄は雌よりも大きい）

　　　（http://zientzia.eus/artikuluak/oreinaren-marraoa-udazkeneko-abarrotsa/）

　バスク語形容詞文の補語名詞句は，この例の *arra* や *emea* と同じく，タイ

プを表す主要部欠如名詞句である。(29) の名詞文の補語 gizon bezatuak は，形容詞 bezatu「飼い馴らされた」で修飾された名詞 gizon「男」と定冠詞で構成されている。第4節の分析によれば，この補語名詞句は gizon bezatu「飼い馴らされた男」というモノのタイプを表す。この補語名詞句から gizon を省略したのが (30) の補語 bezatuak である。(30) の補語は，一次的には「飼い馴らされたモノ」というモノのタイプを表し，主語名詞句の gizon と照応関係を持つことによって，「飼い馴らされた男」というモノのタイプを表す。結果として，(29) と (30) の最終的な意味構造はほとんど変わらないものとなる。この (29) の構造こそ，バスク語の形容詞文に他ならない。

(29) Entrepresa haundi-etako gizon-ak
企業 大きい -DEF.PL.LOC.ADN 男 -DEF.PL

gizon bezatu-ak dira.
男 飼い馴らされた -DEF.PL PRS.COP

（大企業の男たちは男として飼い馴らされている）

(https://zuzeu.eus/euskal-herria/nabarroko-euskal-hiriaren-lehen-politeia/)

(30) Entrepresa haundi-etako gizon-ak
企業 大きい -DEF.PL.LOC.ADN 男 -DEF.PL

bezatu-ak dira.
飼い馴らされた -DEF.PL PRS.COP

（大企業の男たちは飼い馴らされている）

　このように，バスク語形容詞文の補語名詞句は形容詞の表す属性を持つスキーマ的なモノのタイプをプロファイルし，文全体としては主語のプロファイルするモノが補語のプロファイルするモノのタイプの事例であることを表す，と分析することができる。ところで，(29) と (30) はほとんど同じ意味構造を持つと上で述べたが，その違いはどこにあるのだろうか。

　両者の間には一種の分析可能性 (analyzability) の違いが認められる。分析可能性とは，ある構文において成分構造を合成構造の中にどれだけはっきりと認めることができるかということである。たとえば，father と male parent を比べると，後者の意味構造における「男性」や「親」という概念は，個別に記号化されている分，前者より際立っている (Langacker 1987: 293)。こ

のような分析可能性の違いが，(31) と (32) のペアにも見られる。(31) の名詞文の補語名詞句は，名詞 *jateko*「食べ物」と形容詞 *on*「良い」と定冠詞から構成され，「良い食べ物であるモノ」，つまり典型的には「おいしいモノ」というタイプを表している。この例において名詞 *jateko* は，*on* のプロファイルする評価的関係のスケールが主語名詞句のどの側面に関するものなのかを示す役割を果たしている。「このキノコはおいしい」という意味は，キノコの食べ物としての側面が十分に活性化されている文脈では，(32) の構造によっても表現できる。この例では，補語名詞句の名詞は省略されており，それが(食べ物としての) 良いキノコのタイプを表すことは明示されておらず，照応関係から読み取られるだけであるという点で，(31) の補語名詞句よりも分析可能性が低い。(32)は，キノコの毒物としての側面が話題になっている文脈では，「良い毒になる」という意味で用いることも可能である。しかし，叙述の内容にとって重要な，食べ物としての側面が十分に活性化されていれば，(31) と (32) の叙述内容は等しくなるのである。

(31)　Onddo　hau　oso　jateko　on-a　　　da.
　　　キノコ　これ　とても　食べ物　良い -DEF　PRS.COP
　　　(このキノコはとてもおいしい)

(32)　Onddo　hau　oso　on-a　　　da.
　　　キノコ　これ　とても　良い -DEF　PRS.COP
　　　(このキノコはとても良い)

　第 5 節の議論をまとめると，次のようになる。バスク語の形容詞と定冠詞からなる主要部欠如名詞句は，形容詞の表す属性を持つスキーマ的なモノ，という高次のタイプのモノの事例をプロファイルする。形容詞文の補語名詞句は，主要部欠如名詞句の一種であり，そのような高次のタイプを表している。形容詞文は，全体としては，主語名詞句のプロファイルがそのようなタイプのモノの事例であることを表す。叙述の内容にとって重要な主語名詞句の側面が十分に活性化されている文脈では，主要部欠如名詞句の表す高次のタイプのモノの事例であると述べることは，その形容詞の表す関係が主語名詞句について成り立っていると述べることに等しいのである。

6. まとめ

バスク語名詞文・形容詞文の補語はモノのタイプをプロファイルする名詞句であり，文全体としては主語が補語の表すモノのタイプの事例であることを表すと分析した。本章では，この分析を通して，タイプと事例の区別や，定冠詞がモノをプロファイルするという認知文法の提案が，バスク語文法の記述にも有効であることを示した。

付記

本研究は JSPS 特別研究員奨励費 14J10744 の助成を受けたものです。

略語一覧

-：形態素境界　1：一人称　2：二人称　3：三人称　ABL：奪格　ADN：連体形　AND：連言　CMPR：比較級　COMP：補文標識　COP：コピュラ　CVB：副動詞　DAT：与格　DEF：定冠詞　ERG：能格　GEN：属格　IDEF：不定冠詞　INST：具格　IPFV：未完結相　LOC：場所格　NEG：否定　NMLZ：名詞化　OR：選言　PFV：完結相　PROX：近称　PL：複数　PRS：現在時制　PST：過去時制　REL：関係節　SG：単数

参照文献

Artiagoitia, Xabier (1997) DP predicates in Basque. *University of Washington working papers in linguistics* 5: 161–198.

Eguren, Luis (2012) Predication markers in Basque. In: Urtzi Etxeberria, Ricardo Etxepare, and Myriam Uribe-Etxebarria (eds.) *Noun phrases and nominalization in Basque: Syntax and semantics*, 243–266. John Benjamins.

Langacker, Ronald W. (1987) *Foundations of cognitive grammar*, vol. 1: *Theoretical prerequisites*. Stanford University Press.

Langacker, Ronald W. (1991) *Foundations of cognitive grammar*, vol. 2: *Descriptive application*. Stanford University Press.

Langacker, Ronald W. (2008) *Cognitive grammar: A basic introduction*. Oxford University Press.

西山佑司 (2003)『日本語名詞句の意味論と語用論：指示的名詞句と非指示的名詞句』ひつじ書房 .

坂原茂 (2012)「フランス語コピュラ文の解釈と属詞の冠詞の有無」坂原茂 (編)『フランス語学の最前線 1：【特集】名詞句意味論』1–52. ひつじ書房.

Zabala, Igone (1993) Predikazioaren teoriak gramatika sortzailean (euskararen kasua). Doctoral dissertation, UPV/EHU.

Zabala, Igone (2003) Nominal predication: Copulative sentences and secondary predication. In: José Ignacio Hualde and Jon Ortiz de Urbina (eds.) *A grammar of Basque*, 426–448. Mounton de Gruyter.

第 2 章

意図と知識
──タガログ語の *ma-* 動詞の分析──

長屋尚典

キーワード：タガログ語，意図，知識，事象構造，記述言語学

1. はじめに

　タガログ語は，フィリピン共和国マニラ首都圏およびその周辺地域で話される　オーストロネシア語族の言語であり，公用語として使用する話者も含めると話者数は 1 億人に迫る。この言語の動詞には，接頭辞 *ma-* を持つ形とそうではない形の二つの系列が存在し，形態論的にも意味的にも対立する。たとえば，無標動詞文 (1) と *ma-* 動詞文 (2) を比較しよう。(2) の *na-* は *ma-* の完了形である（注 2 参照）。本章で *ma-* 動詞には MA というグロスをふる。

（1）　B\<in>uks-an　　　　　ko　　　　　ang　　pinto.
　　　\<RL> 開ける -LV　　　1SG.GEN　　NOM　　ドア

　　　（私はドアを（意図的に）開けた。）

（2）　Na-buks-an　　　　　ko　　　　　ang　　pinto.
　　　MA.RL- 開ける -LV　　1SG.GEN　　NOM　　ドア

　　　（私はドアを（意図せずに）開けた。）

　　　（私はドアを（なんとかして）開けた。）

　例文 (1) (2) はどちらも語根 *buk(a)s* を持つ動詞を述語として持っており，話者がドアを開けるという事態を表現している。しかし，無標動詞文 (1) は意図的動作を表し，*ma-* 動詞文 (2) は非意図的動作または困難の末の意図の達成を表現する[1]。このような無標動詞と *ma-* 動詞の対立が，タガログ語では

---

[1]　本章では言語学用語としての volition や intention に対応する用語として「意図」「意図

一貫して観察される。

この対立は，タガログ語という個別言語の記述言語学としても，認知言語学の問題としても興味深い。第一に，この *ma-* 動詞によって表現される意味にはどのようなものがあり，どのように広がっているのかという記述的問題がある。*ma-* 動詞には非意図・意図成就以外の意味もある。それを記述したい。第二に，その多義性のネットワークはどのように分析できるのかという理論的問題がある。*ma-* 動詞においてなぜ非意図と意図成就の意味が共存しているのか，その仕組みを明らかにしたい。

こうして本章では，タガログ語の動詞接頭辞 *ma-* を付与された動詞の持つ意味について記述し，その多機能性について認知言語学の見地から分析することで，これらの問題に答えようとする。それらの議論を通して，記述言語学と認知言語学の交差点に開拓するべき新領域があることを示したい。

本章の構成は以下の通りである。まず第 2 節でタガログ語の類型論的特徴を動詞形態論の点からまとめる。第 3 節では *ma-* 動詞の意味を具体的に記述する。第 4 節ではその記述をうけて理論的問題を検討する。第 5 節でこの論文をまとめる。

2. タガログ語の類型論的特徴と動詞形態論
2.1 タガログ語の類型論的特徴

タガログ語はフィリピン共和国ルソン島中部マニラ首都圏およびその近郊地域で話され，オーストロネシア諸語西マレー・ポリネシア語派に属する。主要部先行型言語であり，典型的他動詞文においては VSO の語順をとる。動詞はアスペクト[2]，焦点（2.2 節），動作主性（2.3 節）について活用し，名詞句は格関係（NOM, GEN, LOC）と名詞クラス（普通名詞 vs. 個人名），数について名詞標識で標示される。(3) (4) で確認しよう。語順が日本語の逆なので右から読んでいくとよい。

性」という用語を採用する。

[2] タガログ語のアスペクトは，主に，realis（RL）の標識と重複（RDP）によって表現される。本章に現れる動詞に限っては，realis の標識がつくと完了相，語根の重複があると未然相，realis の標識と語幹の重複の両方があると未完了相である。

意図と知識 | 25

（3） P<um>unta　ang　　babae　sa　　Cubao.
　　　<AV>行く　　NOM　女性　　LOC　クバオ
　　　（その女性はクバオに行った。）

（4） P<in>atay-ø　　ng　　　bata　　ang　　ilaw.
　　　<RL>消す -PV　GEN　子ども　NOM　電灯
　　　（子どもは電灯を消した。）

　（3）は動詞 pumunta「行った」を述語とする自動詞文で，単一項である
babae「女性」は主格標識 ang で表示され，場所名詞 Cubao は場所格標識 sa
で標示されている。（4）は動詞 pinatay「消した」を述語とする他動詞文で，
動作主名詞 bata「子ども」は属格で，対象名詞 ilaw「電灯」は主格で標示
されている。このように，自動詞文の単一項と他動詞文の対象項が同じ主格
標示を受ける点で，この言語は能格型のアラインメントを持つ。

2.2　焦点体系（フォーカス・システム）

　この言語には焦点体系（focus system）と呼ばれる一組の動詞接辞が存在す
る[3]。形態論的に，行為者焦点（Actor Voice; AV），被動者焦点（Patient Voice;
PV），場所焦点（Locative Voice; LV），その他焦点（Circumstantial Voice; CV）
の 4 つの動詞の形態が区別される（表 1）。これらの動詞接辞は，主格で標示
された名詞句の意味役割を動詞に標示する機能を持つ。本章では，紙幅の都
合上その詳細に立ち入ることはできないため，Schachter（1976: 494–495）の
有名な例文（5）から（8）を観察するにとどめる[4]。

（5） Mag-a~alis　　ang　babae　ng　　bigas sa　　sako para sa　　　bata.
　　　AV-RDP~出す　NOM　女性　GEN　米　 LOC　袋　 ため LOC　子供

---

[3]　フィリピン諸語における「焦点」の概念は，伝統的に，"FOCUS is the feature of a
verbal predicate that determines the semantic relationship between a predicate verb and its topic
［引用者注：主格名詞句］"（Schachter and Otanes 1972: 69）と理解されている。これは認知文
法での focal prominence と同義であると考えてよい（Langacker 2008: 380–381）。この「焦点
（focus）」には「トピック」「ピボット」「トリガー」などの多種多様な用語が存在するが，ど
れを用いても指す対象は同じである。

[4]　Schachter（1976）のタガログ語データには誤植があり，それが Langacker（2008: 381）な
どでも引き継がれている。ここに提示するものが正しい。

（6） A~alis-in　　　　ng　babae ang　bigas sa　　sako para sa　　bata.
RDP~ 出す -PV　GEN 女性　NOM　米　LOC 袋　　ため LOC 子供

（7） A~alis-an　　　　ng　babae ng　bigas ang　sako para sa　　bata.
RDP~ 出す -LV　GEN 女性　GEN 米　　NOM 袋　　ため LOC 子供

（8） I-pag-a~alis　　　　　ng　babae ng　bigas sa　　sako ang　bata.
CV-GER-RDP- 出す　GEN 女性　GEN 米　　LOC 袋　　NOM 子供

　これらの例文はいずれも「女性が子どものためにバッグの中から米を取り出すだろう。」という意味だが，どの焦点接辞を用いるかによって，どの名詞句が主格となるかが異なっている。他の言語に見られるような能動態・受動態といった対立とは異なるものの，動詞接辞が交替することによって主要文法項である主格名詞句の意味役割が交替する点，また，関係節化などの構文における軸項が交替する点（Schachter 1976 など）でヴォイス現象であるといえる。

　このようにタガログ語は能格型格標示をする言語であるものの，動作主，場所，受益者なども比較的自由に主要文法項（= 主格）になることができる点が特徴的である。タガログ語の主語とヴォイスについて，Langacker（2008: 380）が「タガログ語は，基本的に対象指向言語であるものの，特定の意味役割を担う節の参与者に注目を向ける明示的な標示手段を持っている（"Though basically theme oriented, Tagalog has an overtly marked way of calling attention to a clausal participant representing a particular semantic role"）」と表現しているのはそういうことである。

2.3　無標動詞と ma- 動詞

　既に例文 (1) (2) で例示したように，タガログ語の動詞形態論には，焦点接辞の対立に加えて，無標動詞と *ma-* 動詞の形態論的対立がある（表 1）。4 つの焦点のタイプそれぞれに無標動詞と *ma-* 動詞がある。無標動詞と *ma-* 動詞の対応は規則的かつ生産的であり，ほぼ全ての動詞に観察される。実際，その生産性から "potentive inflection" と呼ぶ研究者も存在するくらいである。

意図と知識 | 27

表1 タガログ語の動詞形態論

焦点の種類	無標動詞	*ma-* 動詞	主格名詞句の意味役割
Actor Voice	*mag-*, <*um*>	*maka-*	動作主など
Patient Voice	*-in (-ø)*	*ma-*	被動者など
Locative Voice	*-an*	*ma- -an*	場所，起点，着点など
Circumstantial Voice	*i-*	*ma-i-*	受益者，道具など

　なお，「無標動詞」「*ma-* 動詞」という用語は本章独自のものである。*ma-*動詞を potentive, abilitative などと呼ぶ研究もあるが，第4節の分析でわかるようにこれらの用語は *ma-* 動詞の意味特徴をうまく捉えられていないので採用しない[5]。ここでは形態をそのまま形態論的範疇の名前に採用した[6]。無標動詞を non-potentive, volitive と呼ぶ研究もあるが，同様の理由で採用しない。*ma-* 動詞が意図性の高い動作を表現することもある。

　第3節以下では，この *ma-* 動詞の意味の記述と分析をおこなうが，その前に，この言語に *ma-* という形をもつ接頭辞が他にもいくつか存在することに注意しておきたい。たとえば，情態形容詞を形成する *ma-* や情意動詞を形成する *ma-*，生理現象動詞を形成する *ma-* などがあるが，これらは考慮しない。これらの *ma-* と本章で分析する *ma-* の関係も扱わない[7]。

3. *ma-* 動詞とその多機能性

　第2節で見たように，タガログ語の動詞には，よく知られた焦点体系の対立だけでなく，無標動詞と *ma-* 動詞という形態論的対立が存在する。ここからは，その形態論的対立によってどのような意味的対立がもたらされているかを議論したい。まずは (9) と (10) を考えよう。

（9）　B<in>ili-ø　　　ko　　　ang　libro　ni　　Haruki Murakami.
　　　　<RL>買う -PV　1SG.GEN　NOM　本　　P.GEN　村上春樹

　　　（私は村上春樹の本を買った。）（意図的動作）

---

[5]　表2を見ると分かるが，potential な解釈は ma- 動詞の数ある意味の一つに過ぎない。

[6]　ma- 動詞のうち，行為者焦点につく形態は maka- であり ma- ではないが，ここでは便宜上 ma- 動詞と呼んでおく。

[7]　その他の ma- 接辞の一部については長屋 (2017) で議論した。ma- の用法のリストと形態論的関係については Himmelmann (2006) が詳しい。

（10）Na-bili　　ko　　　ang　　libro　ni　　Haruki Murakami.
　　　MA.RL- 買う　1SG.GEN　NOM　本　P.GEN　村上春樹
　　　解釈 1　（私は村上春樹の本を（やっと）買えた。）
　　　解釈 2　（私は村上春樹の本を（偶然）買った。）

　（9）は無標の被動者焦点動詞が使われた無標他動詞文である。一方で，
（10）は同じ動詞に *ma-* が使われた文である。両者の格標示のパターンは同
じで，動作主が属格で被動者が主格で出現している。両者の違いは，（9）が
必ず意図的動作を表現するのに対して，（10）は意図成就（解釈 1）や自発（解
釈 2）の意味をもつことである（詳細は後述）。

　これまでの研究では，*ma-* 動詞と無標動詞との交替の形態論的側面は詳し
く研究されてきたものの（Schachter and Otanes 1972, Himmelmann 2006），
ma- の多義性や諸用法間の関係はほとんど考察されておらず，無標動詞に対
する *ma-* 動詞の特徴や，それぞれの用法の深い意味分析もなされていると
は言い難い。

　そこで，本章では，意図性と現実性（factuality）に注目しながら，この *ma-*
動詞の諸用法の全体像の記述を試みる。具体的には，意図的ではなく現実世
界成立の事態を表現する用法を自発（3.1 節），意図的かつ現実世界成立の事
態を表現する用法を意図成就（3.2 節），意図性に指定がなく現実世界成立の
事態を表現する用法を経験（3.3 節），そして，意図性に指定がなく現実世界
でも成立していない事態を表現する用法を可能（3.4 節）と記述する。

表 2　*ma-* 動詞の多義性

	意図性	現実性
自発	[-volitional]	[+factual]
意図成就	[+volitional]	[+factual]
経験	[+/-volitional]	[+factual]
可能	[+/-volitional]	[-factual]

　なお，焦点体系と無標動詞・*ma-* 動詞の対立は互いに独立であり，*ma-* 動
詞でも全てのフォーカス接辞が出現しうるが，本章では議論を単純にするた
めに，主に行為者焦点以外の動詞を扱う。

3.1 *ma-* 動詞の意味―自発―

　ここでいう自発（非意図 non-volitional; 偶然 accidental）とは「行為者が意図せずに（あるいは意図に反して）ある行為を行うこと」を指す。意図的ではないが現実世界で実現した事態を表現する用法である。聞き取り調査においては，英訳した際にタガログ語母語話者が *accidentally* や *happen to* などを用いた場合はこの用法であると判断した[8]。たとえば，（11）では動作主が意図せずに先生の足を踏んだことを表現している。無標形を用いるとこの解釈は得られない。

(11)　Na-apak-an　　　ni　　Weng　　ang　　paa　ni　　Sir.
　　　MA.RL- 踏む -LV　P.GEN　ウェン　NOM　足　P.GEN　先生
　　　（ウェンは先生の足を（意図せず）踏んづけてしまった。）

　ma- 動詞は，意図していない行為であれば，（11）のように好ましくない事態も，（12）のように好ましいといえる事態も，表現する。

(12)　Na-kasalubong　　ko　　　si　　Jet Li　　　sa　　Changi.
　　　MA.RL- 遭遇する　1SG.GEN　P.NOM　ジェット・リー　LOC　チャンギ
　　　（私はチャンギ国際空港でジェット・リーに遭遇した。）

　自発といってもさまざまな場合があり，（13）のように偶然のときもあれば，（14）のように頭よりも体が先に反応してしまった場合，（15）のように動作主の意図に反してそのような行為がなされてしまう場合もある。

(13)　Na-basa　　ko　　　ang　text　　mo　　　kay　Ian.
　　　MA.RL- 読む　1SG.GEN　NOM　テキスト　2SG.GEN　P.LOC　イアン
　　　（私はあなたがイアンに送ったテキストメッセージを（偶然）読んでしまった。）

---

[8]　さらに *Hindi ko sinasadya, pero ...*「意図はしていないが ...」などの表現も用いつつ例文の解釈を確認している。

(14) Galit na galit si John sa akin,
怒る LK 怒る P.NOM ジョン LOC 1SG.LOC

kaya na-suntok niya ako.
だから MA.PV- 殴る 3SG.GEN 1SG.NOM

(ジョンは私にとても怒っていた。だから，（思わず）彼は私を殴った。)

(15) Dahil gutom na gutom ako,
ので 空腹 LK 空腹 1SG.NOM

na-kain ko ang lunchbox ni Mike.
MA.RL- 食べた 1SG.GEN NOM 弁当 P.GEN マイク

(私は，とてもお腹が空いていたので，（意図に反して，食べてはいけ
ないと知りつつ）マイクの弁当を食べてしまった。)

　自発の *ma-* は，本来意図的であるはずの行為が，意図的にはなされな
かったことを表現するので，無標動詞に対して意味的に有標な表現であると
言える。しかし，動詞の意味によっては自発の *ma-* で出現する方がより自
然である場合がある。(16)のように，知覚動詞や認識動詞などがその場合
である（Schachter and Otanes 1972: 288）。

(16) Na-kita ko ang kaklase ko sa McDo.
MA.RL- 見る 1SG.GEN NOM クラスメート 1SG.GEN LOC マクド

(私はクラスメートをマクドで（偶然）見た。)

　知覚動詞や認識動詞が *ma-* 動詞を好む事実は，現代日本語の「られる」
の自発用法が知覚動詞や認識動詞に限られるのとよく似ている。

3.2　*ma-* 動詞の意味─意図成就─

　意図成就（fulfilment）とは「行為者がある一回的な行為を意図し，その結
果，その行為が実現する」という意味である。意図的に行われ現実世界で成
立した事態を表現する用法である。自発と同じく一回的な行為を表現する
が，意図性の有無で自発と異なる。Schachter & Otanes（1972: 330ff）などの
記述ではこの種の用法は可能のひとつと考えられてきたが，ここでは明確に
区別して意図成就と呼ぶ。聞き取り調査では話者が *managed to* などを用い

て訳した場合はこの用法と判断した。具体例（17）を見てみよう。

(17) Sa wakas, na-bili　　　ko　　　　 ang　　Gucci　na　pabango.
　　　やっと　　MA.RL-買う　1SG.GEN　NOM　Gucci　LK　香水
　　　（やっと私は Gucci の香水が買えた。）

　（17）では，話者が，働いてお金を貯めるなど何らかの努力をして，最終的に，高級な香水を買うことができたことが表現されている。明らかに意図的な行為であり，実現した事態が表現されている。
　意図成就の意味を持つ *ma-* 動詞は（17）のように達成するために何らかの努力を伴うものが多い。動作主が意図を持って取り組み達成した一方で，その意図の成就には動作主の制御・コントロールを超えた神頼みの側面があるというニュアンスもある。たとえば，（18）（19）の例である。

(18) Sa wakas, na-tapos　　　　ni　　Mike ang　project　　　niya.
　　　やっと　　MA.RL-終える　P.GEN　Mike NOM　プロジェクト　3SG.GEN
　　　（ついに Mike は彼のプロジェクトが終えられた。）
(19) Pagkatapos　ng　　　ilang　　　　 minuto,
　　　あとで　　　GEN　　いくらか.LK　分

　　　na-pindot　　ko　　　　　ang　　button　na　ito.
　　　MA.PV-押す　1SG.GEN　NOM　ボタン　LK　this.NOM
　　　（何分か後（さっきは押せなかった）このボタンが（やっと）押せた。）

　後述するように，*ma-* 動詞の多義性は日本語のラレル文のそれと相通ずるものがあり，「意図成就」という用語も尾上（1999），川村（2004）による日本語のラレル文の分析から採用した[9]。
　日本語学においては「意図成就」は，現実界未成立の「（潜在）可能」に対して，「実現可能」と呼ばれることもある。本章では，意図性と現実性に関する両者の違いを重視し「意図成就」という用語を採用する。

---

[9] 北海道方言のラサルとの類似点も注目に値するが，詳しい分析は別稿に譲る。

3.3 *ma-* 動詞の意味―経験―

経験の完了（perfect of experience）は，英語の完了形のように，ある状況が過去のある時点で少なくとも一回成立し，それが現在まで続いていることを指す概念である（Comrie 1976: 58）。この概念を表現するときにも *ma-* 動詞が使われる（Nagaya 2016）。経験したことなら意図的行為でも非意図的行為でも表現でき，意図性に指定はない。(20) と (21) を比較しよう。

(20)　T<in>ikm-an　　　 ko　　　 na　 ang　 balot.
　　　<RL> 味見する -LV　1SG.GEN　もう　NOM　バロット
　　　（私はバロットをもう味見した。）

(21)　Na-tikm-an　　　　 ko　　　 na　 ang　 balot.
　　　MA.RL- 味見する -LV　1SG.GEN　もう　NOM　バロット
　　　（私はバロットを味見したことがある。）

(20) も (21) もどちらもバロット（フィリピンの珍味の一つで孵化直前のアヒルのゆで卵）を味見した事実を述べているが，前者は過去のある時点で食べたということを言っているに過ぎないが，後者はそういう経験をしたことがあるということを述べている。

この無標形と *ma-* 形の対立は以下の例文を観察することでよくわかる。

(22)　Hindi　ako　　　 p<um>unta　sa　 Boracay　noong
　　　NEG　1SG.NOM　行く<AV>　 LOC　ボラカイ　とき
　　　Pasko,　　　 pero　naka-punta　　 na　 ako.
　　　クリスマス　しかし　MA.AV.RL- 行く　もう　1SG.NOM
　　　（私はこのまえのクリスマスにボラカイに行かなかった。しかし，
　　　　行ったことはある。）

第一文において無標形「行った」が否定され，クリスマスにボラカイに行ったことが否定されているが，そのことと，第二文の「行った経験はある」という *ma-* 形の主張とは矛盾するものではない。

意図と知識 | 33

3.4 *ma-* 動詞の意味─可能─

ここでいう可能 (ability/possibility) [10] は「行為者がその行為を行うことを可能にする能力や状況があること」をさす。経験と同じく意図性について指定はないが，これまでの用法と異なり，現実世界未成立の事態である。たとえば，(23)である。

(23) Kapag nasa condition　　　siya,
　　　とき　　ある　コンディション　3SG.NOM

　　　na-bu~buhat　　　　　　niya　　　ang　　50kg　na　barbell.
　　　MA.RL-RDP~ 持ち上げる　3SG.GEN　NOM　50kg　LK バーベル
　　　（調子がよいと彼（女）は 50 キロのバーベルを持ち上げられる。）

　(23)は，行為者がバーベル持ち上げ行為をやろうと思えばできるという意味である。実際にはやっていないので，現実世界未成立の事態である。行為者がやろうと思っているかどうかという意図性は特に問題とされていない。

　この *ma-* 動詞の可能用法は，能力可能も状況可能もどちらも表現する。たとえば，(24)は能力可能の例で，(25)は状況可能の例である。どちらも否定辞 *hindi* とともに用いられている不可能の例である。

(24) Dahil masakit ang　　balikat ko,　　　hindi
　　　ので　　痛い　　NOM　肩　　1SG.GEN　NEG

　　　ko　　　　na-i-ta~taas　　　　　　ang　　kamay　ko.
　　　1SG.GEN　MA.RL-CV-RDP~上げる　NOM　手　　1SG.GEN
　　　（肩が痛いので，手が挙げられない。）

(25) Dahil nag-blackout　　kagabi, hindi
　　　ので　　AV.RL- 停電する　昨晩　　NEG

　　　ko　　　　na-gawa　　ang　　assignment　ko.
　　　1SG.GEN　MA.RL-する　NOM　宿題　　　　1SG.GEN
　　　（昨晩停電したので，私は宿題をすることができなかった。）

---

[10] より正確には動作主目当てのモダリティだが詳しい分析は別稿に譲ることにしたい。

可能と意図成就はタガログ語では判然と区別できる。意味的には，可能用法は現実世界未成立の事象のみに限られる。また，意図成就用法は必ず意図的行為だが，可能用法では意図性に指定がない。形態論的にも，可能用法は，（26）のように否定文で未完了形などに加えて基本形も用いることができるが，意図成就はできない。

(26) Hindi　　ko　　　　siya　　　　ma-contact.
　　　NEG　　1SG.GEN　3SG.NOM　MA- 連絡する
　　（私は彼（女）に連絡できない。）

なお，*ma-* 動詞がタガログ語において可能を表現する唯一の手段でないことを強調したい。他にも，*kaya, marunong, pwede, maaari* などの可能述語があり，聞き取り調査の印象でいえば，可能を表現する際には *ma-* 動詞よりもこちらのほうが好まれるようである。日本語の「できる」と同じく，これらの可能述語が意図成就や自発の意味を帯びることはない。

3.5　まとめ

本節では，*ma-* 動詞が，既に言及した表 2 のように，自発，意図成就，経験，可能という複雑な多義性を備えていることを指摘し，意図性と現実性というパラメタで区別できることを提案した。このような体系的記述がフィリピン諸語の研究でなされるのは初めてである。

本節を終わる前に補足が三つある。第一に，自発，意図成就，経験，可能という *ma-* 動詞の機能は，日本語のラレル文の機能によく似ているということだ[11]。

第二に，*ma-* 動詞文においては，文脈上重要でなかったり指示対象が不明であったりする場合に，動作主項がしばしば削除される。たとえば，（27）の *ma-* 動詞文で *nila*「彼ら」が文脈上どうでもよいときに，（28）のような表現ができる。

---

[11]　実際，第 4 節注 13 で述べるように，両者の多義性の構造に同じような分析を行うことが可能である。

(27) Na-sira　　　　nila　　　　ang　　　iPhone　niya.
　　 MA.RL-壊す　　3PL.GEN　　NOM　　iPhone　3SG.GEN
　　（彼（女）らは彼（女）の iPhone を偶然壊した。）

(28) Na-sira　　　　　　ø　ang　　iPhone　niya.
　　 MA.RL-壊す　　　　　NOM　　iPhone　3SG.GEN
　　（彼（女）の iPhone が壊れた。）

　(28) は，単なる削除現象と考えることもできるが，動作主項が削除され単一の文法項を持つようになった文と考えれば，受身と分析することもできる。この分析を支持する証拠を示すには紙幅が足りないが，タガログ語の *ma-* 動詞が，自発，意図成就，可能に加えて受身を表現することができるとなると，日本語のラレル文との比較のうえで非常に興味深い。

　最後に，*ma-* の諸用法と現実性の関係についてである。本章では，自発，意図成就，経験は現実世界成立の用法であり，可能は現実世界未成立の用法であるという記述を行ってきた。しかし，現実世界未成立の意図成就や自発のように見える例も存在することも事実である。たとえば，(29)(30) を観察してみよう。

(29) Kapag　t<in>ry-ø　　　　ko,
　　 とき　　<RL>試す-PV　　1SG.GEN

　　 ma-bu~buhat　　　　ko　　　　ang　　50kg　na　barbell.
　　 MA-RDP~持ち上げる　1SG.GEN　NOM　50kg　LK　バーベル
　　（試したら，僕は 50 キロのバーベルを持ち上げられるだろう。）

(30) Kahit　ayaw　ko　　　　siya=ng　　　ma-kita,
　　 さえ　　嫌い　1SG.GEN　3SG.NOM=LK　MA-会う

　　 na-ka~kasalubong　　　　ko　　　　siya.
　　 MA.RL-RDP~遭遇する　　 1SG.GEN　3SG.NOM
　　（たとえ会いたくなくても，私は彼（女）に遭遇してしまう。）

　(29) は，事態成立の許容性を問題にしているのか，個別一回的な意図的行為の成就を問題にしているのか，判別がつきにくい。(30) では，*ma-* 動詞が自発の解釈を持つと言えるかもしれない。現実世界未成立の意図成就や自

発のように見えなくもない例があることは事実である。

4. 意図と知識

第3節では，*ma-* 動詞が自発，意図成就，経験，可能という意味を持っていることを記述した。その上で，この節ではこの *ma-* 動詞をめぐる理論的な2つの問題について考えてみたい。第一に，*ma-* 動詞には自発，意図成就，経験，可能という4つの異なる意味があるが，その意味はお互いにどのように関係しているのか。*ma-* 動詞のスキーマは存在するのか。第二に，どのように *ma-* 動詞の用法は具体的な例文において区別されているのか。特に意図性の有無はどうして生じるのか。これらの問題についてそれぞれ4.1節，4.2節で考えたい。

4.1 *ma-* 動詞の意味のネットワーク

自発，意図成就，経験，可能という意味が *ma-* 動詞にどうして共存し，どのような多義のネットワークをなしているのだろうか。特に，意図がないことを示す自発用法と，意図があることを表す意図成就用法が同時に一つの動詞接辞に共存するのはどうしてだろうか。

この問題に答える際には認知言語学の因果連鎖の概念が役に立つ。因果連鎖は，事態を参与者間のエネルギーの相互作用と捉えた認知モデルである[12]。Talmy の使役に関する一連の研究 (Talmy 2000 など) に影響を受けたもので Croft(1991)，Langacker(2008) などの研究があり，さまざまな図式化の方法があるが，ここでは大堀 (2002：97ff) に従いつつ，DeLancey(1985) の「意図決定行為→実際の行為→状態変化」という三段モデルに依拠しながら，図1のようにまとめたい。

図1　因果連鎖

---

[12] ここで使用する因果連鎖モデルについての概略については Levin and Rappaport Hovav (2005: 117ff) がよくまとまっている。

図1のモデルでは，「●」が因果連鎖の節点を表し，節点の上には参与者が示してある。さらに，矢印が節点間における作用とその内容を，そして，「---」は同じ参与者についての作用であることを表現している。つまり，図1は，動作主が意図を形成し（VOL），対象に働きかけ（ACT），対象がある状態（STATE）に変化（BECOME）することを引き起こす（CAUSE）というモデルである。

　このモデルを利用して，本章では *ma-* 動詞のスキーマを (31) のように分析する。図2は (31) を図式化したものである。

(31)　*ma-* 動詞は事態の成立局面のみをプロファイルし，動作主の意図決定行為は後景化される[13]

図2　因果連鎖と *ma-* 動詞のプロファイル

　すなわち，*ma-* 動詞は，図1の因果連鎖モデル全体をベースとし，意図決定行為より右側の働きかけならびに状態変化局面をプロファイルすると分析する。重要なことは，意図決定行為は *ma-* 動詞のプロファイルにこそ含まれていないが，ベースとして *ma-* 動詞の意味に貢献している。したがって，*ma-* 動詞は，特に矛盾する情報がない限り意図的行為も含む意味を持つと解釈されるが，発話状況によっては意図決定行為がキャンセルされることもある。図2に示した因果連鎖において太枠のプロファイル部分は必ず意味に含まれるが，プロファイル外の部分は含まれることも含まれないこともあるということである。

　このように考えると，*ma-* 動詞が自発，意図成就，経験，可能の意味を一つの形式で表現することがうまく了解される。まず，意図成就では自発と同様に動作主の意図決定行為よりも事態成立の方に焦点があるが，ベースとし

---

[13] ラレル文の自発，可能，意図成就を事態の生起そのことに注目する用法と捉える川村 (2004) の把握と精神としては同じである。また，因果連鎖の切片化の問題として日本語の意図成就を分析した研究に井上 (2012) がある。

て存在する意図決定行為の段階もそのままキャンセルされずに意味に貢献している。

　一方で，自発は動作主の意図決定行為がないまま事態が成立することであるから，図2の意図決定行為の部分が何らかの理由で（後述）キャンセルされて，図2のプロファイルされた部分のみが実現した解釈と考えることができる。意図成就と自発はベースの意図決定行為を意味に含むか含まないかという点で対立するものの，事態成立局面を焦点化するという点は同じである。

　さらに，経験用法では，意図的にせよそうでないにせよ，そのような事態が現実に成立したことを述べるということであり，やはり事態の成立局面を問題としている。現実世界未成立の状況についてあえて事態成立を言明すれば可能用法となる。さらに，3.5節で簡単に触れた受身を *ma-* 動詞の用法に含むなら，*ma-* 動詞に共通する動作主による意図決定行為の後景化が動作主の脱焦点化という点で受身とつながっているということも容易に理解できるだろう。

　このように，*ma-* 動詞を，因果連鎖において事態の成立局面のみを前景化し意図決定行為は後景化する動詞と分析することで，なぜこの動詞に自発，意図成就，経験，可能という4つの意味が併存するかが説明できる。

4.2　*ma-* 動詞の解釈はどのように決まるのか

　第二の問題は，*ma-* 動詞のそれぞれの用法は個別の文においてどのように区別されるのかという問題である。特にここで考えてみたいのは，意図性の解釈の違いが生まれるメカニズムである。どういうときに意図性のない自発の解釈が与えられ，どういうときに意図成就の解釈が得られるのだろうか。(12)のように街で有名人を見かける場合（cf. 林 2007: 33）や，(16)のように知覚動詞・認識動詞が用いられた場合においては，そもそも意図決定行為がはじめから存在しない，あるいはしにくいので，自発解釈となるのは当然である。しかし，それ以外の場合はどうであろうか。

　ここで注目したいのは，日本語のラレル文の意図成就用法に「事象が主体にとって好ましく，かつ得難い」という特徴があるという指摘である（林 2007: 43）。たとえば，(32a)のように好ましい事象でラレル文を用いた意図成就用法は自然であるが，(32b)のように好ましくない事態では不自然である（林 2007: 38）。

意図と知識 | 39

(32) a.　彼は美味しいギョウザを 作れた / 作った。
　　 b.　彼はまずいギョウザを *作れた / 作った。

　この指摘を認知言語学の理論から捉え直すと，ある表現の特定の解釈が成立するか否かに，事態の好ましさについての話者の百科事典的知識が関わっているということである。

　これを継承して，本章では，*ma-* 動詞の意図性は，表現された事態に対する話者の評価・判断によって得られると主張する。すなわち，表現された事態がしようと思ってするようなものではない，あるいは好ましくないと評価される場合には，意図性のない自発の解釈が得られる。一方で，そうではない場合，特に，表現されている事象が好ましいが，動作主によって十分コントロールされておらず，達成することは困難であると評価される場合には，意図性のある意図成就の解釈が得られる。

　言い換えると，図2のスキーマのベースに含まれている意図決定行為がキャンセルされるかどうかは，語用論的に決定される。話者が当該事態について，意図してするものでないと判断したり，好ましくないと評価したら自発の解釈になるし，好ましく達成困難なものと評価したら意図成就の解釈となる。

　たとえば，自発解釈を持つと考えるのが自然な (33) を考えよう。iPad を壊すという行為は好ましくないし，しようとしてするものでもないから，自発解釈は当然と言える。

(33)　Na-sira　　　　ni　　Cristel　ang　　iPad　ni　　　Laura.
　　　MA.RL- 壊す　　P.GEN　Cristel　NOM　iPad　P.GEN　Laura
　　　（Cristel は Laura の iPad を（意図せずに）壊してしまった。）

　一方で，意図成就解釈を持つ (34) の表現する事態は，確かに認知言語学者にとっては好ましく，「クロフトの論文は難解である」「読書が意図的行為である」という百科事典的知識もあるから，コントロールしがたく，また達成も困難である。それゆえの意図成就解釈となる。

（34）　Na-basa　　　　niya　　　　ang　　papel　ni　　Croft.
　　　　MA.RL- 読む　　3SG.GEN　NOM　論文　P.GEN　Croft
　　　　（彼女はクロフトの論文が（やっと）読めた。）

　　この事実をタガログ語話者も十分認識しており，彼・彼女たちも，（33）には"accidentally"という訳をつけるが，（34）には"managed to"という訳をつけるのである。
　　注意したいのは，ここで扱っているのは，個別の動詞の意味ではなく，あくまで文全体で表現された事態の評価であるということだ。したがって，同じ文でも，話者が当該の事態の好ましさや達成可能性をどう評価するかによって解釈がかわることは当然ある。（35）を考えよう。

（35）　Na-apak-an　　　　niya　　　　ang　　ipis.
　　　　MA.RL-踏む -LV　　3SG.GEN　NOM　ゴキブリ
　　　　解釈 1:（彼（女）はゴキブリを踏んづけてしまった。）
　　　　解釈 2:（彼（女）は（やっと）ゴキブリを踏んづけられた。）

　　数人のタガログ語母語話者と話したところ，彼女たちにとって（35）の最も自然な解釈は自発であるという。タガログ語話者の百科事典的知識で（も）ゴキブリを好き好んで踏みつける人はいないからである。しかし，「意図成就の解釈はないか」と聞いてみると（「*accidentally* ではなく *managed to* を用いて訳せるか」と聞いた），「ゴキブリを殺したいと思っていて，台所でじっと待っていて，やっと殺せたという状況なら使うことができる」ということであった。
　　同様に，極端な例になるが，（33）も Cristel が iPad を壊したいとずっと考え努力しているような文脈では意図成就解釈もあるし，（34）も「著者名の示されていない複数の論文を読んだのちに，実は読んだ論文の一つの著者がクロフトであると判明した」という場合には自発解釈も可能である。ただし，そのようなことが百科事典的知識に照らし合わせるとあまりないというだけである。
　　結論として，*ma-* 動詞における意図の有無を決めるのは，話者の知識である。話者から見た，事態の好ましさ，コントロールのしやすさ，予期・予

想，それら全てを含めた百科事典的知識である。このような知識をもとにして，話者が当該事態を評価し，意図してするものでないと判断されたり，好ましくないと評価されたりしたら，自発解釈になるし，そうでなければ，意図成就解釈となる。

　もちろん，なぜ，好ましい事態が意図的な行為と結びつき，好ましくない事態が非意図的な行為と結びつくのかという問題は残っている。この問題を論じる紙幅は残されていないが，木村 (2012: 1–5) の指摘する「物事とは，それを直接の対象として積極的な働きかけを行う努力があってこそ，望むべき《好ましい》結果が得られるものであり，その努力なくして無為に遣り過ごせば，あるいは放置すれば，結果として事態は概ね《好ましくない》状況に至ってしまう」という人間の経験的知識に基づく世界観の存在がヒントになりそうなことは指摘しておきたい。

　このように *ma-* 動詞に観察される意図の問題を，話者の知識に基づく評価・判断に帰着させると，*ma-* 動詞のスキーマとそれぞれの用法の関係がより深く理解できる。自発の *ma-* 動詞も意図成就の *ma-* 動詞も，あくまで事態の成立局面のみに注目しているのであって，プロファイルの外にある意図決定行為が読み込まれるかどうかは，文全体の表現する概念的内容・発話状況・文脈によって決まる。少なくともタガログ語において，意図性の有無は語用論的問題なのである[14]。

5.　おわりに

　本章では，タガログ語の動詞接頭辞 *ma-* をもつ動詞の意味・機能を記述し，その多義性を認知言語学の観点から分析した。具体的には，*ma-* 動詞には自発，意図成就，経験，可能の 4 用法が存在することを指摘し，その多義性を「意図決定局面を後景化し，事態成立局面を前景化する」という因果連鎖におけるプロファイルの問題として分析した。そして，同じ動詞接辞が意図的解釈も非意図的解釈も持ちうる背景には百科事典的知識を操作しつつ事態を解釈する話者の存在があることを主張した。

---

[14]　Van Valin and Wilkins (1996) は「事態のなかで何かをする動的参与者」たる effector こそが根本的な意味役割であり，「意図を持つ人間」たる agent はそこから語用論的含意として派生される概念に過ぎないと論じている。本章は，その方向を継承しつつ，因果連鎖モデルを利用しながら，タガログ語の言語事実に基づき，彼らのモデルを精緻化した。

言語類型論的に見た場合，非意図的行為を表現する要素を持つ言語として
は，フィリピン諸語だけでなく，インドネシア諸語，南アジア諸語，セイ
リッシュ語などの北米原住民諸語などがよく知られている。また，広東語な
ど中国語諸方言にも観察されるという報告もある。ここで提案した *ma-* 動
詞のスキーマが他の言語でも有効かどうか考えてみたいが，それは今後の課
題である。

　最後に，この論文で示した記述・分析は，フィールド言語学や個別言語学
の記述的研究と認知言語学の理論的研究の両方があって初めて成立するもの
であることを強調したい。日本の言語学界においてあまり交流のなかった二
つのアプローチを一緒に用いて，一方のみではできない分析を試みた。認知
言語学がこれから開拓すべき新領域の一つの方向性を示したことになれば幸
いである。

付記

　本章は，成蹊大学 CAPS 研究会での発表（2015 年 10 月 11 日）ならびに日本言語学
会第 147 回大会での発表（神戸市外国語大学，2013 年 11 月 22 日）に基づいている。
それぞれの場所でコメント・質問をくださった方々にお礼申し上げる。とりわけ，古
賀裕章，髙城隆一，西村義樹，長谷川明香，山本恭裕の各氏は草稿を読んでくださり
貴重なコメントをいただいた。言うまでもなく本章に残るいかなる誤りも著者の責
任である。本研究は JSPS 科研費 JP18K12366（代表：長屋尚典），JP19H01264（代表：
松本曜），JP17H02331（代表：峰岸真琴），JP17H02333（代表：田窪行則）の助成を受
けたものである。

略語一覧

AV：actor voice　CV：circumstantial voice　GEN：genitive　GER：gerund
LK：linker　LOC：locative　LV：locative voice　MA：ma-verbs
NOM：nominative　P：personal name　PL：plural　PV：patient voice
RDP：reduplication　RL：realis　SG：singular　1：first person
2：second person　3：third person　＜ ＞：infix　～：reduplication

参照文献

Comrie, Bernard（1976）*Aspect*. Cambridge University Press.
Croft, William（1991）*Syntactic categories and grammatical relations: The cognitive*
　　organization of information. University of Chicago Press.
DeLancey, Scott（1985）Agentivity and syntax. *Chicago Linguistic Society Parasession on*

Agentivity and Causation 21(2): 1–12.

Himmelmann, Nikolaus P.（2006）How to miss a paradigm or two: Multifunctional *ma-* in Tagalog. In: F. K. Ameka, A. Dench, N. Evans（eds.）*Catching language: The standing challenge of grammar writing*, 487–526. Mouton de Gruyter.

井上優（2012）「事態の叙述様式と文法現象：日本語から見た韓国語」野間秀樹（編）『韓国語教育論講座 第 2 巻』667–689. くろしお出版.

川村大（2004）「受身・自発・可能・尊敬：動詞ラレル形の世界」尾上圭介（編）『朝倉日本語講座 6 文法 II』105–127. 朝倉書店.

木村英樹（2012）『中国語文法の意味とかたち：「虚」的意味の形態化と構造化に関する研究』白帝社.

Langacker, Ronald W.（2008）*Cognitive grammar: A basic introduction*. Oxford University Press.

Levin, Beth, and Malka Rappaport Hovav（2005）*Argument realization*. Research Surveys in Linguistics. Cambridge University Press.

林青樺（2007）「現代日本語における実現可能文の意味機能」『日本語の研究』3(2): 31–45.

Nagaya, Naonori（2016）Perfect in Tagalog. *Southeast Asian Studies TUFS* 21: 1–14.

長屋尚典（2017）「タガログ語の幸福論」『東京外国語大学論集』94: 53–68.

大堀壽夫（2002）『認知言語学』東京大学出版会.

尾上圭介（1999）「文法を考える 7 出来文(3)」『日本語学』18(1): 86–93.

Schachter, Paul（1976）The subject in Philippine languages: Topic, actor, actor-topic, or none of the above. In: Charles N. Li（ed.）*Subject and topic*, 491–518. Academic Press.

Schachter, Paul, and Fe T. Otanes（1972）*Tagalog reference grammar*. University of California Press.

Talmy, Leonard（2000）*Toward a cognitive semantics*, Volume 1: *Concept Structuring Systems*. MIT Press.

Van Valin, Robert D., Jr. and David P. Wilkins（1996）The case for 'effector': Case roles, agents and agency revisited. In: Masayoshi Shibatani and Sandra Thompson（eds.）*Grammatical Constructions*, 289–322. Oxford University Press.

第 2 部

中国語研究と認知言語学

第1章

中国語の攻撃構文における
臨時動量詞の意味機能

李　菲

キーワード：専用動量詞，臨時動量詞，道具，攻撃行為，二重目的語

1.　はじめに

　本章では中国語の「臨時動量詞」を取り上げ，それが生起する構文を通してその生起条件と意味機能を明らかにする。「臨時動量詞」は従来，動作の道具を表す名詞が動量詞（動作の回数を表す）に転用されたものとしてとらえられてきた。しかし，臨時動量詞はその他の動量詞と様々な面で違いを見せており，必ずしも動作行為の回数を表すためのものではないとも言われている。本章は，臨時動量詞が最も生起しやすい"V了一N"，"V了O一N"の両構文に注目し，これらが「人間への攻撃行為」を表すための表現であることを明らかにした上で，臨時動量詞句"一N"は「攻撃行為」そのものを指していることを主張する。

　以下，第2節では通常の動量詞と異なる臨時動量詞の特徴を取り上げ，臨時動量詞と"V了一N"，"V了O一N"構文との関係について述べる。第3節では，臨時動量詞を単に「道具」とする見方は臨時動量詞がどのような場合に生起するのかを説明できないとした上で，李湘（2011）の記述をふまえ，"V了(O)一N"が「攻撃行為」を表す構文であることを明らかにする。第4節では"V了(O)一N"に現れる主な動詞と臨時動量詞を挙げ，構文の成立は動詞が表す動作が「攻撃行為」かどうかと密接に関わっていることを述べる。その上，動作の種類によってNの役割が異なるが，「攻撃」という観点から見た場合すべて「Nを使った一撃」を表していることを論じる。

48 | 李 菲

2. 二種類の動量詞

2.1 回数を表す専用動量詞

　中国語には「動量詞」とよばれる，動作の回数や量を表す語彙カテゴリーが存在する。「北京に一回行った」，「本を二回読んだ」，「ドアを三回叩いた」を言い表す場合，日本語では同じ「回」を用いるのに対し，中国語ではそれぞれ"次"，"遍"，"下"を用いて回数を表す。

（1）　去　　了　　　一　　　　次　　　北京
　　　行く　ASP　NUM　CLF　北京
　　　（北京に一回行った）

（2）　看　　了　　　両　　　　遍　　　書
　　　読む　ASP　NUM　CLF　本
　　　（本を二回読んだ）

（3）　敲　　了　　　三　　　　下　　　　門
　　　叩く　ASP　NUM　CLF　　ドア
　　　（ドアを三回ノックした）

　動量詞"次"，"遍"，"下"が表す回数の意味は異なる。（1）の"一次"は北京に行った経験が「一回」であること，（2）の"両遍"は本を「始めから終わりまで通しで二回」読んだことを表す。（3）の"下"はノックする，叩く，跳ぶといった，連続した動作の回数を数えるのに用いられ，"三下"はノックが「三回」行われたことを表す。このように中国語では動作行為の回数は，動詞のアスペクト上の特徴に合わせて様々な動量詞を使い分けて表される。また，同じ動作行為であっても，異なる動量詞を用いることができ，動作行為への異なるとらえ方が反映される。例えば，「北京に一回行った」は次のように，"一次"と"一趟"の両方を用いることができる。（4）の"一趟"は「一往復」という意味である。

（1）　去　　了　　　一　　　　次　　　北京
　　　（北京に一回行った）

（4）　去　　了　　　一　　　　趟　　　北京
　　　行く　ASP　NUM　CLF　北京

（北京に一回行ってきた（北京に行ってきた））

　（1）は「北京に行った」ことを体験の観点からとらえており，（4）は単に「北京に行って，戻ってきた」ことを報告する[1]。経験を数える"次"は結びつく動詞の制限が少ないのに対し，"趟"と結びつく動詞は移動を伴う動作でなければならない。このように，動量詞の意味機能とその使い分けは複雑な点が多いが，本章では通常の専用動量詞の問題に立ち入らずに，2.2では動量詞のもう一つのタイプである「臨時動量詞」[2]を取り上げ，それが参与する構文の観察を通して，臨時動量詞の意味機能について考えてみたい。

2.2　臨時動量詞の特異性
　"次"，"遍"，"趟"，"下"は動作の回数，量を表す専用の単位であるのに対し，動量詞の中には，動作を行う体の部位や道具を表す名詞を転用した「臨時動量詞」というタイプがある。

（5）　踢　　　了　　　一　　　脚
　　　蹴る　　ASP　　NUM　　足
　　　（一回足で蹴った）
（6）　打　　　了　　　一　　　棍子
　　　打つ　　ASP　　NUM　　バット
　　　（一回バットで打った）

　動量詞"次"などと違い，（5）の"脚"，（6）の"棍子"は「足」「バット」を表す一般名詞である。臨時動量詞とは，本来動作の道具（身体部位を含む）を指す名詞が，動作の回数を数える動量詞となったものを指す[3]。以下は臨時動

---

[1]　経験を数える"次"は"V了NUM次"よりも"V过NUM次"の文に用いられやすい。"过"は動詞接辞で「〜したことがある」という経験を表す。

[2]　「借用動量詞」ともよばれる。

[3]　なお，身体部位の名詞からなる臨時量詞の中に，"一脸""一脚"のように専ら数詞"一"と結合し，「身体や場所がある物質でいっぱいになる」ことを表すタイプが存在し，「S類臨時量詞」とよばれている（例文（i）を参照）。

量詞としてよく取り上げられるものである[4]。

（7）　［臨時動量詞となる名詞の例］
　　　a.　身体部位：头（頭），眼（目），口（口），脚（足），拳（拳），巴掌（掌）
　　　b.　道具：刀（刃物），石头（石），鞭子（鞭），棍子（バット），斧子（斧）

　専用動量詞に対し，臨時動量詞は統語的にも意味的にも異なる特徴をもつ。動量詞は本来，動作行為の回数を記録するための単位として，数詞との結びつきが自由でなければならないが，李湘（2011）によれば，臨時動量詞の前に現れる数詞は一・二回を意味する"一"，"两"や数回を意味する"几"がほとんどだという。これは"次"などの専用動量詞が自由に回数を表せるのとは対照的である。

（8）a.　去了一次。　　　　　b.　去了三次。
　　　　（一回行った）　　　　　（三回行った）
（9）a.　踢了一脚。　　　　　b.　?踢了三脚。
　　　　（一回足で蹴った）　　　（三回足で蹴った）

　従来，臨時動量詞を専用動量詞と区別することなく，一律に「動作の回数を表す」と説明する記述が多い中で，李湘（2011）では，数詞と自由に結合できない臨時動量詞の意味機能が，単に動作の回数，頻度を測るだけのものではないとしている。その理由について，数詞"一"，"两"や"几"は「不確かな動量」を表しており，これは動作の回数，頻度が特に談話の中で注目され

　（i）他　溅　　　了　一　　身　　水。
　　　彼　飛び散る　ASP　NUM　CLF　水
　　　「彼は身体中に水が飛び散った」
この「S類臨時動量詞」は動作の回数を数えるための表現ではないため，本章で取り上げている臨時動量詞とは一線を画す。このタイプが二重目的語構文に生起した際の「結果状態描写機能」について詳述した論考に加納（2016）がある。

[4]　谭景春（2001）では"勺子「スプーン」"と"筷子「箸」"を他の臨時動量詞と一緒に取り上げているが，これらは食べ物を運ぶための道具である点で"杯子「コップ」""碗「茶碗」"などの入れ物と類似しており，モノの数を数える名量詞になることができる（ex"一勺子汤「一匙のスープ」"，"一筷子菜「一箸の料理」"）。本章ではこれらは臨時動量詞の中に含めない。

ていないことを意味すると述べている。しかし，もし具体的な回数に関心があるわけではないのなら，なぜ動量詞を用いる必要があるのか。専用動量詞に対し，臨時動量詞がどのような意味機能をもつのかは李湘（2011）を含め先行研究である程度取り上げられているものの，なお不明な点が多い。

　ここで注目すべきなのは，"一"，"両"，"几"のうち，臨時動量詞は数詞"一"と結びつくことが最も多い点である。例えば，"踢了一脚「一回蹴った」"はBCC（北京語言大学コーパス）では385例検出されたのに対し，"踢了几脚「何回か蹴った」"はわずか40例に止まる。また，道具の"棍子"の場合，"V了一棍子"の例が全部で13例見られたのに対し，"V了両棍子"は0例，"V了几棍子"は4例のみだった。この事実から，臨時動量詞を用いた"V了一N"がすでに構文をなしていると考えられる。臨時動量詞の意味機能をとらえるには，まず構文全体が表す事態について把握する必要がある。本章では"V了一N"を臨時動量詞が生起する構文としてとらえ，構文の中における"一N"の役割について考察する[5]。

2.3 "V了O－N"構文

　臨時動量詞の文は，動作対象が専ら人間である点も専用動量詞の文と異なる。刘月华（2001）は動量詞と目的語の語順について次のように記述している。専用動量詞（"次"など）の場合，目的語が一般的な事物なら「動詞＋動量詞＋目的語」の語順をとり，有生物（典型的には人間）の場合は「動詞＋目的語＋動量詞」のように，目的語を動量詞の前に置くことが可能となる。一方，ここで取り上げる臨時動量詞に関しては，「動詞＋目的語＋動量詞」という語順のみになるという。この記述では臨時動量詞の文の目的語の種類について直接の言及がないものの，人間を主とする有生物が動作対象となる場合のみ「動詞＋目的語＋動量詞」の語順が可能となる点を考慮すると，臨時動量詞を用いた"V了O－N"のOは人間を主とする有生物であることを示唆している。例えば，「一回蹴った」ことは，臨時動量詞の"踢了一脚"と

---

[5]　臨時動量詞は已然を表す"V了一N"だけではなく，"V一N"の形で現れることもある。"V了一N"は単独で文となるのに対し，"V一N"は単独では文を成立させることができない。例えば，"他踢了一脚「彼は一回蹴った」"の文に対し，"?他踢一脚"は文としての落ち着きが悪い。"踢一脚"は"他想踢一脚「彼は一回蹴りたい」"のように他の助動詞や動詞の補部となる。この点から，本章は単独で文となる"V了一N"のみを考察対象とする。

専用動量詞を用いた"踢了一下"の両方を用いることができるが，前者は「人間を蹴った」場合にしか用いられず，後者は人間，モノの両方を対象とすることができる。

(10) a. 踢　　了　　<u>他</u>　一　　　脚
　　　　蹴る　ASP　彼　NUM　　足
　　　（彼を一回足で蹴った）

　　b. ?踢　　了　　一　　　脚　　<u>桌子</u>
　　　　蹴る　ASP　NUM　　足　　机
　　　（机を一回蹴った）

(11) a. 踢　　了　　<u>他</u>　一　　　下
　　　　蹴る　ASP　彼　NUM　　CLF
　　　（彼を一回蹴った）

　　b. 踢　　了　　一　　　下　　<u>桌子</u>
　　　　蹴る　ASP　NUM　　CLF　机
　　　（机を一回蹴った）

　"砍了一刀"は「刃物で一回切り付けた」ことを表すが，この場合も動作対象はほとんど人間であり，「木を切りつけた」ことを表す場合には用いられない。一方，"砍了一下"の場合，人間も木も動作対象になることができる。

(12) a. ?砍　　　　　了　　一　　　刀　　樹
　　　　切り付ける　ASP　NUM　　刃物　木
　　　（木を一回刃物で切り付けた）

　　b. 砍　　　　　了　　一　　　下　　樹
　　　　切り付ける　ASP　NUM　　CLF　木
　　　（木を一回切り付けた）

　なぜ臨時動量詞と専用動量詞は，何を動作対象とするのかの点でも異なるのか。次は，"V了O一N"，"V了一N"構文と，対応する専用動量詞の文とを比較しながら，臨時動量詞をめぐる一連の問題について考えてみたい。

3. 攻撃行為を表す臨時動量詞構文

3.1 道具という観点の問題点

臨時動量詞に関して，構文という観点からとらえた先行研究は少ない。記述の多くは動量詞という語彙カテゴリーの中でなされ，臨時動量詞が生起する構文よりも名詞の語彙的意味や動詞との意味関係，及び動量詞になる条件について論じている。臨時動量詞の意味機能については，単に「動作の道具の提示」ととらえる傾向にある。例えば，刘劫生（2000）では次の二例を取り上げ，臨時動量詞を用いた（a）では動作を行う道具が示されているため，専用動量詞を用いた（b）よりも表している事態が具体的であるという。

(13) a. 打　　了　　他　　一　　　石头
　　　　殴る　ASP　彼　NUM　石
　　　（彼を一回石で殴った）

　　 b. 打　　了　　他　　一　　　下
　　　　殴る　ASP　彼　NUM　CLF
　　　（彼を一回殴った）

　　 c. 用　　　石头　打　　了　　他　一　　下
　　　　用いる　石　打つ　ASP　彼　NUM　CLF
　　　（石で彼を一回殴った）

　邵敬敏（1996）も，臨時動量詞を伴うことで動詞の意味が具体的なイメージを伴うようになる（"形象性"）と述べている。しかし，臨時動量詞句"一N"は単に道具を表しているわけではないことは，道具を前置詞句によって示した（c）の意味が（a）と全く同じではないことから見て取れる。（a）は（c）よりも強い打撃を意味する[6]。

　また，臨時動量詞の意味機能を「動作の具体化」とする説明は，「蹴る」（"踢"）のように動作を行う身体部位がすでに含意されている場合には当てはまらない。

---

[6]　"V了O一N"が対象に強い打撃を加える事象を表すことについては次節で述べる。

54 ｜ 李　菲

(14) a. 踢　了　他　<u>一　脚</u>

　　　（彼を一回足で蹴った）　　　　　　　　　　　　　　　　　　（=10a）

　　 b. 踢　了　他　<u>一　　下</u>[7]

　　　　蹴る　ASP　彼　NUM　CLF

　　　（彼を一回蹴った）

　この場合，どちらの文がより具体的な動作を示しているかを問うことはできない。「蹴る」は足を使った動作であり，身体部位の提示は本来不要である。"下"という動作の回数を示す語彙がすでに用意されているのに，なぜ"脚"を臨時動量詞に転用する必要があるのか。そして，なぜ"踢了一脚"は動作対象が必ず人間であるのか。構文から切り離し，道具や身体部位の観点からのみ臨時動量詞を見ても，問題の答は見つからない。なお，先行研究では臨時動量詞は動作に使われる「道具」から転じたものとされているが，道具だけでなく，動作対象が臨時動量詞句を作る場合も見られる。「石を投げつける」の事態における「石」は動作対象であるが，臨時動量詞になることができる。

(15)　砍　　　　了　　<u>一　　石头</u>

　　　投げつける　ASP　NUM　石

　　　（石を一回投げつけた）

　"一石头"は本来動作対象であるため，次のように目的語になることもできる。(15)に対し，(16)では名量詞[8]"块"のついた"一块石头"は「一つの石」を意味する名詞句である。

(16)　砍　　　　了　　一　　块　　石头

　　　投げつける　ASP　NUM　CLF　石

　　　（一つの石を投げた）

---

[7]　専用動量詞からなる"一下"は「一回」を表すほか，語彙化した表現として「ちょっと（～する）」を表す。本章は回数を表す場合のみを考察対象とする。

[8]　名量詞とは，モノの数を数える類別詞を指す。

中国語の攻撃構文における臨時動量詞の意味機能 | 55

（15）と（16）の違いは何か，なぜ動作の対象も臨時動量詞句になることができるのか。これらの問題に答え，臨時動量詞の意味機能を明らかにするにはやはり構文全体について考える必要がある。以下まず，"V 了 O 一 N"，"V 了一 N"構文がどのような場合に成り立ち，どんな事態を表すのかについて見ていく。議論の便宜上両構文をまとめて"V 了（O）一 N"と記す。

3.2 "V 了（O）一 N"の生産性

　従来の研究に対し，李湘（2011）は構文の観点から臨時動量詞の意味機能，成立条件について述べたものといえる。この論文ではまず問題提起として，道具や身体部位を表す名詞がすべて臨時動量詞になれるわけではないことを指摘している。例えば，動作の道具でも，「縄で縛る」や「指で押す」のような状況は臨時動量詞の文を用いることができないという。

（17）a. ＊绑　　　了　　　一　　　绳子
　　　　　縛る　ASP　NUM　縄
　　　　（縄で一回縛った）

　　 b. ＊摁　　　了　　　一　　　手指
　　　　　押す　ASP　NUM　指
　　　　（指で一回押した）

　（17a），（17b）を正しい文にするには，道具である「縄」「指」を前置詞句によって示さなければならない。

（17'）a. 用　　　绳子　　　绑
　　　　　用いる　縄　　　縛る
　　　　（縄で縛る）

　　 b. 用　　　手指　　　摁
　　　　　用いる　指　　　押す
　　　　（指で押す）

　これ以外，「鍵で開ける」「懐中電灯で照らす」「炭火で焼く」などの事態においても，道具は臨時動量詞になることができず，前置詞句によってのみ示

56 │ 李 菲

されるという。これらの例から，動作の道具（身体部位を含む）がどんな場合
でも，"V 了(O) 一 N"構文を作ることができるわけではないことがわかる。

　以上は李湘 (2001) の指摘であるが，実は道具の場合だけでなく，(16) の
ように動作の対象だったモノが臨時動量詞((15))に変わる場合でも，その
置き換え条件が問題となる。「石を投げつける」の事態は"V 了(O) 一 N"を
用いて表現できるのに対し，「石を置く」という事態では，動作対象の「石」
は臨時動量詞になることができず，(18b)のように通常の VO の文によって
言い表さなければならない。

(18) a. ＊放　　　了　　　一　　　石头
　　　　置く　ASP　NUM　石
　　　（石を一回置いた）

　　 b. 放　　　了　　　一　　　块　　　石头
　　　　置く　ASP　NUM　CLF　石
　　　（石を一つ置いた）

　動詞 (V) と臨時動量詞 (N) との結合関係について，杉村 (1994) では"踢一
脚"を"＊踢一右脚"に言い換えたり，"打一棍子"の"棍子"を"书「本」"に置き
換え，"＊打一书"のように表現することができないとした上で，「これらの
表現はかなり慣用的，固定的」であるとしている。一方，李湘 (2011) は臨
時動量詞が生産性をもち，転用できる名詞が限られているわけではないと述
べ，動詞"砸「ぶつける」"が様々な名詞を臨時動量詞にとることができると
している。

(19)　砸　　　了　他　一　　　砖头 / 石头 / 榔头 / 啤酒瓶
　　　ぶつける ASP 彼 NUM　レンガ / 石 / ハンマー / ビール瓶
　　　（彼に　レンガ / 石 / ハンマー / ビール瓶　を　一回ぶつけた）

　臨時動量詞の生起についての二つの記述は一見矛盾するが，"V 了(O) 一
N"構文を考えた場合，二つの側面が見えてくる。"V 了(O) 一 N"の多くは
かなり慣用化した表現となっていること，しかしその一方で，N に様々な名
詞が現れ，構文として生産性をもつことがわかる。李湘 (2011) は，道具を

表す名詞が臨時動量詞になる条件として，四つの特徴を挙げる。それらはどれも"V了(O)一N"が「攻撃行為」を表す構文であることを示している。次節ではそれぞれの条件について見ていきながら，"V了(O)一N"の成立条件を明らかにする。

3.3　攻撃構文としての四特徴

"V了(O)一N"の成立条件について，李湘(2011)は道具を表す名詞が臨時動量詞として生起するためには，その文の表す事態が次の四点で高い他動性を示す必要があると指摘している。一つ目は，事態の参与者の個体性が高くなければならない。動作主は必ず人間か動物であり，動作対象は通常人間か動物であるが，実体のあるモノでもよいという。このほか，道具となるモノも形，性質の面で際立った特徴をもつ必要があるとしている。李湘(2011)によれば，タオルが道具となった(a)よりも箒を用いた(b)が自然であるという。

(20)a. ？抽　　了　　他　一　　　毛巾
　　　　打つ　ASP　彼　NUM　タオル
　　　（タオルで彼を一回殴った）
　　b.　抽　　了　　他　一　　　扫帚
　　　　打つ　ASP　彼　NUM　箒
　　　（箒で彼を一回殴った）

二つ目は，動作が瞬時に完了する動作であり，"V了(O)一N"は「ゆっくりと」を意味する副詞句と共起しにくいという。

(21)＊<u>慢慢地</u>　　割　了　一　刀
　　　ゆっくりと　切る　ASP　NUM　刃物
　　　（ゆっくりと一回刃物で切り付けた）

三つ目は，動作は動作主が自らの意思で行ったものでなければならない。「うっかり」を意味する副詞句がある次の文は成立しないという。

58 | 李 菲

(22) ＊<u>不小心</u>　砍　了　他　一　刀
　　　うっかり　切る　ASP　彼　NUM　刃物
　　　（うっかり彼を刃物で一回切った）

　四つ目は，対象が動作行為によって強いダメージを受けなければいけない。李湘（2011）は次の (a) と (b) を比較し，(a) では対象の「彼」がどれほど影響を受けたかを構文からは知ることができないのに対し，(b) は必ず流血事件を含意するという。

(23) a.　<u>用</u>　　刀子　扎　　了　　他　一　　　下
　　　　用いる　刃物　刺す　ASP　彼　NUM　CLF
　　　　（刃物で彼を一回刺した）
　　　b.　扎　　了　　他　一　　刀子
　　　　刺す　ASP　彼　NUM　刃物
　　　　（彼を一回刃物で刺した）

　この四つの特徴はしかし，道具を表す名詞が臨時動量詞になる条件というよりも，臨時動量詞を用いた“V 了 (O) 一 N”構文の成立条件というべきである。李湘（2011）が挙げた四条件は，動作主，動作，動作対象に関するものであるため，動作対象を伴う“V 了 O 一 N”構文を特に念頭に置いたものと思われる。論拠として挙げられている例文の多くも“V 了 O 一 N”構文である。臨時動量詞の成立条件を問うことは結局，臨時動量詞を含んだ構文の成立条件を問うことになるのである。

　改めて李湘（2011）の四条件を構文の特徴として見ると，“V 了 O 一 N”は動作主から対象 (O) への力強い「攻撃」を表すことに気づく[9]。典型的な攻

9　李湘（2011）は“V 了 一 N”と“V 了 O 一 N”を区別せずに臨時動量詞の生起条件について論じているが，「攻撃行為」に焦点をあてた場合，両者をひとまず区別して取り扱う必要があると思われる。攻撃行為は一般的に有生物の動作対象を標的とするものであるため，動作対象が現れない“V 了 一 N”はすべてが攻撃行為を表すとはいえない面がある。例えば，腹いせに机を蹴飛ばしても攻撃とはいえず，また技としての「足を蹴り上げる」動作も攻撃ではない。従って，有生物を動作対象とする“V 了 O 一 N”構文の方がより攻撃行為に特化した構文といえる。一方，目的語をもたない“V 了 一 N”構文は「攻撃行為」に特化したものではないが，それでも典型的には攻撃行為を表すと考えられる。例えば，身体部

撃は，動作主が意図的に，対象にダメージを与えるべく働きかけることを指し，攻撃対象は通常人間である（条件一，三，四）。また，「殴る，蹴る，切り付ける」などのように，攻撃とは瞬時に実現する力強い動作が多い（条件二）。参与者，特に道具を表す名詞（N）が際立った形や質感をもつ必要があるというのは要するに，攻撃物としてふさわしいかどうかである（条件一）。臨時動量詞が生産的であることを示す（19）でも，「レンガ / 石 / ハンマー / ビール瓶」はすべて人に危害を及ぼしうるモノである。本章はこれらをふまえ，動作対象を伴う臨時動量詞構文"V了O一N"が表す事象を「人に攻撃を加える」こととする。(13a)，(23b) が強い打撃を表しているのは，そもそも構文が「攻撃行為」を表しているためである。

李湘（2011）が他動性の観点から臨時動量詞構文が言い表す事象の特徴をとらえようとしたのに対し，本章でこれらを「攻撃行為」に限定するのは，「他動性」だけでは"V了O一N"の目的語（O）がなぜ専ら人間なのかを説明できないためである。李湘（2011）は臨時動量詞構文の目的語を有生物に限定しておらず，実体をもつモノでも目的語になることができるとしているが，(10b) と (12a) で示したように目的語（O）がモノの場合，文の容認性が下がる。また，条件四で，"V了O一N"では「動作対象（O）が必ずマイナスの影響（痛みやけが）を受けている」と述べているが，状態変化の意味は必須ではない。例えば"踢了O一脚"の場合では蹴られた対象（O）が必ずしも負傷したとは限らない [10]。対象が痛みやけがを負ったという含意は，この構文が表す攻撃意図の意味から語用論的に推測されたものではないかと思われる。次は「攻撃性」という観点から 3.1 と 3.2 で提起した一連の問題への答えを提示する。

位からなる"打了一拳「一回ゲンコツで殴った」"，"打了一巴掌「一回ビンタした」"は目的語の有無に関係なく攻撃動作を表す。また，"踢了一脚"は「激しく」を意味する副詞句や「〜を目がけて」を表す前置詞句と共起することが多く，動作対象の存在が窺える。これらの特徴から，動作対象を明示していない"V了一N"構文も高い他動性をもつことが見てとれる。

[10] 一般的に，"V了O一N"は「動作対象をある状態にさせた」ことを表す"把"構文に置き換えられない（*把 他 踢了一脚）。

4. 攻撃構文における臨時動量詞の意味機能
4.1 臨時動量詞の意味機能と成立条件

　3.1では，「動作の具体化」という観点からは(14a)と(14b)との意味上の違いを説明することができない点について述べた。"踢了(O)一下"と"踢了(O)一脚"の全体が表す状況の違いに注目すると，"脚"を用いた後者は人への攻撃行為としての「蹴りを入れる」動作を指す。(24)は父親が娘に体罰を加えようとする場面である。この場合，(24')のように言い換えることができない。

(24)　爸爸　一怒之下，踢　　了　　<u>一　　　脚</u>。
　　　父親　怒りの下　蹴る　ASP　NUM　足
　　　（父親はかっとなって，一回蹴った）(CCL)
(24')?爸爸　一怒之下，踢　了　一　下。

　一方，次の例は，母親が地面に座ったまま眠りこけている息子を起こそうとして，「足で軽く息子を蹴る」様子を表現した文であるが，攻撃としての「蹴り」ではないため，"踢了一下"が用いられている。

(25)　用　　　脚　踢　　了　　他　<u>一　　　下</u>
　　　用いる　足　蹴る　ASP　彼　NUM　CLF
　　　（足で彼を一回蹴った）(CCL)

　専用動量詞を用いた"踢了一下"との比較から，"踢了一脚"の攻撃性は，臨時動量詞句"一脚"の意味機能によってもたらされたものと考えられる。従って，臨時動量詞は単に動作の道具や回数を表すためのものではなく，構文全体に攻撃性，対象への潜在的影響力をもたせるためのものであるといえる[11]。(25)に比べて，(24)の動作が力強く，勢いがあるように感じられるのも特徴的である。本章では，この「力強さ」も「攻撃性」の重要な側面の一

---

[11]　相原・石田・戸沼(1996)では，"踢了一脚"を「ひと蹴りポーンと蹴った」，"打了一拳"を「一発げんこつでガンとなぐった」というように，オノマトペを用いて動作の力強さを訳し出している。これらの訳は臨時動量詞構文の攻撃性を反映させたものであり，"一脚"，"一拳"の意味機能をうまくとらえている。

つであると考える[12]。

　ここでもう一度「攻撃行為」という観点から"V 了 (O) 一 N"の成立条件を確認したい。3.2 の (17) が成立しないのは N に入る道具の形，性質が原因というより，"绑「縛る」"と"摁「押す」"が人を攻撃するための動作ではないためというべきである。

(17) a. *绑　了　一　绳子
　　 b. *摁　了　一　手指

　"绑「縛る」"の代わりに"抽「打つ」"，"摁「押す」"の代わりに"杵「突く」"を用いると，攻撃行為として見なされ，許容度が上がる。"V 了 (O) 一 N"は N の性質だけでなく，V がどれだけ「攻撃行為」を含意しうるかとも関わっているといえる。

(26) a. 抽　　了　　一　　　绳子
　　　 打つ　ASP　NUM　　縄
　　　 （縄で一回打った）
　　 b. 杵　　了　　一　　　手指
　　　 突く　ASP　NUM　　指
　　　 （指で一回突いた）

　臨時動量詞構文において頻繁に用いられる動詞は主に，「ぶつける，切る，放つ，打つ，殴る，蹴る，刺す」ことを表すものである。

12　杉村 (2006: 75) は，"队长扔我一块木头（隊長は私に木を投げた）""她喷了他一脸唾沫（彼女は彼の顔中に唾をふきかけた）"を例にあげ，中国語の二重目的語構文の中に「授与」から「攻撃」の意味に拡張した例が見られることについて報告している（和訳は，杉村を引用した加納 (2016) から）。本章で取り上げる"V 了 (O) 一 N"構文も，二重目的語構文でかつ攻撃事態を表すという点で上述の例と共通性をもつが，臨時動量詞が用いられている点，それとの関連で「力強い攻撃性」を描いている点が異なる。

62 | 李 菲

表1 ［臨時動量詞構文に用いられる動詞と臨時動量詞の主なもの］

動詞	共起する臨時動量詞
砍（投げつける，ぶった切る）	刀（刃物）斧头（斧）剑（剣）etc
砸（叩きつける，打つ）	石头（石）砖头（レンガ）etc
射（射る）	箭（矢）
开（発射する）	枪（銃，槍）炮（大砲）etc
揍／抽（打つ）	棒子／棍子（バット）鞭子（ムチ）etc
打（殴る）	巴掌（掌）拳（拳）etc
踢（蹴る）	脚（足）
刺／捅／扎（刺す）	刀子（刃物）针（針）etc

4.2 動作対象が臨時動量詞に変わる場合

　従来，臨時動量詞になるのは動作を行うための道具（身体部位を含む）であると記述されてきた。つまり，"V了(O)一N"において，「NでOにVする」,「NでVする」という関係が成り立つということである。しかし，この関係が成り立つのは「打つ，殴る」「蹴る」「刺す」（表1）のタイプであり，「ぶつける」という動作では，臨時動量詞になっている名詞は道具というよりも「投げる」という動作の対象になっている。

(15)　砍　了　一　　石头
(16)　砍　了　一　块　石头

　(15)と(16)の意味上の違いが問題となる。本来動作対象である石を目的語にするのではなく，臨時動量詞として，つまり"V(了)一N"構文を作ることでもたらされる意味は何か。ここでも，この構文がもつ「攻撃行為」としての側面に注目すべきである。すなわち，石を直接の目的語とした(16)は「石をどのようにしたか」について述べた文であるのに対し，(15)は「石をぶつけることで，攻撃した」ことを表す。両者は，動作後の石の状態変化を含意するか否かの点で異なる。(16)は「石が投げられ，元の位置から動かされてしまった」ことを含意できるのに対し，(15)は石の状態を含意しない。従って，「石は水の中に落ちた」ことを表す次の文を(16)に後続させることは自然であるが，(15)の場合は不自然である。

中国語の攻撃構文における臨時動量詞の意味機能 ｜ 63

(15')?他　砍　了　一　石头，石头　掉　　進　了　　水　里。
　　　　　　　　　　　　　　　　石　落ちる　入る　ASP　水　中

　　（彼が石を一回投げつけたら，石は水の中に落ちた）

(16')　他　砍　了　一　块　石头，石头　掉　　進　了　　水　里。
　　　　　　　　　　　　　　　　　　石　落ちる　入る　ASP　水　中

　　（彼が石を一つ投げたら，石は水の中に落ちた）

　"砍了一石头"が表すのはあくまで「石を使った攻撃動作」であり，石をど
のようにしたかを述べてはいない[13]。攻撃行為としてとらえると，「投げる」
対象は石であるが，「攻撃」の対象は人間である。次の(27a)と(27b)では，
「石」の意味役割が異なるが，どちらの場合も対象が人間であり[14]，「石」は
武器を表す。

(27) a.　打　　了　　他　　一　　　石头
　　　　　打つ　ASP　彼　NUM　石

　　　　　（彼を一回石で殴った）

　　　b.　砍　　　　了　他　　一　　　石头
　　　　　投げつける　ASP　彼　NUM　石

　　　　　（彼に石を一回投げつけた）

　"V 了 O 一 N"構文では人間 (O) が直接の動作対象であり，N はいわば攻
撃動作の道具であるが，"一 N"が単純に道具を表しているわけではないこと
はすでに見た通りである。朱徳熙 (1982) は，動詞の後に置かれる，動作の
継続時間や回数を表す数量フレーズを「準目的語」（"准宾语"）とよび，臨時
動量詞句もこの中に含めている。"一 N"を「準目的語」とするならば，それ

───────────────

[13] 「ぶつける」類の動詞が動作対象のモノを目的語とするか，臨時動量詞とするかで，
意味が大きく異なる例としてほかに"砸（了）一 N"と"砸（了）NP"のペアを挙げることがで
きる。例えば，臨時動量詞文"砸了一石头"は「石を一回ぶつけた」という動作を表すが，
"砸了一块石头"は「石をどこかにぶつけて，打ち砕いた」という意味となる。

[14] (27a)，(27b)における"他「彼」"は"他被打了一石头「彼は石で一回殴られた」"，"他
被砍了一石头「彼は石をぶつけられた」"のように，受身文の主語に立つことができるた
め，動作対象であることがわかる。

64 ｜ 李 菲

はどのような意味で目的語であるのか，また"一N"は何を指すのかを明らか
にする必要がある。次節では「準目的語」という観点から臨時動量詞の指示
内容について考える。

4.3　臨時動量詞が指すモノ

　石定栩 (2006) は"V了O一N"構文を，「授与」を表す二重目的語構文
("给予义双宾结构") と位置付けている。これは，攻撃対象の人間 (O) は
「受益者」(または「受害者」) と見なすことができ，臨時動量詞句 (一N) は
「送り出されたモノ」としてとらえられるためとしている。また，"V了O
一N"構文が授与動詞"给「与える」"を用いた"给了O一N"に置き換えられ
る点にふれ，「授与」を表す二重目的語構文との類似点を示している。

　本章でも"V了O一N"は二重目的語構文の一種であると考えるが，"一
N"が果たして「モノ」を表しているのかは疑問である。なぜなら，一般的
に中国語では「私は彼に石をぶつけた」ことを通常の二重目的語構文で表現
することができないからである[15]。

(28) ?我　砍　　　　　了　　他　一　　　块　　　石头。
　　　私　投げつける　ASP　彼　NUM　CLF　石
　　（私は彼に石を一つぶつけた）

　Nを「モノ」，"V了O一N"を「モノの授与」ととらえた場合，なぜ (28)
のように，通常の二重目的語文が成立しにくいかが問題となる。これに対
し，劉劼生 (2000)，李湘 (2011) では，"一石头"，"一脚"といった臨時動
量詞句が道具そのものではなく，動作行為を指すと指摘している[16]。このこ
とと，"V了O一N"が攻撃行為を表すこととを考え合わせると，"一N"は
「譲渡されるモノ」ではなく，「攻撃行為そのもの」を指すといえる。例えば
(29) では，"一拳"は動作を行う身体部位というよりも，「ゲンコツを一発食
らわす」こと自体を指すと考えるべきである。

---

[15]　杉村 (2006) ではこの点にふれ，「投げつける」系の動作は通常"向 (〜に向って)"の前
置詞句によって投擲対象を導くと指摘する。

[16]　李湘 (2011) はこれについて，道具を表す名詞がメトニミーによって動作自体を指す
ようになったと分析している。

（29）　打　　了　　一　　　　拳
　　　　殴る　ASP　NUM　拳
　　　（ゲンコツを一回食らわせた）

　これは“一拳”が“重重的一拳（重い一発のゲンコツ）”のように，動作の激しさを表す形容詞句と直接共起できる点からも見て取れる。このように“一N”を動作そのものとしてとらえることで，“一巴掌”は「一回のビンタ」，“一刀”は「刃物での一刺し」，“一脚”は「一発の蹴り」，“一枪”は「一発の発射」の意味で解釈することができる。“一N”はNを用いた一撃を指す。“一N”がすでに動作のあり方を表しているからこそ，“给”を用いた“给（了)O 一N”構文が意味をなす。

（30）　给　　　了　　他　　一　　　　脚
　　　　与える　ASP　彼　NUM　足
　　　（彼に一蹴りを与えた→彼を一回蹴った）

　従って，“V 了 O 一 N”を二重目的語構文，“一 N”を準目的語とするならば，それらが表すのは道具でも回数でもなく，攻撃（正確には「攻撃の型」）そのものである。(30)は英語の「give 人 a kick」のような表現と類似し，日本語で言えば「一発食らわす」や「一撃を加える」といった表現と同じ表現効果をもつ。
　よって，“V 了 O 一 N”と通常の二重目的語構文は，「動作対象の人間（O）が動作主からNを受け取る」という授与の概念ではつながっているものの，この構文におけるNの指示対象はすでに「モノ」から「行為」に変化していることがわかる。「攻撃行為」を表す“V 了 O 一 N”構文は，通常の「モノの授与」を表す二重目的語構文からさらに文法化していったものと考えられる。

5. おわりに

　以上，中国語の臨時動量詞をめぐる様々な問題が，構文全体が表す事象と成立条件を考慮に入れることで解決できることを見てきた。まず，臨時動量詞の成立条件と意味機能については従来専ら語彙レベルで論じられてきた

が，臨時動量詞は攻撃行為を表す構文の構成素であり，"一N"は攻撃行為そのものを指す。もう一つ大きな問題点は，なぜ臨時動量詞構文では動作対象が必ず人間を主とする有生物なのかということであった。これも"V了(O) 一N"構文が攻撃行為を表すと考えると説明がつく。人間を蹴るのは攻撃であるが，椅子や机を力任せに蹴っても攻撃行為にはならない。

　なお，本章では"V了(O) 一N"のみを考察対象としたが，こうした意味特徴は数詞が"两"，"几"の場合でも基本的に変わらない。先行研究で議論の焦点とされてきたこうした一連の問題はすべて構文の意味特徴に由来するものである。今後は，"V了(O) 一N"の周辺的事例，また臨時動量詞を用いた他の構文を考察し，それを通して引き続き臨時動量詞の意味機能について考えていきたい。

略語一覧

ASP：aspect　CLF：classifier　N：noun　NUM：numeral　O：object　V：verb

参照文献

相原茂・石田知子・戸沼市子 (1996)『WHY? にこたえるはじめての中国語の文法書』同学社.

李湘 (2011)「从实现机制和及物类型看汉语的"借用动量词"」『中国语文』343: 313–325.

刘劼生 (2000)「表示事件的"数+N"结构」『世界汉语教学』51: 35–40.

刘月华 (2001)『实用现代汉语语法』商务印书馆.

加納希美 (2016)「拡張二重目的語構文の成立条件：臨時量詞による結果描写との関連を中心に」『中国語学』263: 99–117.

佐々木勲人 (2000)「中国語の受損構文：損失の受け手としての起点」『空間表現と文法』249–267. くろしお出版.

邵敬敏 (1996)「动量词的语义分析及其与动词的选择关系」『中国语文』251: 100–109.

杉村博文 (1994)『中国語文法教室』大修館書店.

杉村博文 (2006)「中国語授与構文のシンタクス」『大阪外国語大学論集』35: 65–96.

谭景春 (2001)「从临时量词看词类的转变与词性标注」『中国语文』283: 291–301.

石定栩 (2006)「动量后数量短语的句法地位」『汉语学报』13: 1–58.

朱德熙 (1982)『语法讲义』商务印书馆.

北京大学 CCL コーパス　http://ccl.pku.edu.cn

北京語言大学 BCC コーパス　http://bcc.blcu.edu.cn/

| 67

第 2 章

行為の評価からモノの属性への
プロファイル・シフトについて
──中国語の難易度を表す形容詞の事例から──

三宅登之

キーワード：行為，モノ，形容詞，難易度，プロファイル・シフト

1. はじめに

　本章は，中国語の難易度を表す形容詞を例に取り，形容詞の中にはまず行
為を前提としてその行為に対する評価を述べるタイプがあることを指摘す
る。次に，そのような形容詞が名詞性成分で代表される「モノ」を修飾した
り，それについて叙述したりする場合は，その働きが，本来の行為への評価
から対象のモノの属性を述べることへと移行しており，話者の表現の中でプ
ロファイル・シフトが起きていることを論じる。

　以下，第 2 節では中国語の形容詞"简单"と"容易"の相違点を紹介する。第
3 節では両者の相違点の本質を，プロファイル・シフトという観点から解釈
する。第 4 節では行為の評価からモノの属性へのプロファイル・シフトが起
きるメカニズムについて論じる。第 5 節では，行為を表す部分の言語化の問
題を考察する。第 6 節は本章の主張のまとめである。

2. "简单"と"容易"の相違点について
2.1　中国語の類義語"简单"と"容易"

　本章ではまずモデルケースとして，三宅 (2014) で議論した形容詞"简单"
と"容易"を取り上げる。

　中国語の難易度を表す容詞"简单"と"容易"は類義語として扱われること
が多く，いずれも「簡単である，易しい」といった意味を表す。実際，次の

ように，両者が入れ換え可能になる場合も多い。

（1） 这　　篇　　文章　　很　　　{a 简单／b 容易}。
　　　この　CLF　文章　とても　　簡単だ　容易だ
　　　（この文章は易しい。）
（2） 调查　　　方言　　很　　　{a 简单／b 容易}。
　　　調査する　方言　とても　　簡単だ　容易だ
　　　（方言を調査するのは易しい。）

　しかし両者の意味及び実際の使用状況が全く同じであるということではない。以下では両者の語法上の相違点について述べる。

2.2　文法機能の差の調査

　まずは，両者の文法機能における差異について，コーパスを用いて調査を行った。両者はいずれも形容詞なので基本的な文法機能[1] は同じであるが，コーパスにおける実際の使用状況を調査すると，生起する文法成分ごとの使用頻度に大きな差があることが判明した。

　調査に用いたコーパスは北京大学中国語言学研究中心 CCL コーパスである[2]。このコーパスから，"简单"と"容易"の生起している例文を上位より 300 文収集し[3]，両語が実際の用例の中でどの文法成分に生起して用いられているかを調査した。表 1 がその結果である。

---

[1]　文法機能（"语法功能"）は中国語では主に，①どのような文法成分（"句法成分"）に生起することができるか，②どのような語（主に判断基準となるような虚詞）と共起することができるか，の 2 点を元に議論されることが多い。本章では①を中心として議論を進める。

[2]　http://ccl.pku.edu.cn:8080/ccl_corpus/

[3]　1 文の中に複数回生起している場合はそれら全てをカウントしたので，表 1 の生起数は実際には 300 より少し多くなっている。

行為の評価からモノの属性へのプロファイル・シフトについて　｜ 69

表1　"簡単"と"容易"の生起数

	述語	連体修飾語	連用修飾語	その他[4]
簡単	71	180	55	38
容易	37	6	265	27

以下，それぞれの文法成分ごとに，実例を見てみる[5]。

2.2.1　述語

　主語に対する述語の位置には両語とも一定数生起している。"簡単"及び"容易"が述語になった例はそれぞれ以下のようなものである。

（3）　道理　很　　簡単。
　　　道理　とても　簡単だ

　　　（道理は簡単である。）

（4）　上手　　　很　　容易。
　　　取り掛かる　とても　容易だ

　　　（取り掛かるのは容易だ。）

　中国語では，名詞性成分だけでなく動詞性成分もそのままで主語に生起できる。(3)の主語"道理"（道理）は名詞であり，(4)の主語"上手"（始める，取り掛かる）は動詞である。本章では後述するように，"簡単"及び"容易"が名詞性成分と動詞性成分のどちらに意味上かかるのかという点を検討していくが，"簡単"と"容易"の述語の位置では生起数の差は，以下に述べる修飾語の位置におけるほど極端なものではない。

2.2.2　連体修飾語

　連体修飾語の位置での生起状況を見てみると，"容易"が6例しかないのに対して，"簡単"が180例もあるのが注目に値する。この数値から，連体修飾語になることは"簡単"の主要な文法機能であることが見て取れる。

---

[4]　構造助詞"的"を伴い「"的"構造」（"的"字結構）を構成し連体修飾語になっていないもの，主語の位置に立つもの，目的語の位置に立つものなどである。

[5]　以下，先行研究の紹介の箇所で挙げられている用例以外は，全てこのコーパスの用例である。

（5）　簡単　　的[6]　　意思
　　　　簡単な　　PTCL　　意味

　　　（簡単な意味）

　　一方，"容易"が連体修飾語になった例としては，次のような例がないわけ
ではないが，"簡単"に比べると極端に少ない。

（6）　容易　　的　　　事情
　　　　容易な　　PTCL　　事

　　　（容易な事）

2.2.3　連用修飾語

　　次に連用修飾語であるが，"簡単"が連用修飾語になった例は一定数認めら
れるが，"容易"に比べると相対的には少ないことがわかる。

（7）　簡単　　地[7]　　说
　　　　簡単な　　PTCL　　言う

　　　（簡単に言う）

　　一方"容易"が連用修飾語になった例[8]は 265 例と非常に多い。この数値か
ら，連用修飾語になることは，"容易"の主要な文法機能であると考えること
ができる。

　　ただし，"容易"が連用修飾語の位置における生起数が多いのは，以下のよ
うな点も考慮に入れる必要がある。『現代汉语词典』等の辞典の記述を総合

---

[6]　"的"は構造助詞で連体修飾語を構成するマーカーとしての働きを持つ。"的"を用いな
い連体修飾語もあるので，厳密に言うと"的"を用いた場合と用いない場合を区別して分析
することも必要と思われるが，本章ではいずれも連体修飾語という共通の文法成分となっ
ていると考え，区別せずに扱う。

[7]　"地"は構造助詞で連用修飾語を構成するマーカーとしての働きを持つ。

[8]　朱（1982: 66）はこのような例を助動詞としての用法とする。（"难、容易、好意思"等几
个形容词也有助动词的用法：日语容易学，阿拉伯语难学。（"难、容易、好意思"などのいく
つかの形容詞にも助動詞の用法がある。"日语容易学，阿拉伯语难学。"「日本語は学びやす
く，アラビア語は学びにくい。」））

的にまとめてみると，連用修飾語として用いられた"容易"には，次の２つの意味がある。

1つ目は，"做起来不费事的"（やってみると手間がかからない）という意味である。

（8）　容易　　写
　　　容易だ　書く
　　　（書きやすい）
（9）　容易　　理解
　　　容易だ　理解する
　　　（理解しやすい）

2つ目は，"发生某种变化的可能性大"（ある種の変化が発生する可能性が大きい）という意味である。

（10）　容易　　　　発胖
　　　～しやすい　太る
　　　（太りやすい）
（11）　容易　　　　出错
　　　～しやすい　間違いが起こる
　　　（間違いが起きがちだ）

　本章での調査の265例では，これらの2つの意味を区別せず[9]，連用修飾語になった例を全てカウントしている。そのために生起数が多くなっていることもあろうが，連用修飾語になるのが"容易"の主要な文法機能であることは，間違いないであろう。

　以上のような文法成分上における両語の分布から，次のようなことが予測される。連体修飾語というのは，名詞性成分を修飾する成分であり，連用

---

[9]　2つ目の「ある種の変化が発生する可能性が大きい」という意味の方は，以下に述べる「行為」の典型的なタイプ（人間が意図をもって行うもの）からすると，やや周辺的なメンバーであると言うこともできる。

修飾語とは，動詞性成分を修飾する成分である[10]。連体修飾語を主要な機能とする"简单"は，意味上は名詞性成分が典型的に表す「モノ」[11]を修飾したり，「モノ」について叙述したりするのが主な働きであると言える。一方，連用修飾語を主要な機能とする"容易"は，動詞性成分が典型的に表す行為を修飾したり行為について述べたりするのが主な働きであると言える。両語の意味上の特徴について，このように予測することができるのではないだろうか。

3. モノ対象形容詞と行為対象形容詞
3.1 "难"の文法機能について

ここまでは，"简单"と"容易"の相違点について，三宅 (2014) での議論に基づいて考察を行ったが，ここでさらに，一般に"容易"の対義語として扱われている形容詞"难"（難しい）[12]についても，同様に文法成分ごとにその実際の用法を調査してみよう。

CCL コーパスで"难"で検索を行い，上位 500 例から形容詞"难"の用例に該当するものを抽出した[13]。結果は表 2 の通りである。

表 2 "难"の生起数

	述語	連体修飾語	連用修飾語	その他
难	22	2	156	3

一見してわかるように，修飾語の位置で比較してみると，"难"が連体修飾語になった例は 2 例しかないのに対して，連用修飾語になった例は 156 例と，数が非常に多い。その生起数からすると，述語やその他の位置と比較してみても，連用修飾語となるのが"难"の主要な文法機能であると考えること

---

[10] 文法成分としての連用修飾語は本来は動詞性成分のみならず形容詞性成分を修飾するものも含むが，本調査でコーパスから収集した用例を見る限り，"简单"や"容易"が連用修飾語になっているものは，ほぼ全て動詞性成分を修飾しているものばかりである。

[11] 本章では「モノ」という用語を Langacker (2008: 98) の"thing"という意味で用いる。

[12] 呂叔湘主編 (1999: 467)。

[13] "困难""难以""难于""难免""难道""灾难"…など他の語中の形態素として用いられている例は全て除外した。

行為の評価からモノの属性へのプロファイル・シフトについて ｜ 73

が可能であろう[14]。

（12）这些 学科 很 难 展开 深入 研究。
　　　これら 学科 とても 難しい 展開する 深く掘り下げた 研究
　　　（これらの学科は深く掘り下げた研究を進めていくのは難しい）

（13）这 是 在 实践 中 惩罚 比 奖励 更 难
　　　これ COP 〜で 実践 中 懲罰 〜より 奨励 さらに 難しい
　　　掌控 和 取得 良好 教育 效果 的 内在 原因。
　　　支配する CONJN 獲得する 良好な 教育 効果 PTCL 内在 原因
　　　（これは，実践において，懲罰が奨励よりも良好な教育効果をコント
　　　ロールし獲得することがいっそう難しい内在的な原因である。）

（14）汉字 比起 拼音 文字 来，确 有 " 难 认、 难
　　　漢字 比べる 表音 文字 確かに ある 難しい 見分ける 難しい
　　　记、 难 写 " 的 一面，
　　　覚える 難しい 書く PTCL 一面
　　　（漢字は表音文字と比べると確かに『見分けるのが難しく，覚えるの
　　　が難しく，書くのが難しい』という一面を持っている）

　次に"难"が述語に立った例を見てみよう。

（15）一个 学科，一种 学问 如果 脱离 群众，离开 社会，
　　　一 CLF 学科 一 CLF 学問 もし 遊離する 大衆 離れる 社会
　　　恐怕 生存 很 难。
　　　恐らく 生存する とても 難しい
　　　（ある学科や学問がもしも大衆から浮き上がり社会からかけ離れてし
　　　まったら，恐らく生き残るのは難しいであろう）

_____

[14] ただし，"难"が修飾できるのは単独の単音節動詞に限り，それ以外は"很难"となる
ので注意が必要である。朱（1982）にも，"注意"难"和"很难"的语法功能有差别："难"的宾语
总是单个的动词（特别是单音节的），如果宾语不止一个词，就只能用"很难"。例如：很难把
他驳倒／很难令人相信。"という記述がある（朱 1982: 66）。ここで朱が"难"の"宾语"と言っ
ているのは，"难"の助動詞としての用法を解説している箇所だからである。注 8 を参照。

(16)　而　　　　译为　另一　语言　时　要　　　　找到　　对等　　表达　式

CONJN　訳す　別の　言語　時　～したい　見つける　同等な　表現　式

往往　　　较　　难，

しばしば　　比較的　　難しい

（そして，もう一つの言語に訳す時に同等な表現形式を見つけようと
しても往々にして比較的難しい）

(17)　学　　俄语　　开头　难，　后头　容易，　而　　　学　　英语

学ぶ　ロシア語　始め　難しい　後　容易だ　CONJN　学ぶ　英語

则　　正　　　相反，开头　觉得　容易，　后头　越学越　　　难。

一方　ちょうど　逆だ　始め　思う　容易だ　後　すればするほど　難しい

（ロシア語を勉強するのは始めが難しくて後が易しくなるが，英語は
ちょうど逆で，始めは易しく感じるが後になると学べば学ぶほど難し
くなる）

　これらの例に見られるように，"难"が述語に立った場合も，その主語には
動詞性成分が来ることが多い。"容易"と同様に"难"についても呂叔湘主編
（1999）は，

　　用做谓语。主语可以是名词，但更多的是动词。
　　（述語となる。主語は名詞でもよいが動詞のほうが多い。）

（呂叔湘主編 1999: 406[15]）

と述べている。"难"が述語に立った場合の主語は動詞性成分が多いという点
と，連用修飾語での生起数が多いことを合わせて考えると，"难"は動詞性成
分を修飾したり叙述したりするのがその主要な機能であるということが分布
状況から示されていると言える。

3.2　形容詞の2つの類──モノ対象形容詞と行為対象形容詞

　これまで分析した難易度を表す3つの形容詞においては，"簡単"タイプ

---

[15]　日本語訳は『中国語文法用例辞典—《現代漢語八百詞増訂本》日本語版』牛島徳次・
菱沼透監訳，東方書店，2003: 282。

と，"容易""难"タイプの，2つが対立していることがわかる。

"简单"は修飾・叙述の対象がモノである形容詞なので，本章ではこれを「モノ対象形容詞」と呼ぶこととする。一方，"容易""难"は動詞性成分の表す内容について修飾・叙述を行うものであるので，本章ではこれを「行為対象形容詞」と呼ぶ[16]。

この2つのタイプの形容詞の相違点に関して，赵春利 (2012) の次の指摘は示唆に富む (赵春利 2012)。それによると，「"容易""难"＋名詞句」構造は，形式上は"容易""难"が名詞性成分を修飾しているが，実はその中に述語を含意しているという。

(18) a.　容易　　　的　　　事情
　　　　容易な　　PTCL　事
　　　　(容易な事)

　　 b.　容易　　[办到]　　　的　　　事情
　　　　容易に　成し遂げる　PTCL　事
　　　　(容易に成し遂げられる事)

(19) a.　很　　　难　　　的　　　任务
　　　　とても　難しい　PTCL　任務
　　　　(とても難しい任務)

　　 b.　很　　　难　　　[完成]　　的　　　任务
　　　　とても　難しい　完遂する　PTCL　任務
　　　　(とても完遂するのが難しい任務)

述語を「含意している」ということは，本来は"容易""难"が行為を対象とする行為対象形容詞であるということを示していると言える[17]。

---

[16]　モノ対象形容詞は，张国宪 (2005) の述べる"表物形容词"に，行為対象形容詞は"表行為形容词"にほぼ該当すると思われるが，张国宪 (2005) のこの2つの形容詞が完全に本章の形容詞に一致するかどうかは，検討を要する。

[17]　"简单"と"容易"についてはいくつかの類義語辞典がその相違点について記述しているがその核心をついた記述はなかなか見当たらない。その中で施光亨・王绍新主編 (2011: 518) が"容易"について"指事情做起来不费力"(事柄がそれをやってみると骨が折れないことを指す) としているのは，"容易"がその語義として行為を前提とすることを示す指摘であると言えよう。

3.3 名詞性成分が"容易"だということの解釈

　さて，"容易"は「行為対象形容詞」であり行為について述べるのがその機能であると考えると，それが述語の位置に生起した場合，その叙述の対象の主語が動詞性成分であれば，主語と述語の組み合わせとしてきわめて自然なものとなる。(4)の主語の"上手"(取り掛かる)も動詞なので，行為対象形容詞である"容易"と組み合わさることは問題ない。ところが実際には(20)のように，主語に名詞性成分が置かれて，その名詞性成分について述語で"容易"だと叙述している例は存在する。名詞性成分を行為対象形容詞が叙述するという言語事実を，どのように解釈すればよいであろうか。

(20)　这个　问题　很　　容易。
　　　この　問題　とても　容易だ
　　（この問題は易しい。）

　"容易"の性質を"简单"と対照しながら考察してみる。上記のように，モノ対象形容詞"简单"は名詞性成分について叙述するのがその主要な機能である。従って，(21)のように，名詞性成分が主語に立ち，"简单"が述語に生起するのは，"简单"の本来の用法と合致している。

(21)　名詞性成分+"简单"
　　　这个　问题　很　　简单。
　　　この　　問題　とても　簡単だ
　　（この問題は"简单"だ）

　以下，図1・図2・図3は，動作主から"这个问题"(この問題)という対象に対して，「解答する，解く」という働きかけを行なうという他動的事態を，因果連鎖(action chain)によって表したものである。太線は，話者の認知の焦点があたり，プロファイルされた部分を表す。(21)を図で示したのが図1である。図1ではこの対象そのものがプロファイルされ，名詞性成分であるその対象の属性が"简单"であると述べているのである。モノ対象形容詞"简单"を使った(21)では，動作主からの働きかけは想定されておらず，対象の"这个问题"(この問題)が簡単であると，対象の属性を叙述して

いる。よって図1では動作主から対象への働きかけの部分が存在しない。

図1 "这个问题很简单。"の因果連鎖図

　次に，"容易"は行為対象形容詞であり，主語に立った動詞性成分が表す行為が"容易"であると述べるのが本来の用法である。実際，呂叔湘主編(1999)では"容易"について，

　　用做谓语。主语可以是名词，但更多的是动词。
　　（述語に用いる。主語は名詞でもよいが動詞のほうが多い。）
　　　　　　　　　　　　　　　　　　　（呂叔湘主編 1999: 467[18]）

と述べている。次の(22)のような場合がそれに該当する。

(22)　動詞性成分+"容易"
　　　回答　这个　问题　很　　容易。
　　　解く　この　問題　とても　簡単だ
　　　（この問題を解くのは"容易"だ）

　この(22)を図に示したのが次の図2である。「問題を解く」という行為が行われる場合，解く人（動作主）と，解かれる問題（対象）が存在する。動作主が問題を見て，解答に取り組む行為は，動作主から対象への働きかけと捉

---

[18]　日本語訳は『中国語文法用例辞典—《現代漢語八百詞増訂本》日本語版』牛島徳次・菱沼透監訳，東方書店，2003: 330。

えることができる[19]。その解答を進めるプロセスの中で、動作主はその問題が難しいと思ったり、易しいと思ったりするわけである。(22)では、動作主が解答を導き出すプロセス自体が容易であると感じ、評価を下しているので、図2では動作主から対象への働きかけの行為の部分がプロファイルされている。

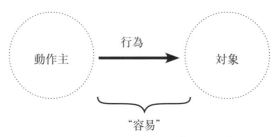

図2 "回答这个问题很容易。"の因果連鎖図

では次のように、主語に名詞性成分が置かれた場合はどうであろうか。

(23)　名詞性成分＋"容易"
　　　这个　问题　很　　容易。
　　　この　問題　とても　簡単だ
　　　(この問題は"容易"だ)

(23)は図3のような因果連鎖として表すことができる。"容易"は(22)のように行為の部分について評価を下すのが本来の用法である。それが、行為の評価（この問題を解くのは容易だ）から、あたかもその対象であるモノ（問題）が「容易だ」という属性を本来兼ね備えているかのような表現へ移行し、プロファイルされる部分が行為から対象へと移っていると考える。以下ではこの現象を、行為と対象の間のプロファイル・シフトという広い観点から分析してみよう。

19　難易度を判定するためには、非状態的 (non-stative) で自制可能 (self-controllable) な特性を持つ行為が必要である。柏野 (1987) 参照。

行為の評価からモノの属性へのプロファイル・シフトについて | 79

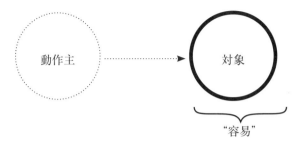

図3 "这个问题很容易。"の因果連鎖図

　図1・図2・図3を比較してみると，特に図1で"简单"が難易度を表すのに行為を想定していないというのは不自然に思えるかもしれない。しかし"简单"が本来属性を表す形容詞で，動作主から対象への働きかけは想定されていないということは，辞書における語義の記述からも支持される。例えば程荣主編2010によると，"容易"が「行うことに手間がかからず」「行為主体が骨を折る必要がない」[20]という意味であるのに対して，"简单"は「事物の内容や構造が単純である」[21]という意味を表しているのである。したがって"简单"は，結果的には難易度を表し"容易"と同義的な表現を形成することもあるが，本来は「対象物が単純である」という属性を表す形容詞なのである。その語義が，どの文法成分で用いられるかという用法に反映されているのではないかと考えられる。

4. 行為と対象の間のプロファイル・シフトについて
4.1 行為からモノへ

　さて，"容易""难"のような形容詞が名詞性成分を叙述や修飾の対象とする現象においては，本来の行為に対する評価から対象の属性を述べる表現へとプロファイル・シフト[22]が起きていると考えるのが，本章の主張である。

20　それぞれ原文は"做起来不费事的"（776頁）"不需要行为主体费力气"（777頁）。

21　原文は"事物的内容或结构单纯"（777頁）。

22　プロファイル・シフトについては，Langacker(2008)，山梨(2000)，大堀(2002)等を参照。Langacker(2008)では"a shift in profile"(Langacker 2008: 69)。日本語の「プロファイル・シフト」は山梨(2000: 99)に従う。大堀(2002: 16,243)はこの概念を「プロファイルの移行」と呼んでおり，このように称することも可能である。

名詞性成分が実際には動作行為を含意しているという現象自体は特に目新しいことではなく，従来も様々な表現でその解釈が適用されてきた。篠原 (1992: 101) は以下のような例を挙げる。

(24) a.　That book is easy.
　　　　（その本は易しい）
　　 b.　To read that book is easy.
　　　　（その本を読むのは易しい）
(25) a.　Such a contract is dangerous.
　　　　（そのような契約は危険だ）
　　 b.　To make such a contract is dangerous.
　　　　（そのような契約を結ぶのは危険だ）
(26) a.　Monopoly is fun.
　　　　（モノポリーは面白い）
　　 b.　To play monopoly is fun.
　　　　（モノポリーで遊ぶのは面白い）

　これらの形容詞述語文の表す意味の場合，「易しい」「危険だ」「面白い」という評価は，本来は対象に対して行為を行ってみて初めて下すことができる評価である。よって各文はそれぞれのbのように，動作を表す成分が主語に置かれるのが本来の意味をそのまま表現した形であると予想できる。しかし実際には，それぞれaのように，行為の対象である名詞性成分について叙述する表現が，ごく自然な言い方として成立するわけである。篠原 (1992) はこのような現象を，行為と行為の対象という隣接領域間のメトニミーであると解釈している[23]。
　このように，本来は行為に対する話者の判断を述べる文となるはずのものが，実際には対象が元々持ち合わせている属性を述べる表現へと変化することについて，篠原 (1994) は，

---

[23]　一部の用例は元々は Langacker (1984) で挙げられているものである。Langacker (1984) はこのような現象を "active zone" という概念を用いて解釈している。

行為の評価からモノの属性へのプロファイル・シフトについて | 81

我々の認知のパターンとして，本来「コト」的概念化から「モノ」的概
念化に移行する際，その中核的存在である対象が着目される。その対象
に関わる身体経験（恒常的なものであれば，暗黙知）及び，（例えば，形
容詞のような）その経験を通して得られた何等かの評価は本来（行為を
おこない判断を下す）主体と対象との相互関係（又は主体の体感）を語る
ものである。しかし，それが，あたかも対象に付着する属性であるかの
ように捉え直されているわけである。　　　　　　　　（篠原 1994: 24）

と説明している。また，そのような現象が起きる条件については，

ある種の身体経験によって得られる評価の恒常性が高ければ高い程，そ
の評価は，本来，対象が備えている属性と感じられる度合いが高まるこ
とになる。　　　　　　　　　　　　　　　　　　　　（篠原 1994: 24）

と述べている。
　このことを，本章でプロファイル・シフトが起きていると主張する（23）
の例で説明しよう。（例（23）再掲）

（23）　名詞性成分＋“容易”
　　　　这个　问题　很　　容易。
　　　　この　問題　とても　簡単だ
　　　　（この問題は簡単だ）

　（23）のような文がどのような状況で発話されるか考えてみよう。例えば
数学の問題が与えられてそれを解く場合，話者はまずその問題を解いてみて
容易く解答することができ，あるいは解いている途中で容易だと感じた際
に，（23）のような文を発言するはずである。初めて目にする問題を解く前
から「この問題は簡単だ」とは発言しないであろう。もちろん，問題の出題
文をひと目読んだ瞬間に「この問題は簡単だ」と感じる場合もあるであろう
が，それは類似の問題を以前に解答したことがあり，その時に簡単だと感じ
た経験に基づいて，類似の問題に対して評価を下しているわけである。個別
の問題の難易度は人によって感じ方は異なるはずである。同じ問題でも，簡

単だと思う数学の得意な人もいるだろうし，難しいと感じる数学の苦手な人もいるであろう。従って難易度というのは，本来その問題が固有に持ち合わせている属性ではなく，人それぞれがその問題の解答に取り組んだ際に感じる，その問題に対する各自の評価のはずである。

　しかし，このように本来は解くという行為を行った時の人によって異なる評価も，もし同一の評価を持つ人が多くなると，その対象がそのような属性を持っているから，同一の評価をする人が多くなるのだという判断に傾いても不思議ではない。同一の問題に対して，解いてみた結果「簡単だ」と感じる人が非常に多く，「難しい」と感じる人が極めて少ないとすると，それはその対象である問題が，人に簡単だという評価を下すような属性を持ち合わせているからだ，つまりその問題自体が「簡単な」問題だからだ，という判断に移行するであろう。ここに起きているのが行為の評価から対象の属性へのプロファイル・シフトである。

　次の例においても同様のことが言える。

(27)　这个　沙发　很　　舒服。
　　　　この　ソファ　とても　心地よい
　　　（このソファは心地よい）

　"舒服"（快適である，心地よい）というのは，ソファに実際に座ってみて感じる感覚である。例えば家具店であるソファを初めて目にしただけで，即座に心地よいと感じることは不可能である。発話者は実際にソファに腰掛けてみて，初めて座り心地がよいと感じるわけである。このように"舒服"というのも，極めて個人的な感覚に基づく評価であるが，例えば家具店に置いてある新製品のソファに座ってみて，心地よいと感じる人が多くなればなるほど，その新製品のソファ自体が人に心地よさを感じさせるだけの属性を持ったものであるという判断に移行することになる。従って(27)も，プロファイル・シフトが起こった表現とみなすことができるのである。

4.2　モノから行為へ

　さて，本章とは逆に，もともと対象に属性が備わっていて，その属性が評価に影響を与えているのだと考える立場もある。月足(2012)は以下の例を

挙げる。

(28) a. a difficult language (a language that is difficult to learn, speak, write, or understand)

b. an easy problem (an easy problem to solve)

c. a comfortable sofa (a comfortable sofa to sit on) (月足 2012: 49, 50)

全て形容詞が連体修飾語になっている例であるが，月足 (2012) によると，例えば (28c) について，

a comfortable sofa という場合の「快適さ」は，そのソファに触れたり座ったりしてその特徴を感じ取る知覚者の知覚行為が背景にあって初めて認識される属性 (月足 2012: 50)

だという。「難しい」という形容詞についても，

知覚者は，例えばある本の「難しい」という性質を，読むという行為を通じて知覚する (月足 2012: 50)

とする。それぞれ，ソファの「快適さ」という「属性」や本の「難しい」という「性質」が対象に備わっていて，その性質を知覚者が知覚することになると考えているわけである。

対象から行為へという，いわば本章の述べるものとは逆方向のプロファイル・シフトも，中国語には認められる現象である。

(29) a. 他 圓圓 地 画 了 一 个 圈儿。
彼 丸い PTCL 描く PRF 1 CLF 円

(彼は丸々と円を 1 つ描いた)

b. 他 酽酽 地 沏 了 三 杯 茶。
彼 濃い PTCL 入れる PRF 3 CLF 茶

(彼は濃く茶を 3 杯いれた) (陆 1993)

それぞれ連用修飾語に着目したい。(29a)では，"圓圓地"（丸く）という連用修飾語が用いられている。「円を丸く描いた」という意味の文であるが，現実には，丸いのは対象たる円であるわけだが，それを描くためには「丸々と描く」という行為をするのだという捉え方をされ，行為を修飾する連用修飾語となっている。(29b)では，"酽酽地"（濃く）という連用修飾語が用いられている。「茶を濃くいれる」と述べているが，現実には濃いのはお茶であり，「濃い」という連体修飾語がお茶という名詞を修飾するのが本来の意味に対応した形式となるはずである。ところがそれが「濃くいれる」のように，行為を修飾する連用修飾語として言語形式化されているのである。いずれも，本来は対象であるモノについて述べる形式が，行為について述べる形式へと移行しているわけである。

以上の点を考え合わせると，行為への評価から，対象がそのような属性を備えていると認識するに至った「行為」から「モノ」へのプロファイル・シフトと考えるべきか，あるいは，対象がある属性を備えているから，それに対する行為の時にそのように感じるに至った「モノ」から「行為」へのプロファイル・シフトと考えるべきか，この点は容易に結論が出ない問題かもしれない。本章では前者の解釈をとるが，両者の相互作用の可能性も含め，今後の検討課題としたい。

5. 行為を表す部分の省略可否について

5.1 英語の場合

本章ではこれまで述べてきたように，行為への評価が恒常的になればなるほど，それは行為に対する臨時的な評価なのではなく，対象であるモノの属性であると認識されやすくなると考える。それは，恒常的な対象の属性であればあるほど，対象へ向けた行為が背景化し，そもそも言語形式化されなくなってしまうという点に現れている。篠原（1994）の挙げる英語の例を見てみる。

(30) a.　Susan is difficult to please.
　　　　「スーザンに喜んでもらうのは難しい」

　　 b.　Mary is pretty to look at.
　　　　「メアリーは見たところかわいい」

行為の評価からモノの属性へのプロファイル・シフトについて | 85

 c. His shoes are red (*to look at).
  「彼の靴は (*見たところ) 赤い」   (篠原 1994)

 (30a) では，これまで述べてきたように難易度を表す形容詞は行為を前提としてその行為に対して下された評価を表すので，スーザンという人物がただ「難しい」と述べても，スーザンのいったい何が難しいのか意味不明であり，必ず「喜ばせるのは」("to please") という行為部分を言語化する必要がある。(30b) では，「かわいい」("pretty") というのはかなり主語メアリーの属性に近づいているが，かわいいと思うかどうかの判断は人によって異なり，完全に客観的な属性にはなっていないので，行為部分 ("to look at") を言語化することができる。それに対して，「赤い」("red") という色彩は，完全に客観的な対象の属性である[24]。対象が赤いと認識するには，それを見るという行為を行うのであるが，その行為の部分は完全に背景化し，言語化されない。

5.2 中国語の場合
 次に中国語の場合の，行為を表す部分の省略現象について見てみよう。

(31)a. 这 辆 车 开起来 很   快。
  この CLF 車 運転する とても 速い
  (この車は運転すると速い)   (刘晓海・石晨 2013: 41)

 b. 沙发 坐上去 很   舒服。
  ソファ 座る とても 心地よい
  (ソファは座ると心地よい)   (刘晓海・石晨 2013: 42)

 c. 这 西红柿 摸着 硬硬的。
  この トマト 触る かたい
  (このトマトは触るとかたい)   (曹宏 2004: 17)

 曹宏 (2004)，刘晓海・石晨 (2013) によると，これらの例の述語形容詞は

---

24 厳密にはある人が何かを見て「赤い」と感じる色と，同じ物を別の人が見てその人が「赤い」と感じる色は，果たして本当に同じ色なのかという現象学的な議論にもなりうるが，本章ではこの点は立ち入らない。

意味上行為（下線部分）について述べており，文頭の名詞性成分について述べているのではない。(31)ではその行為が言語化されているが，省略することもできる。次の例でも行為を表す部分は省略できる。

(32) a. 笛子　的　　声音　听起来　　　就　很　　　悲伤。
　　　 笛　 PTCL　音　　聞いてみる　と　とても　悲しい
　　　（笛の音は聞いてみると悲しい）

　　 b. 听　笛子　的　　　声音　很　　　悲伤。
　　　　聞く　笛　PTCL　　音　　とても　悲しい
　　　（笛の音を聞くのは悲しい）

　　 c. 笛子　的　　　　声音　很　　　悲伤。
　　　　笛　 PTCL　　　音　　とても　悲しい
　　　（笛の音は悲しい）　　　　　　　　　　　　　　　　（曹宏 2004: 22）

　(32a)では，"听起来"（聞いてみると）の部分が行為を表し，(32b)では，叙述の対象の主語が"听笛子的声音"（笛の音を聞く）という動詞フレーズである。それに対して，(32c)では，行為を表す部分を省略し，主語の「笛の音」という名詞性成分が「悲しい」と表現している。

　しかし一方では，行為を表す部分を省略できない場合もある。

(33) a. 那　话　说起来　很　　　痛苦　　的。
　　　 あの　話　話すと　とても　苦しい　PTCL
　　　（あの話は話すと苦しい）

　　 b. 说　那　话　很　　　痛苦。
　　　　話す　あの　話　とても　苦しい
　　　（あの話を話すと苦しい）

　　 c. *那话很痛苦。
　　　（あの話は苦しい）　　　　　　　　　　　　　　　　（曹宏 2004: 21）

(34) a. 这么　大　　的　　　屋子　收拾起来　　很　　辛苦。
　　　 こんな　大きな　PTCL　部屋　片付けると　とても　骨が折れる
　　　（こんなに広い部屋は片付けると骨が折れる）

行為の評価からモノの属性へのプロファイル・シフトについて | 87

   b. 収拾   屋子 很   辛苦。
      片付ける 部屋 とても 骨が折れる

    （部屋を片付けるのは骨が折れる）

   c. *屋子很辛苦。

    （部屋は骨が折れる）   （曹宏 2004: 21）

  （33a）（34a）では“说起来”（話すと）“收拾起来”（片付けると）という行為を表す部分が言語化されている。（33b）（34b）では，“说那话”（あの話を話す）“收拾屋子”（部屋を片付ける）という行為を表す動詞性成分が主語になっている。これらの文が成立する一方で，（33c）（34c）では“那话”（あの話）“屋子”（部屋）という名詞性成分が主語に立ち，行為が言語化されていないが，これらの文は成立しない。

  このように，行為の部分を言語化する必要があるものと，そうでないものがあるわけだが，対象とその評価が直結していて，その対象に対して何の行為を行った結果の評価であるかが，明示しなくても明白である場合に，行為の部分は言語化されなくなるものと思われる。

  仲本（2000: 51–52）の指摘にもあるように，以下の日本語では行為の部分を言語化しなくても成立する。

（35）a. パンがかたい。
    b. 荷物が重い。

中国語でも同様である。

（36）a. 这个 面包 很   硬。
        この   パン とても 硬い

    （このパンは硬い。）

    b. 这个 行李 很   重。
        この   荷物 とても 重い

    （この荷物は重い。）

これらの例では，行為を表す部分を言語化しなくても問題なく成立する。

(35a)(36a)では，パンが硬いかどうかは，そのパンを持ってみるとか齧ってみるなどの行為が前提として必要である。(35b)(36b)では，荷物が重いかどうかは，その荷物を持ってみないとわからない。つまり(35)(36)は言語化されていないものの，パンを持つ(あるいは齧る等)という行為や，荷物を持つという行為が，その前提として含意されているのである。従って，これらの文は主語のモノについて叙述している何の変哲もない形容詞述語文に見えるが，実は用いられている形容詞は行為を前提として初めて用いることができる形容詞であることがわかる。行為を前提とした形容詞であるが，物の硬さや重量は，そのモノの属性として結びつけることが容易なので，これらにおいては行為が完全に背景化されているのであろう[25]。ちょうど(30c)で，モノの色彩が，それを見て知覚するという行為を前提とするが，その行為は意識されずモノの属性表現となっているのと類似した現象である。

6. まとめ

本章では，三宅(2014)の考察を発展させ，以下の二点を主張した。

①難易度を表す形容詞に代表されるように，形容詞の中には行為を前提とし本来その行為に対する話者の評価・判断を述べるものがある。

②そのような形容詞が名詞を修飾・叙述していると，話者の対象に対する個別の臨時的な評価から，対象の恒久的な属性へのプロファイル・シフトが起きる場合がある。

今後は，行為を前提とする形容詞にはどのようなものがあるか，さらに，どのような形容詞の場合に対象の属性へのプロファイル・シフトが起こりうるかという点について，課題として考察を進めていきたい。

付記

本章は，2017年3月15日に成蹊大学で開催された，成蹊大学アジア太平洋研究センター共同研究プロジェクト「認知言語学の新領域開拓研究」2016年度第4回研究会における，同タイトルの研究発表を元に論文の形にまとめたものである。同日に貴重なご意見をくださった先生方に感謝の意を表したい。無論，本章の問題点等は全て著者の責任に帰するものである。

---

[25] 木村(2002)では，「氷枕が心地よい。」という意味で中国語では"*冰枕头挺舒服。"とは言えないとするが，この中国語の文は問題なく成立するという中国語話者は多い。

略語一覧

CLF：classifier　COP：copula　CONJN：conjunction　PRF：perfect　PTCL：particle

参照文献

曹宏 (2004)「中动句对动词形容词的选择限制及其理据」『语言科学』3 (1): 11–27.

陈青松 (2012)『现代汉语形容词与形名粘合结构』中国社会科学出版社.

程荣主编 (2010)『同义词大词典』上海辞书出版社.

刘丹青 (1987)「形名同现及形容词的向」『南京师大学报 (社会科学版)』3: 56–61.

刘晓海・石晨 (2013)「基于生态心理学的汉语中动句生成动因探析」『语言教学与研究』4: 41–48.

陆俭明 (1993)『八十年代中国语法研究』商务印书馆.

吕叔湘主编 (1999)『现代汉语八百词 (增订本)』商务印书馆.

三宅登之 (2014)「表难度形容词"简单"与"容易"的语义分析」『東京外国語大学論集』89: 153–165.　http://repository.tufs.ac.jp/handle/10108/82048.

施光亨・王绍新主编 (2011)『汉语教与学词典』商务印书馆.

邢红兵 (2012)「第二语言词汇习得的语料库研究方法」『汉语学习』2: 77–85.

张国宪 (2005)「性状的语义指向规则及句法异位的语用动机」『中国语文』1: 16–28.

张国宪 (2006)『现代汉语形容词功能与认知研究』商务印书馆.

赵春利 (2007)「情感形容词与名词同现的原则」『中国语文』2: 125–132.

赵春利 (2012)『现代汉语形名组合研究』暨南大学出版社.

朱德熙 (1982)『语法讲义』商务印书馆.

柏野健次 (1987)「easy-class の形容詞：その意味と構文」『語法研究と英語教育』9: 18–26.［柏野健次 (1993)『意味論から見た語法』139–150.　研究社出版］.

木村英樹 (2002)「中国語二重主語文の意味と構造」西村義樹 (編)『認知言語学Ⅰ：事象構造』215–242.　東京大学出版会.

南佑亮 (2006)「形容詞属性述語文にみられる属性判断の階層性について」『日本認知言語学会論文集』6: 106–116.

仲本康一郎 (2000)「アフォーダンスに基づく発話解釈：「行為の難易度」を表わす形容詞文」『語用論研究』2: 50–64.

西村義樹 (2002)「換喩と文法現象」西村義樹 (編) (2002), 285–311.

大堀壽夫 (2002)『認知言語学』東京大学出版会.

篠原俊吾 (1992)「行為と行為の対象の換喩的関係についての一考察」『実践英文学』41: 97–112.

篠原俊吾 (1994)「換喩発生の認知プロセス」『実践英文学』45: 15–29.

篠原俊吾 (2002)「「悲しさ」「さびしさ」はどこにあるのか：形容詞文の事態把握とその中核をめぐって」西村義樹 (編) (2002), 261–284.

月足亜由美 (2012)「形容詞の換喩的多義性」『甲南女子大学研究紀要』48 文学・文化編：47–54.

山梨正明 (2000)『認知言語学原理』くろしお出版.

Langacker, Ronald.（1984[1990]）Active zones. In: Ronald Langacker,（1991）*Concept, image, and symbol: The cognitive basis of grammar*, 189–201. Mouton de Gruyter.

Langacker, Ronald W. 2008. *Cognitive grammar: A basic introduction.* Oxford University Press.

第 3 章

中国語主体移動表現の様相
──ビデオクリップの口述データに基づいて──

小嶋美由紀

キーワード：主体移動，動詞連続構文，動詞スロット，直示，構文選択

1. はじめに

　人やモノが空間において位置を変える事象，すなわち移動は，人間を取り巻く社会，環境において最もよく見られる事態の一つであり，移動を表現しない言語はない。しかし，移動に関わる経路や様態といった意味要素を統語的にどう表現するかは言語によって一様ではなく，一定の基準に基づき二つあるいは三つに類型される (Talmy 1985, 1991, 2000, Slobin 2000, 2004, Matsumoto 2003 など)。本章はビデオクリップを使用した実験によって得られたデータをもとに，現代中国語の主体移動表現[1]の特徴を，特に直示表現との関わりで浮き彫りにすることを目的とする。

　以下第 2 節では，移動に関わる意味要素および Talmy (1985, 1991) による移動表現の類型を紹介する。第 3 節では実験方法とその目的を述べ，第 4 節ではデータの提示と問題提起をする。第 5 節において第 4 節で提起した問題の考察を行い，第 6 節で今回の実験結果を通して見えてくる中国語の類型について検討する。なお，本文中で中国語の形態素や例文を挙げる際には，日本語と区別するために" "をつける。

2. 移動に関わる意味要素と移動表現の類型について

　移動事象は，移動物である「図」(figure)，図がたどる軌跡である「経路」(path)，移動に付随する「様態」(manner)，図の移動を特定するための基準

---

[1] 移動事象は，移動物が自らの意思で自律的に位置を変化させる自律移動事象と，使役主が移動物の位置変化を引き起こす使役移動事象に区別されるが，本章は特に前者の自律移動事象の表現，すなわち移動物を主語とする主体移動表現のみを扱う。

となる「地」(ground)といった意味要素からなる。Talmy(1991, 2000)は，これらの意味要素のうち経路がどの形態統語的要素によって表現されるかに応じて，言語を2つの主要なタイプに分類する。

（1）（英）Taro ran out of the room.（付随要素枠付け言語）
（2）（日）太郎は部屋から走って出た。（動詞枠付け言語）

　（1）の英語の例では，動詞に付随する要素である不変化詞 out で経路が表現されている。このような言語は付随要素枠付け言語(satellite-framed language，以後S型言語と表記する)[2] と呼ばれ，様態が主動詞で表現されるのが典型的である。一方，（2）の日本語の例では，同様の経路情報（OUT）が主動詞「出る」で表されている。このような言語は動詞枠付け言語(verb-framed language，以後V型言語と表記する)と呼ばれる。(2)が例示するように，V型言語では様態情報は動詞の非定形（例：テ形）で表現されるのが一般的である。
　さて，中国語では(3)に見るように，動詞連続構文において，第一動詞（以後V1と表記）で様態"跑"（走る）を，第二動詞（以後V2と表記）で経路"出"（出る）を表すパターンが使用される[3]。

（3）（中）太郎　　跑　　　出　　　房間　　了。
　　　　　太郎　　走る　　出る　　部屋　　PRT
　　　　（太郎は部屋から走って出た。）

　Talmy(2000: 102, 109)は，V2のスロットに現れる経路を表す動詞が閉じたクラスの要素に文法化しており，様態を表すV1を主動詞とみなして，

---

[2]　Talmy のいう付随要素(satellite)は，名詞句補語と前置詞句補語以外の，動詞と姉妹関係の位置にある構成素であり，副詞的要素である。しかし Talmy の定義に当てはまらない格標識や前置詞，後置詞などで経路が表されることもある。よって，移動表現の類型を考えるとき，経路が表現される位置が，動詞（語幹）（主要部）か，動詞（語幹）以外（非主要部）かで分けるべきという立場もある (Matsumoto 2003, 松本 2017a: 7)。

[3]　(3)のような例は一方の動詞が他方に従属していることを示す標識がない，という形態的な特徴に鑑みて，動詞連続構文とみなす。

中国語を S 型言語に分類している。Lamarre（2017: 99–100, 104–105）は，経路動詞のうち，〈出入り〉〈上下移動〉〈元へモドル〉〈ワタル〉〈イク・クル〉といった移動経路の基本スキーマを表すものは，ほかの動詞に接続すると固有の声調を失い軽声で読まれていることを，これらが文法カテゴリー（経路補語（＝方向補語））として文法化している根拠として挙げ，Talmy 同様，中国語を基本的には S 型言語と捉えている。その一方で，（4）のように様態には言及せず，V1 に経路動詞が置かれることもあり，常に様態動詞に付随する補語の位置で経路が表現されるとは限らないため，典型的な S 型言語ではないことも指摘している[4]。

（4）　（中）老师　进　　教室　　来　　了。
　　　　　　先生　入る　教室　　来る　PRT
　　　　（先生が教室に入ってきた。）

　また，Slobin（2000: 134, 2004）のように，動詞連続構文を持つ中国語やタイ語においては，経路を表す動詞と様態を表す動詞が統語的に同等の地位を占める，つまりいずれをも主動詞とみなすことができないとして，等位枠付け言語（equipollently-framed languages）という 3 つ目の類型を提案する立場もある。本章はそれぞれの主張の是非について詳しく論じることはしないが，本実験から観察できる中国語の主体移動表現の傾向に基づき，本章の終わりに一つの見方を提示したい。

3. 実験とその目的
　本章で用いるデータは，平成 22 年度〜27 年度国立国語研究所プロジェクト『空間移動表現の類型論と日本語：ダイクシスに焦点を当てた通言語的

4　Talmy の事象統合の類型は，様態と経路の両方が概念統合により単一の節で表現された場合に，経路（及び様態が）どの形態統語的要素で表示されるかを問題としている。よって，（4）のように様態が表現されていない例にこの類型は本来適用されない。Lamarre（2017）の主張の意図するところは，例文（4）自体が V 型の表現だということではなく，様態を明示せず主動詞で経路を表す表現の頻度が（比較的）高いという点において，中国語も（少なくとも主体移動表現については）V 型言語的であるということかもしれない。

実験研究』(研究代表：松本曜（神戸大学）)[5]の一部として作成されたビデオクリップの口述描写をもとにしている。プロジェクトでは19言語[6]を対象に実験調査が行われており，本章で比較する言語データ及びデータ提供者は，以下の通りである（50音順，敬称略）；英語（秋田喜美，松本曜，眞野美穂），日本語（古賀裕章，吉成裕子），タイ語（高橋清子），中国語（小嶋美由紀），フランス語（守田貴弘）。

　本実験の目的の一つは，移動事象が映るビデオクリップという同一刺激の描写における，各言語の「様態」「（非直示）経路」「直示」(deixis)の言及率，及びその形態統語的表現方法を明らかにすることにある。特にTalmyの枠組みでは経路の一種とされていた直示を非直示経路と区別し，直示の表現頻度や表現方法を様態や非直示経路（本章でいう「経路」を指す）といった他の意味要素との関連で考察し，1) どのような場合に直示を表現し，どのような場合に直示を無視するか，2) 直示を表現する場合，移動のほかの要素（様態，非直示経路など）との競合の中で，どの形態統語的要素によって表現するか，といったことが考察の中心になる。

　実験では，移動物（人）は被験者の友人という設定であり，カメラ（映像には現れない）を通して見える映像は，被験者の目を通した映像と同一のものとみなすよう指示されている。ビデオクリップは，3種類の様態（WALK（歩く），RUN（走る），SKIP（スキップする）），3種類の経路（TO（平面をある方向へ），INTO（閉ざされた空間へ），UP（上方向へ）），3種類の直示（TwdS（話者の方向へ；TOWARD THE SPEAKER），AwyfrmS（話者から離れて；AWAY FROM THE SPEAKER），Neu（話者と中立の方向へ；NEUTRAL）)を一つずつ組み合わせた，3 × 3 × 3 ＝計27クリップからなる。なお，経路TOの場面では「地」に関わる移動の方向及び着点を表す場所として自転車が，INTOの場面では着点を表す場所として公園の休憩所が，UPの場面では中間経路として階段が使われる。

---

[5]　プロジェクトの概要，研究目的，メンバーなどについては以下のサイトを参照のこと。
https://www.ninjal.ac.jp/research/project/pubpro/deixis/deixis-detail

[6]　中国語のほか，日本語，英語，ドイツ語，ロシア語，ハンガリー語，イタリア語，フランス語，タイ語，モンゴル語，ネワール語，タガログ語，ユピック語，日本手話，シダーマ語，クプサビニィ語，スワヒリ語，バスク語（フランス語系），イロカノ語がある。

中国語主体移動表現の様相 | 95

/walk.to.neu/　　　/skip.into.awyfrmS/　　/run.up.twdS/

　たとえば，様態が RUN，経路が INTO，直示が TwdS といった組み合わせのビデオクリップでは，カメラが休憩所の中に設置され（つまり，被験者が休憩所にいる設定），移動者が走って休憩所の中に移動する映像が流れる。これを中国語母語話者は，たとえば"朋友跑进休息亭里来。"［友達＋走る＋入る＋休憩所＋中＋来る，（友達が休憩所の中に走って入ってくる）］のように表現する。本章では，場面を /　/ で囲んで表すこととする。たとえば，様態 RUN の場面を /run/ のように，様態 SKIP，経路 INTO，直示 TwdS の組み合わせの場面を /skip.into.twdS/ のように示す。なお，中国語のデータは母語話者 15 名を被験者としている[7]。

4. 中国語データの提示と問題提起
4.1　中国語における意味要素間の競合について
　本節では実験によって得られた中国語のデータを概観し全体像を把握すると同時に，本章で明らかにする課題を提起する。その前にまず，「様態」「経路」「直示」という 3 つの意味要素が，中国語において一文内でどのように表現されうるのか，また要素間で動詞スロットをめぐる競合（古賀 2016）が起こりうるのかについて，統語的側面から日本語や英語との比較を交えて説明したい。まずは日本語の例を見てみよう。

---

[7]　調査は 2 回に分けて行われた。1 回目は 2011 年神戸大学の中国人留学生 7 名，2 回目は 2011 年 9 月北京外国語大学日本学センターの中国人大学院生 7 名と北京出身 30 代後半中国語母語話者 1 名を対象とした。なお，15 名の被検者の出身地内訳は以下の通りである：北京 1 名，吉林 1 名，山東 3 名，四川 1 名，河北 1 名，陝西 1 名，湖南 1 名，江蘇 2 名，福建 1 名，広東 1 名，台湾 2 名。実験データ上では出身地による有意な差異は見られなかったため，北方官話，南方方言といった方言差の影響はないとみなした。

（5）（日）a.　友人が階段を 駆け 上がった。
　　　　　b.　友人が階段を 駆け 上がって来た。（/run.up.twdS/）

　日本語では，（5a）のような［様態＋経路］から成る移動表現に，直示情
報「来る」を組み入れようとした場合，（5b）のように動詞のスロットを増
やすことによって，様態，経路と競合することなく直示に言及できる。一
方，中国語も様態，経路，直示を異なる動詞スロットで表現できるため，日
本語同様，競合なく 3 つの意味情報全てに言及できる。

（6）（中）朋友　　 跑 　　上　　　　台阶　　来　　　了。（/run.up.twdS/）
　　　　　友達　　走る　上がる　　階段　　来る　　PRT

　他方，英語では直示情報を表現しようとした場合，動詞のスロットをめぐ
り様態と直示が競合する。そして，多くの場合，その競合に様態が勝利して
動詞スロットの位置を占め，直示情報は（7）の *toward me* のように，前置詞
句で表されるのが一般的である（/twdS/ を例にとると，直示が前置詞句で表
される割合は 1 クリップあたり 0.7，動詞で表される割合は 0.06 である）。

（7）　The guy ran up the stairs *toward me*.（/run.up.twdS/）

　しかし，このように文成立に必須でない要素によって表現されるのは注目
に値する情報であり，注目に値しない AwyfrmS や Neu は省略される傾向に
ある（古賀 2016）。
　以上のことから，同一の移動事態を表現するにあたり，「様態」「経路」「直
示」専用の動詞スロットを有し，それぞれの情報が競合することなく表現で
きる日本語や中国語といったタイプの言語と，動詞スロットをめぐり情報間
で競合がある英語のような言語では，それぞれの情報の言及率に差異が生じ
ることが予想される。また後に見るように，前者のタイプに属する言語で
も，各情報に等しく注目する言語と，より際立った情報のみに注目する言語
に分かれる。この情報の際立ちによる言及率の相違とは，たとえば様態を例
にとれば，「歩く」のようなデフォルトの移動様態と「走る」のようにより
目立つ様態を比較すれば，「走る」様態の言及率が高いことを意味する。で

は，4.2 より実際のデータを見ながら，移動の各意味要素を表現する動詞スロットの有無や情報の際立ちによる言及率の差異を考察していく。

4.2 中国語における各情報の言及率

以下に示す図1は，中国語，タイ語，日本語，英語における，ビデオ1クリップあたりの様態，経路，直示の言及率を表したものである。ここでいう言及率とは，1クリップあたり1回以上その情報に言及した割合である。

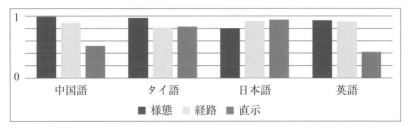

図1 1クリップあたりの様態，経路，直示の言及率

タイ語は中国語同様，孤立語であり，動詞連続構文を有し，様態，経路，直示専用の動詞スロットを有している。日本語は動詞連続構文ではなく副動詞構文を有する言語であるが，上述したように様態，経路，直示を競合なく動詞で表現できる言語である。よって，タイ語と日本語は，スロットの有無という点において中国語と条件が類似しており，これらの言語と中国語の比較が意味を成すと考えられる。英語は，様態と直示が競合する言語の代表として中国語と比較するために挙げる。

このグラフから読み取れる中国語の顕著な特徴の一つは，様態がほぼ100%（0.99），経路がおよそ9割（0.89[8]）の言及率を有する一方，直示は約5割の言及率（0.52）に留まっている点である。調査対象19言語の直示言及率の平均値は 0.59 であることから，中国語はほぼ平均値であることがわかる（10位）[9]。

---

[8] 経路の言及率がおよそ9割に留まっているのは，経路 /into/ でかつ直示 /twdS/ の場面における INTO 言及率が 0.6 であり，4割が経路 INTO に言及していないことが要因である。INTO に言及しない理由や，代わりにどのような意味情報に言及しているかについては，5.2.2 を参照のこと。

[9] 全19言語の順位及び言及率は以下の通りである（以下，順位で並べる）。1. 日本手話 (1)，2. ネワール語 (0.99)，3. 日本語 (0.94)，4. クプサビニィ語 (0.88)，5. タイ語 (0.83)，

英語が直示情報を表す頻度が低い (0.42) のは，上述したように英語には直示を表す専用の動詞スロットがなく，主動詞の位置をめぐり様態と直示の競合が起こり，直示よりも様態が優位（様態が主動詞の位置を占めるのは全体の 87%，直示は 6%）に現れるためである（古賀 2016）。様態，経路，直示専用の動詞スロットを有するタイ語や日本語は，それぞれ 0.83，0.94 と高い値を示している。他の意味要素との競合なしに直示情報を表現する形態統語手段を有するという点で，中国語，日本語，タイ語は同じ条件であるにもかかわらず，中国語ではなぜ直示言及率が低いのだろうか。本章はこの要因を考察する。

5. 直示言及率が低い要因
5.1 直示の種類別言及率

　第 4 節図 1 で見た直示言及率（TwdS，AwyfrmS，Neu を合計した値）[10] を直示の場面別に示すと，図 2 のようになる。中国語を見ると，TwdS は 1 クリップにつき 0.93（内，動詞で直示を表す割合は 0.74）と高い言及率を示すものの，AwyfrmS はその二分の一以下の 0.4（全て直示動詞で直示を表す），Neu は三分の一以下の 0.26（内 0.22 が直示動詞で直示を表現）である。

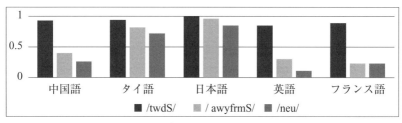

図 2　直示の場面別言及率

　このことから，図 1 で見た中国語の直示言及率の低さは，/awyfrmS/ や

---

6. シダーマ語 (0.73)，7. モンゴル語 (0.67)，8. フレンチバスク語 (0.5957)，9. ハンガリー語 (0.5951)，10. 中国語 (0.52)，11. イタリア語 (0.49)，12. フランス語 (0.45)，13. 英語 (0.42)，14. ドイツ語 (0.3992)，イロカノ語 (0.3992)，16. ロシア語 (0.35)，17. タガログ語 (0.32)，18. スワヒリ語 (0.29)，19. ユピック語 (0.28)

10　中立的な移動を表す Neutral の直示標識は，直示動詞"去"がほとんどであるが，中には"来"を用いる例も見られる。

/neu/ で直示を無視する傾向にあることに起因することがわかる。もちろん直示のうちとりわけ TwdS に注目して言及する傾向は，中国語に限ったことではない。直示専用の動詞スロットを持たない英語やフランス語では，全体的な直示言及率は低いが（英語の直示言及率は 0.42，フランス語の直示言及率は 0.45），/twdS/ では前置詞句（e.g. *toward me*）のような随意的な要素を用いても言及する傾向がある（英語 0.85，フランス語 0.89）。このことから，専用スロットの有無に関わらず，どの言語でも TwdS には注意を向け言及するといえる（古賀 2016）。一方，直示専用の動詞スロットを持つタイ語や日本語では，TwdS はもちろんのこと，AwyfrmS や Neu についてもおよそ 8 割以上の言及率がある。タイ語や日本語同様，直示専用の動詞スロットを有する中国語が，AwyfrmS（0.4）や Neu（0.26）にあまり言及しないのはなぜだろうか。それを解くカギは，移動表現の重要な意味要素の一つである「地」を表す名詞句にある。5.2 節では，直示動詞"去"（行く），"来"（来る）と地を表す名詞句との共起関係を実際のデータに基づき説明し，直示言及率との相関関係を考察する。

5.2 直示動詞と「地」を表す名詞句との共起関係

　本実験で用いた「地」に相当する参照物は第 3 節で既に述べたように，以下の通りである。経路 /to/ では目標物（target）を表す自転車（"自行车"），/into/ では着点（goal）を表す休憩所（"休憩亭"，"凉亭"），/up/ では中間経路（route）を表す階段（"楼梯"，"台阶"）である。中国語の移動表現において「地」は必ずしも表現される必要はないが，表現される場合，地を表す名詞句は経路を表す前置詞（もしくは動詞）に後続して［経路＋地］という構造を成し，様態動詞の前，もしくは後ろのどちらかに置かれる。そして，その選択が直示に言及するかどうか（直示動詞を用いることができるかどうか）と密接に関わり，ひいては直示言及率に反映される。以下，この点を /to/，/into/，/up/ の経路別に説明する。

5.2.1 /to/ における「経路」及び「地」の表現方法

　/to/ では，地の参照物「自転車」に移動物が到着したと見なすかどうかにより，経路表現に違いが見られる。無界的（atelic）解釈では，TOWARD を

表す"向"[11] を，有界的（telic）解釈では TO を表す"到"を用いる。まず，経路
TOWARD と地を表す名詞句の表現方法，及び直示動詞との共起関係を実
際のデータをもとに見ていく。(8a) では，様態が主動詞 (V1) の"跑"で，直
示はこれに続く動詞"去" (V2) で，経路は V1 に先行する前置詞句の主要部
"向"で表されている。(8b) は，様態動詞が主要部であることには変わりな
いが，経路は様態動詞に後続する動詞"向"[12] で表され，目標物はこの動詞の
目的語である。

（ 8 ）a.　她　　向　　　自行车　跑　　去。
　　　　　3SG　～の方へ　自転車　走る　行く
　　　　　（彼女は自転車に向かって走っていく。）(/run.to.awyfrmS/)
　　　b.　她　　跑　向　　了　　自行车。
　　　　　3SG　走る　向かう　PERF　自転車
　　　　　（彼女は走って自転車に向かった。）(/run.to.awyfrmS/)

　ここで注目すべきは次の点である。(8a) のように前置詞で TOWARD を表
現する場合，述語部分に直示動詞を置くことが義務的であり，次の (8'a) の
ように直示動詞"去"を削除した文は成立しない。一方で，V1 の後に動詞で
TOWARD を表現する (8b) では，(8'b) と (8'c) に見るように，直示動詞を入
れることができない。

（ 8'）a.　她　　向　　　　自行车　跑　　*(去)。
　　　　　3SG　～の方へ　　自転車　走る　　行く

---

[11]　データでは"向"以外に"往"や"朝（着）"が見られた。［"往"＋地を表す名詞句］は動詞
の前と動詞の後に置かれる用法があるが，後者の用法では非常に限られた動詞のみに接続
する（例："开往上海（上海に向けて発車する)）。また，［"朝"＋地を表す名詞句］は動詞の
前にのみ置かれる。"往"と"朝"は，動詞の前に置かれる"向"の用法と類似しているため，
本章では便宜上敢えて"往"や"朝"を個別に扱わず，"向"を代表としてとりあげる。

[12]　朱德熙 (1982: 175) は「"走向胜利"（勝利に向かっていく）のような"向＋名詞"は文語
に由来する少数の前置詞句であり，述語構造内の後項の直接構成素になれる」とし，補語
ではない立場をとっている。しかし，例 (8b) に見るように，実際のデータにおいて"向"の
後にアスペクト助詞"了"が置かれていることから，本章では前置詞ではなく，むしろ動詞
（的）・経路補語（的）であるとみなす。

b.　她　　跑　　向　　　了　　自行车　（*去）。[13]
　　　3SG　走る　向かう　PERF　自転車　（*行く）

　c. *她　　跑　　向　　　去。
　　　3SG　走る　向かう　行く

　言い換えれば，前置詞で経路を表現する構文（8a）を選択すれば，直示を動詞で言及することが可能である。中国語には一般に動詞の前に無界的，動詞の後に有界的要素がくるというアスペクト的特徴（Lamarre 2017: 105–106）に応じた構成素順序の規則がある。これに鑑みれば，無界的経路 TOWARD は，（8a）のように様態動詞の前で表されるのが一般的であり，（8b）のタイプを選択することは稀であると予想される。しかし，この予想に反し，/awyfrmS/ と /neu/ では，直示動詞と共起できない（8b）タイプを選択する割合が高く（/to.awyfrmS/, /to.neu/ クリップ全体の 39% を占める），結果的に直示情報が動詞で表現される頻度が低下する。

　続いて，経路 TO を表す"到"を用いた構文について述べる。有界的経路を表す"到"は様態動詞（V1）の後に生起するが，"到"の後に場所名詞が直接後続するかどうかが，直示動詞との共起可能性を決定づける。（9a）では着点名詞句が"到"の直後に生起し，（9b）ではアスペクト助詞"了"の後に続く。

（9）a.　她　　跑　　到　　自行车那儿　　去　　了。
　　　　3SG　走る　～に　自転車のところ　行く　PRT

　　　（彼女は自転車のところに走っていった。）（/run.to.awyfrmS/）

　b.　她　　跑　　到　　了　　自行车。
　　　3SG　走る　着く　PERF　自転車

　　　（彼女は走って自転車（のところ）に着いた。）（/run.to.awyfrmS/）

　（9a）の"到"が動詞なのか（cf. 刘月华［Liu］1998: 415），前置詞なのか（cf. Lamarre 2017: 102[14]）は意見が分かれるところであるが，（9'a）に見るよう

13　非常に稀に，書きことばにおいて［様態動詞＋"向"＋名詞＋直示動詞］（例："跑向自行车去"）の形式が許容されるようであるが，自然度は［"向"＋場所名詞＋様態動詞＋直示動詞］（cf.（8a））にはるかに及ばない。

14　本実験の /to/ でのデータにはないが，中国語には"他到自行车那儿去了"（彼は自転

に，直示動詞と共起する場合には場所名詞句を削除することはできず[15]，義務的であることから，ここでは(9a)の"到"を前置詞とみなす。また，アスペクト助詞"了"が後続する(9b)の"到"は動詞とみなされ[16]，"向"が動詞の場合と同様(cf.(8'c))，直示動詞を後続させることはできない(cf.(9'b))。

(9') a. *他　　跑　　到　　去。
　　　　3SG　走る　着く　行く
　　 b. 他　　跑　　到　　了　　自行車　（*去）。
　　　　3SG　走る　着く　PERF　自転車　　行く

以上のことから，直示動詞を用いて直示に言及できるのは，(9a)のように"到"が前置詞である構文のみであることがわかる。
　直示動詞の生起可能な構文をタイプA(例：(8a)他向自行車跑去，(9a)他跑到自行車那儿去)，不可能な構文をタイプB(例：(8b)他跑向了自行車，(9b)他跑到了自行車)とし，直示別にどちらのタイプが選択されたか，その割合を図3に示す。

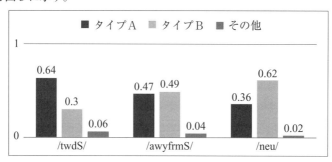

図3　/to/ における構文選択

車のところに行った)のように，様態動詞が生起しない["到"＋NP＋直示動詞]がある。Lamarre(2017: 110) は，このタイプの"到"を動詞とみなし，他の経路動詞にみられる[経路動詞＋NP＋直示動詞](例：进房间去)の構造に揃える一般化の結果であると述べている。このタイプの["到"＋NP]に続く動詞は，直示動詞に制限され，様態動詞とは共起できない(她到自行车那儿(*跑)去。彼女は自転車の方に走って行く))。

[15]　日本語やタイ語でも，到達を表す動詞のあとに直示動詞が後続しない(日本語例：*着いて来る，*届いてくる)ことが観察されている(日本語：松本2017b: 250，タイ語：高橋2017)。

[16]　刘月华([Liu]1998: 400) 参照。

まず，/awyfrmS/ に注目すると，タイプ A とタイプ B が拮抗しており，約半数が直示動詞を用いる構文を選択していることがわかる。/twdS/ ではタイプ A がタイプ B の 2 倍以上，/neu/ ではタイプ B がタイプ A の約 1.7 倍という結果である。タイプ A を選択すれば，地を表す名詞句と直示の両方に言及できるにも関わらずタイプ A を選択せず，タイプ B を選択するという話者の決断は，AwyfrmS と Neu という直示情報に対する関心の低さを反映している。

　/twdS/ ではタイプ A を選択する割合が圧倒的に高い。しかし，ここで注意すべきなのは，タイプ A では直示動詞"来"に加えて，前置詞句"向我"（私に向かって）や"到我这儿"（私のところへ）による直示の二重指定が可能だという点である（cf.（10））。事実，/twdS/ でタイプ A を選択した割合 0.64 のうち，実に 97%（0.62）が TwdS の二重指定である。また，もう 1 点注意すべきは，タイプ B を選択したとしても，目標物の話者（"我"）を経路を表す動詞の目的語として，TwdS に言及することができる点である（cf.（11））。

（10）[TO]　朋友　向　　　　我　走　过来[17]。
　　　　　　友達　～に向かって　1SG　歩く　来る
　　　　　　（友達が私に向かって歩いてくる。）/walk.to.twdS/
（11）[TO]　他　跑　向　　了　我。
　　　　　　3SG　走る　向かう　PERF　1SG
　　　　　　（彼が走って私に向かった。）/run.to.twdS/

　このように，経路 /to/ ではタイプ A，タイプ B のどちらの構文を選択しても TwdS に言及可能なため，その言及率は必然的に高くなる。今回の実験では，経路 /to/ における TwdS の言及率は 100% であり，そのうちの 82% は（10）のような二重指定である。タイプ B を選択しても直示に言及できるにも関わらず，タイプ A を選択するのは TwdS の情報を重要視していることを示唆する。AwyfrmS については，（12）のように前置詞句"从我这儿"（私の

---

[17]　"过来"，"过去"の"过"には 1) 通る，過ぎる（PASS），超えるなど，実際の経路の意味を有するものと，2) 経路の意味が希薄化しているものがある。今回の主体移動の実験データ上の"过来"，"过去"はすべて 2) のタイプであり，それぞれ"来"，"去"と同義である。"过来"，"过去"に関する詳細な分析は，刘月华（[Liu] 1998），杉村（2000），柯理思（[Ke] 2005）参照。

ところから）と直示動詞"去"（行く）を用いた二重指定も可能であるが，データでは1例も見られず，起点よりもむしろ目標物を明示するタイプBの(8)や(9)のような表現を好む傾向が見られた。

(12)　朋友　从　　我　　这儿　走　去。(作例)
　　　友達　〜から　1SG　ここ　歩く　行く
　　　（友達が私のところから歩いていく。）

5.2.2　/into/ 及び /up/ における「経路」及び「地」の表現方法

　経路 INTO や UP は，(13)のように経路を表す前置詞（"往","向"）と方位詞（"里","上"）の組み合わせで表現するものや，(14)のように場所名詞に後接した方位詞で表すものもあるが，(15)，(16)のように経路動詞"进"（入る）や"上"（上がる）をV1もしくはV2の位置に生起させるのが最も一般的であり頻度が高い。/into/ 場面では INTO に言及した例の96%，/up/ 場面ではUPに言及した例の89%において，経路動詞（"进","上"）が使用されている。

(13)　[INTO]　他　　往　　　　休息亭　里　走　　去。
　　　　　　　3SG　〜の方へ　休憩所　中　歩く　行く
　　　　　　　（彼は休憩室の中に向かって歩いていく。）/walk.into.awyfrmS/
(14)　[UP]　　他　　从　　台阶　下面　走　　到　　台阶　上面
　　　　　　　3SG　〜から　階段　下　歩く　着く　階段　上
　　　　　　　（彼は階段の下から歩いて階段の上に着いた。）/walk.up.neu/
(15)　[INTO]　他　　跑　　进　　了　　　休息亭。
　　　　　　　3SG　走る　入る　PERF　休憩所
　　　　　　　（彼は走って休憩所に入った。）/run.into.awyfrmS/
(16)　[UP]　　他　　跳着　　　上　　了　　　台阶。
　　　　　　　3SG　跳ぶ.DUR　上がる　PERF　階段
　　　　　　　（彼は跳ねながら階段を上がった。）/skip.up.neu/

　以下(17)，(18)のように，方位詞と動詞の両方で経路を表す多重指定は可能であるが，本実験のデータでは多くない（INTO: 10%，UP: 13%）。

(17) [INTO] 朋友　走　　進　　休息亭　里。
　　　　　　友達　歩く　入る　休憩所　中
　　　　　（友達が歩いて休憩所の中に入る。）
(18) [UP] 他　向　　　　　台阶　上　跑　　上　　去。
　　　　　3SG　～に向かって　階段　上　走る　上がる　行く
　　　　　（彼は階段の上に向かって走って上がって行く。）

　/to/ で用いられる"向"が様態動詞（V1）の前と後のいずれの位置でも生起
したのとは対照的に，INTO を表す"進"や UP を表す"上"には様態動詞の前
に立つ前置詞用法はない。

(19) [INTO] *她　進　　　　　休息亭　跑　　去。
　　　　　　彼女　～に入って　休憩所　走る　行く
　　　　　（彼女は休憩所に入って走っていく。）
(20) [TO] *她　上　　　　　台阶　跑　　去。
　　　　　彼女　～を上がって　階段　走る　行く
　　　　　（彼女は階段を上がって走っていく。）

　以上，経路 INTO と UP の表現形式について述べたが，以下では，その表
現形式として最も頻度の高い動詞（"進"，"上"）で表現する際の，直示及び地
を表す名詞句の表現方法を述べることとする。
　動詞"進"，"上"は，動詞単独（例(21)），もしくは［様態動詞＋経路動詞］
のみ（例(22)）では文が成立せず，(15)，(16)のように着点や中間経路を表
す名詞句，もしくは直示動詞"去"，"来"との共起（例(23)，(24)）が必要であ
る（cf. 居红［Ju］1992, 刘月华［Liu］1998, 丸尾 2011［2014: 189］）。/to/ でみた
様態動詞（V1）後の動詞"向"や"到"が，直後に直示動詞を後続させることが
できない（例(8'c)*跑向去）のとは対照的に，経路動詞"進"や"上"は(23)，
(24)のように直示動詞を後続させることができる。また，(25)，(26)のよう
に，着点名詞句や中間経路を表す名詞句とも，直示動詞は共起する。

(21) *朋友　進　　了。
　　　友達　入る　PERF

（友達が入った。）

(22) ＊朋友　　走　　上　　　　了。
　　　友達　　歩く　上がる　　PERF

（友達が歩いて上がった。）

(23)　朋友　　走　　进　　　去。
　　　友達　　歩く　入る　行く

（友達が歩いて入っていく。）

(24)　朋友　　走　　上　　　来。
　　　友達　　歩く　上がる　来る

（友達が歩いて上がってくる。）

(25)　朋友　　走　　进　　休息亭　（里）　来。
　　　友達　　歩く　入る　休憩所　　中　　来る

（友達が歩いて休憩所の中に入ってくる。）

(26)　朋友　　走　　上　　　楼梯　来。
　　　友達　　歩く　上がる　階段　来る

（友達が歩いて階段を上がってくる。）

　以上のことから，INTO や UP を動詞で表す場合，話者には直示と着点
(/ 中間経路）のどちらかに言及するか，もしくはその両方に言及する選択肢
が用意されている。直示に言及する［様態動詞＋経路動詞＋直示動詞］（例：
(23) 走进去，(24) 走上来）をタイプ A（MPD），「地」に言及する［様態動詞
＋経路動詞＋地を表す名詞句］（例：(15) 跑进休息亭，跑上台阶）をタイプ
B（MPG），直示と地のどちらにも言及する［様態動詞＋経路動詞＋地を表
す名詞句＋直示動詞］（例：(25) 走进休息亭里来，(26) 走上楼梯来）をタイ
プ C（MPGD）とし，本実験で /twdS/，/awyfrmS/，/neu/ の各直示場面にお
いていずれの構文が選択されたのか，得られたデータを図 4（/into/）と図 5
（/up/）に提示する。なお，ここでは様態，経路，直示が一文内でどのように
表現されているのかを考察することを目的とするため，二文にわたって表現
されているもの（例："他走进休息亭，来到了我面前。"（彼は歩いて休憩所の
中に入り，私の前に来た））は分析対象から除外する。また，データには上
記タイプ A，B，C の構文のほか，先述の (13) のように前置詞と方位詞の組
み合わせや，(14) のように TO を表す"到"と着点を表す名詞に後続する方

位詞によって経路を表すものがある。また、様態を副詞節、経路を主動詞（V1）で表すもの（例："跳着进休息亭里。"（跳ねながら休憩所の中に入る））や、経路 INTO や UP には言及せず、代わりに /to/ で見られた直示の二重指定形式［"向"＋地を表す名詞句＋様態動詞＋直示動詞］（例（10）向我走过来）を用いるなど、様々な形式のものがある。このうち、特に INTO や UP の経路情報には一切言及せず、様態と直示のみに言及しているもの（例：向休息亭走去）をタイプ D と分類する[18]。タイプ A ～ D に分類できないものを「その他」とする。

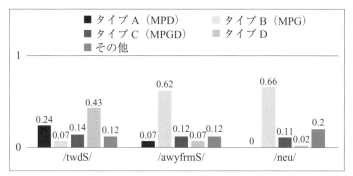

図 4 　/into/ における構文選択

　まず、/into/ におけるタイプ A から C の構文選択の状況を見ると、/awyfrmS/、/neu/ では、経路動詞の後に着点名詞句を置き、直示動詞を使用しないタイプ B（例：走进休息亭）の選択が目立って多く、ともに 6 割を超えている。一方、直示のみ明示するタイプ A（例：走进去）は全体の 1 割に満たない。タイプ C（例：走进休息亭去）を選択すれば、直示と着点が両方表せるにも関わらず、被験者は具体的な着点情報のみ明示的に表すタイプ B を選択する傾向がある。これにはいくつかの要因が考えられる。まず 1 つ目に、直示動詞の使用が文成立上の必須条件ではないこと、2 つ目に AwyfrmS と Neu への関心が薄いこと、3 つ目に、動詞"进"の直後に着点を要求すること、である。直示動詞"来"と"去"は、着点の情報を内包するかどうかに違いがある。"来"は話者が着点となることが想起される、すなわち"来"に着点の情報が内包される。一方、"去"は話者が起点となるが、どこに行くのかという

---

[18] 　"向休息亭里走去。"（休憩所の中に歩いていく）は、"向〜里"で経路 INTO が表されているため、タイプ D には含めず、「その他」に分類する。

着点情報はその意味に含まない。よって, /awyfrmS/, /neu/ では着点を含まない "去" よりも, 着点を表す名詞句を選択する傾向にあるのではないだろうか。

では, グラフから見える /twdS/ の特徴はどうだろうか。"进" に着点名詞句のみが後続するタイプ B はほとんど選択されず (0.07), 直示動詞が後続するタイプ A が, タイプ A から C の構文選択の中で, 最も多く選択されている。しかし, 特筆すべきは, タイプ D の割合も高い (0.43) ことである。これは, 経路 INTO は無視するが直示には言及する構文であり, この 0.43 のうち, 実に 94% は TwdS の二重指定である。INTO が言及されなかったのは, 実験ではあらかじめ被験者が休憩所の中にいる設定であるため, 移動者が自分に向かって移動してくること (= TwdS) に言及すれば, おのずと休憩所の中への移動が推論されることが要因の一つと考えられる。また, ビデオ映像に映る休憩所には窓がなく開放的であることから, 閉じられた空間として認識されにくかったことも一因である可能性があるだろう。しかし, /awyfrmS/ と /neu/ では INTO が 6 割以上も言及されていること, また, /twdS/ では単に INTO に言及しなかっただけではなく, TwdS の二重指定の形式を選択した割合が高いことから, これは TwdS の言及を重要視している顕れであると考えるのが妥当である。

続いて, /up/ の構文選択をみてみよう。

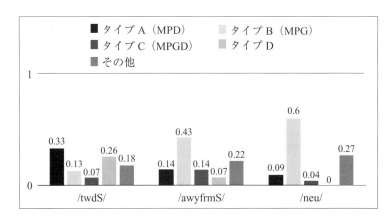

図 5 /up/ における構文選択

/up/ も /into/ 同様, /awyfrmS/, /neu/ では中間経路を明示するタイプB (例：跑上台阶) が直示に言及するタイプA (例：跑上去) よりも優勢である。/twdS/ では直示を明示するタイプAが多く選択されている。経路UP には言及せずとも直示には言及するタイプDも比較的多い。ところが後で示すように, TwdS の全体の言及率は, /to/ や /into/ と比べて, 1〜2割ほど低い (タイプA 0.33 + タイプC 0.07 + タイプD 0.26 + その他のうち 0.11=0.77)。この要因については 5.3 で考察する。

また, /to/ では非常に高い値 (0.62) を示した TwdS の二重指定だが, /into/ では前置詞句"向我" (私に向かって) と動詞"进" (入る) を一文内で共起させることはできないため (cf. (27)), TwdS の二重指定は成立しない。これは, "进" (入る) が囲いのある空間を着点とすることと, 目標物"我" (私) との間に齟齬が生じるためであると考えられる[19]。

(27) *朋友　向　　　我　走　进　　来。
　　　友達　〜の方へ　1SG　歩く　入る　来る
　　　(友達が私に向かって歩いて入ってくる。)

一方 /up/ でもやはり, /into/ よりは多少許容度があがるものの, 前置詞句 "向我" と動詞"上" (上がる) が一文内で共起する例は稀である (1例のみ)。

(28) ?朋友　向　　　我　走　上　　来。
　　　友達　〜の方へ　1SG　歩く　上がる　来る
　　　(友達が私に向かって歩いて上がってくる。)/walk.up.twdS/

上記の例 (28) を許容した母語話者は, 一人称"我"が階段の上などにいる場合に可能だと述べた。つまり, 「上がる」移動の方向が「私のいる場所」

---

[19] "*朋友向我走进休息亭里来。" (友達が私に向かって休憩所の中に歩いて入ってくる) のように, "进"の後に着点名詞句を加えたものも非文である。また, 中国語において動詞の前に置かれた無界的経路 ("向") と, 動詞の後で限界点を要求する経路動詞 ("进") が矛盾するためであるという推論もできる。しかし, 以下のように"向"の前置詞目的語を"我"から"休息亭"に置換した文 ("朋友向休息亭里走进来。" (友達は休憩所に向かって歩いて入ってくる)) は, 多少自然さは劣るとした母語話者はいたものの許容度は高いことから, 例 (27) が非文である要因は, 着点を表す名詞句の種類に関係していると考えられる。

であるから，何の矛盾も見られない．だが，それにも関わらずこの文を非文もしくは不自然と判断する母語話者がいるのは，経路 UP の情報の際立ちが高いために，TwdS の二重指定をする認知的コストに関わる余裕がないことと関係していると思われる（詳細は 5.3 参照）．よって，TwdS が際立った情報であり二重指定して表現されるべきだと判断された場合には，動詞で INTO や UP を表現することをせず，先の例 (10) に挙げたような /to/ と同じ形式を選択する．これが，タイプ D である．

5.3 /up/ において TwdS 言及率が低い要因

まず，経路別の直示言及率を見られたい．以下の図 6 に示すように，TwdS の言及率は，/to/ の 1（つまり 100%）や /into/ の 0.93 と比較して，/up/ が 0.77 と明らかに低い値である．ここでは，/up/ における TwdS の言及率がほかの経路と比較して低い理由について考察する．

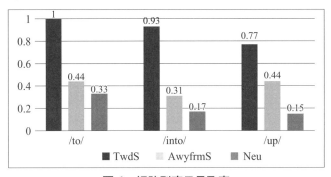

図 6　経路別直示言及率

/up/ の TwdS 言及率を様態別に見ると（図 7），様態が SKIP の場面で際立って低いことから，TwdS の言及率が低いのは，/skip.up.twdS/ の組み合わせのクリップであることがわかる．その一方で，図 8 に示すように UP の言及率は高い (0.87)[20]．また，上述したように，今回の実験では中国語の様態言及率は 0.99（図 1）であることから，/skip.up.twdS/ では，SKIP と UP に言及し，TwdS には言及しないという選択が，約 2 割の被験者で行われたことを示している．

---

[20] 残りの 13% (0.13) のうち 8 割は，経路 UP に言及せず TwdS の二重指定（向我走来）の形式を用いている (cf. 図 5/twdS/ のタイプ D)．

中国語主体移動表現の様相 | 111

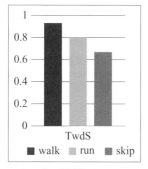
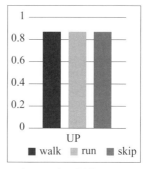

図7　/up/ の様態別 TwdS 言及率　　図8　/twdS/ の様態別 UP 言及率

　松本(2017c: 340)は，TOとINTOは通常水平の(horizontal)移動である一方，UPは重力に逆らった垂直方向(vertical)の移動であり，より多くの物理的力を必要とする動的な運動を含む，より注目される移動経路だとしている。中国語のUPの言及率は様態及び際立ちの高い直示(TwdS)に左右されず一定の言及率を保ち，/up/においてTwdSの情報は認知的際立ちの高い様態(SKIP)の情報との間で，いずれを言語化するかの選択が行われる。それが，TwdSの言及率が低下する要因になる。

　以上，本章ではビデオクリップ実験の口述データをもとに，中国語の主体移動の様相を考察した。動詞連続構文がある中国語は，様態，経路，直示を競合することなく表現できる動詞スロットを有しているにも関わらず，実態は3つの動詞スロットが常に生かされるわけではない。経路がTOの場合，様態動詞V1に後接する動詞"向"や"到"の直後に直示動詞を置けないという制約があり，そもそも直示の専用スロットが欠けていることから，この構文を選択した場合，一文内で「様態」「経路」「直示」すべてを動詞で表現する術がない。一方，INTOやUPの場合は，動詞"进"や"上"の後に直示動詞を後続させることができるため，一文内で様態，経路，直示のスロットを活用できる土台が整っている。しかし，「直示」の言及は義務的ではなく，着点や中間経路などの「地を表す名詞句」との間で選択が行われる。話者は特に直示がAwyfrmSやNeuの場合，「地を表す名詞句」を選択する傾向にある。つまり，情報の重要度に従って，動詞スロットを活かすかどうかを話者自身が選択しているといえる。情報の重要性，または情報の認知的際立ちの度合による表現方法の選択は，様態と経路の組み合わせにも表れる。たとえば，様

態がSKIPで経路がUP，さらに直示がTwdSの場合，ほかの経路と比較してTwdSの言及が抑制され，様態と経路の2つの動詞スロットを活かすにとどまる傾向が見られる。このことから，すべてが際立った情報だった場合，すべてを動詞で表現することを回避する傾向が見られるといってよい。このことは，/walk.up.twdS/という組み合わせ，すなわち様態がさほど目立たない情報の場合に3つの動詞で様態，経路，直示を表す割合は0.53であり，/run.up.twdS/では0.33，/skip.up.twdS/では0.27という結果からも窺い知ることができる。

このように中国語は，各意味要素を異なる動詞スロットで表現可能な動詞連続構文を有するといえども，持てる表現手段を可能な限り活用して各意味要素を表現する傾向が強いタイ語とは，ずいぶん異なる様相を呈することとなる。

6. ビデオクリップ口述データからみた中国語の主体移動表現の類型

最後に，実験データからみた中国語の主体移動表現が何型言語に属するかについて，ここで一つの見解を示したい。

中国語主体移動表現において，今回の実験ではデフォルトの様態を表すWALKを含め，様態がほぼ100%の非常に高い頻度で表現されていることは既にみた通りである (cf. 図1)。そしてその表現位置は図9に示すように，9割弱 (0.87) が主動詞，すなわち動詞連続構文の第1動詞に生起している (主動詞と副詞節の両方で様態を表現する多重指定もあるため，全体の値が1を超えている)。

図9　様態の表現位置

主動詞以外で様態を表す方法は主に副詞節 (例："跳着"(飛び跳ねながら)，"蹦蹦跳跳地"(ぴょんぴょん飛び跳ねて)) であり，総クリップ数の2割が副詞節で様態を表している。そのうち1割は主動詞でも様態を表す多重指定であるため (cf. (29))，副詞節のみで様態を表すのはおよそ1割程度で

中国語主体移動表現の様相 | 113

ある。そしてこのとき，主動詞には経路を表す動詞がくる (cf. (30))。

(29) 朋友　　蹦跳地　　　走　　上　　了　　台阶。
　　　友達　　ぴょんぴょんと　歩く　上がる　PERF　階段
　　　(友達はぴょんぴょん歩いて階段を上がった。)/skip.up.neu/
(30) 他　　跑着　　　進　　了　　休息亭。
　　　3SG　走る.DUR　入る　PERF　休憩所
　　　(彼は走りながら休憩所に入った。)/skip.into.awyfrmS/

以下に示す図 10 は，主動詞で表される概念を示したものであるが，ここからも様態が圧倒的多数を占めていることがわかる[21]。

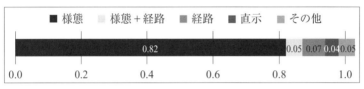

図 10　主動詞で表される概念

以上から，中国語の主体移動表現は主動詞に様態動詞がおかれ，主動詞以外で経路もしくは直示が表される S 型の表現パターンが優勢であることがわかる。相原・ラマール (2008) は，現代中国語で書かれた文学作品 (literary texts) とテレビドラマの会話文 (dialogues) という二つの異なる文体において，主体移動の表現に様態，経路，直示のどの組み合わせパターンが好まれるのかを詳細に調査している。そして，文学作品では，［様態＋経路（＋直示）］(S 型) と［経路＋直示］型がそれぞれ 0.63 対 0.37 と S 型が高い割合を示すが，テレビドラマ (会話) では，［経路＋直示］型が出現数全体のおよそ 9 割を占める結果を提示している[22]。このことは，［様態＋経路］の S 型パター

---

[21] 図 10 の「様態＋経路」は，様態と経路の両方の意味概念を含む動詞であり，/up/ で用いられた"爬"(足を動かして登る)である。また，「様態」と「様態＋経路」を合わせた 0.87 が，図 9 における主動詞の 0.87 に相当する。
[22] 相原・ラマール (2008) の表 10 (『人到中年』(小説) の各要素の組み合わせパターンとその数) 及び表 12 (『結婚十年』(テレビドラマ) の各要素の組み合わせパターンとその数) を参照。

ンが文学作品の地の文において好んで用いられる組み合わせパターンであることを示唆しているが，ビデオクリップの口述もこうした「語り」的傾向を示すといえる。

　［様態動詞＋経路動詞］という組み合わせは，中国語の使役移動事象を表す客体移動表現［使役手段＋経路（＋直示）］（例："朋友把书放进去。"（友達が本を（カバンに）入れる））と共通した構造を持つ。中国語の客体移動表現は，V1 のスロットに使役手段を表す動詞（共事象を表す動詞）を用いなければ文が成立しない（"朋友把书*(拿)出来了。"（友達が本を取り出した））。つまり，"进"や"上"は自動詞であるため，他動詞文にするために必要なのである。この使役手段を表す動詞が主語及び他動性を決定づける要素である点に鑑みて（松本 2003, 2017c），中国語の客体移動表現は V1（様態動詞，使役手段）を主要部，V2 に生起する経路動詞を補語成分とする，明確な S 型言語の特徴を有する（Lamarre 2017）。今回の実験データからみて，主体移動表現も客体移動表現に合わせて「様態 / 使役手段動詞＋経路動詞（＋直示動詞）」という型に収斂していく方向にあるようにみえる。これは Talmy（2000）や Shi & Wu（2014）[23] が指摘するように，中国語が，V 型言語から S 型言語への類型変化の過渡期にあることの顕れと考えられるのではないだろうか。

7. おわりに

　本章ではビデオクリップ実験の口述データをもとに，中国語の主体移動表現の様相を，特に直示表現との関わりで考察し，最後に中国語の移動表現の類型に関する 1 つの見解を示した。

付記

　本研究は，平成 27 ～ 30 年度科学研究費補助金研究「移動表現による言語類型：実験的統一課題による通言語的研究」（課題番号：15H03206；研究代表：松本曜）の助成を受けたものである。
　本章の執筆にあたり，以下の方々に貴重なご助言やご意見をいただいた。相原まり子氏，古賀裕章氏，長谷川明香氏，松本曜氏，Chiristine Lamarre 氏，李佳樑氏。ここに深謝の意を表する。

---

[23]　Shi & Wu(2014) は，古代中国語から現代中国語までの，移動事象に関わる意味要素（様態，経路，地を表す名詞句）の使用頻度や統語的振舞いを考察することを通じ，V 型言語から S 型言語の特徴を有するに至る変化を論証している。

略語一覧

1：first person　3：third person　DUR：durative　PERF：perfective
PRT：particle　SG：singular

参照文献

相原まり子・C. ラマール (2008)「中国語の自律移動表現：日本語と比較して」C. ラマール・大堀壽夫・守田貴弘 (編)『空間移動の言語表現の類型論的研究 2：村上春樹の『ノルウェイの森』における自律移動表現の対照研究 (日・仏・英・露・独・中)』69–85. 21 世紀 COE プログラム「心とことば：進化認知科学的展開」研究報告書.

[Ju] 居红 (1992)「汉语趋向动词及动趋短语的语义和语法特点」『世界汉语教学』4: 276–282.

[Ke] 柯理思 (=Lamarre) (2005)「讨论一个非典型的述趋式 "走去" 类组合」沈家煊，吴福祥，马贝加 (主编)『语法化与语法研究 (二)』53–68. 商务印书馆.

古賀裕章 (2016)「自律移動表現の日英比較：類型論的視点から」藤田耕司・西村義樹 (編)『日英対照 文法と語彙への統合的アプローチ：生成文法・認知言語学と日本語学』219–245. 開拓社.

Lamarre, Christine (2017)「中国語の移動表現」松本曜 (編)『移動表現の類型論』95–128. くろしお出版.

[Liu] 刘月华 (Liu, Yue Hua) (1998)『趋向补语通释』北京语言文化大学出版社.

Matsumoto, Yo (2003) Typologies of lexicalization patterns and event integration: Clarifications and reformulations. In: Shuji Chiba et al. (eds.) *Empirical and theoretical investigations into language: A festschrift for Masaru Kajita*, 403–418. Kaitakusha.

松本曜 (2017a)「移動表現の類型に関する課題」松本曜 (編)『移動表現の類型論』1–24. くろしお出版.

松本曜 (2017b)「日本語における移動事象表現のタイプと経路の表現」松本曜 (編)『移動表現の類型論』247–273. くろしお出版.

松本曜 (2017c)「移動表現の性質とその類型性」松本曜 (編)『移動表現の類型論』337–353. くろしお出版.

丸尾誠 (2011)「中国語の方向補語について：日本人学習者にとって分かりにくい点」『言語文化論集』32 (2)：77–89. 名古屋大学大学院国際言語文化研究科.［再録：丸尾誠 (2014)『現代中国語方向補語の研究』］

Shi, Wenlei and Yicheng Wu (2014) Which way to move: The evolution of motion expressions in Chinese. *Linguistics* 52 (5): 1237–1292.

Slobin, Dan Issac. (2000) Verbalized events: A dynamic approach to linguistics relativity and determinism. In Susanne Niemeier and René Dirven (eds.) *Evidence for linguistic relativity*, 107–138. John Benjamins.

Slobin, Dan Isaac. (2004) The many ways to search for a frog: Linguistic typology and the expression of motion events. In Sven Strömqvist & Ludo Verhoeven (eds.) *Relating events in narrative.* Vol.2*: Typological and contextual perspectives*, 219–257. Lawrence Erlbaum Associates.

杉村博文 (2000)「方向補語"过"の意味」『中国語』1 月号 : 58–60. 内山書店.

高橋清子 (2017)「タイ語の移動表現」松本曜 (編)『移動表現の類型論』129–158. くろしお出版.

Talmy, Leonard (1985) Lexicalization patterns: Semantic structure in lexical forms. In Timothy Shopen (ed.) *Language typology and syntactic description,* Vol. 3: *Grammatical categories and the lexicon*, 57–149. Cambridge University Press.

Talmy, Leonard (1991) Path to realization: A typology of event conflation. *Berkeley Linguistic Society* 17: 480–519.

Talmy, Leonard (2000) *Toward a cognitive semantics Vol.2: Typology and process in concept structuring*. MIT Press.

[Zhu] 朱德熙 (1982)『语法讲义』商务印书馆.

| 117

第 4 章

中国語における直示移動動詞の文法化
―［動作者名詞句＋来＋動詞句］の"来"の意味と文法化の道筋―

相原まり子

キーワード：文法化，中国語，直示，移動，"来"

1．はじめに

　中国語の"来"は話し手の方向への移動を表す直示移動動詞であるが，"来"の中には物理的移動の意味を失い，文法化しているものもある。本章では，例（1）のような［動作者名詞句＋来＋動詞句］という構造に現れる文法化した"来"を取り上げてその文法的意味を考察し，物理的移動を表す"来"からこのタイプの"来"への文法化の道筋を推定する。

（1）　"他是谁？"李志祥问温泉，温泉已经说不出一句话，尔红说：
　　　<u>"我　　来f1　介绍　　　一下，</u>他是温泉的哥哥，我是她嫂嫂。"
　　　1SG　LAI　紹介する　ちょっと
　　　（「彼は誰？」と李志祥は温泉に聞いたが，温泉はすでに一言も言葉を発せられない状態であったので，爾红が<u>「私が紹介します</u>，彼は温泉の兄で私は温泉の兄嫁です」と言った。）　　　　　（池莉『一去永不回』）

以下では，［動作者名詞句＋来＋動詞句］に現れる文法化した"来"を"来f1"，同じ構造に現れる物理的移動を表す"来"を"来m1"と表記し[1]，動作者名詞句をNPa，動詞句をVP と略記する。本章では，まず，第 2 節で先行研究の不十分な点を指摘し，第 3 節で"来f1"の意味を分析する。さらに，第 4 節で"来

---

[1]　f，m はそれぞれ function，motion の頭文字であり，さらに数字の 1 を付けたのは，文中の他の位置に現れる"来"と区別するためである。相原（2017）においても文法化した"来"の機能を考察したが，そこで取り上げた"来"は前置詞句などの連用修飾成分や動詞句の後ろに現れる"来"であり，本章の考察対象である"来"とは異なる。

f1"が辿ってきた文法化の道筋を推定する。なお，本章の中国語の例文で出典を明記していないものは筆者の作例であるが，すべて母語話者のチェックを経たものである。

2.　これまでの研究

本節では，"来 f1"に関する主な先行研究を取り上げ，残された問題を指摘する。

2.1　意味に関する先行研究

動作者の意志，積極性

呂叔湘（1980）は，"来 f1"について「何かをしようとすることを表す，"来"を使わなくても意味は同じである」と説明しているが，何かをしようとすることを伝える場合において"来 f1"が使えないことも多い。辛承姫（1998）は，"来 f1"について「VP を行う人物の積極的意志を表し，積極的語気を強める働きがある」と述べている。しかし，NPa の指示対象が話し手以外の場合や NPa が話し手であってもその行為を行うことを他の人から要求されるような場合には必ずしも当てはまらない。

話し手の願望

盧濤（2000）は，"来 f1"を「意志表明や依頼・命令のモダリティ標識」と捉え，郭維茹（2005）は"来 f1"を"祈使式"（意志表明や要求の文）の"来"と呼び，話し手の「願望」を表すと捉えている。筆者も"来 f1"に話し手の願望（意志表明・要求）を表す機能があるという見方には同意するが，「意志表明や依頼・命令のモダリティを表す」，「話し手の願望を表す」と言うだけでは(2)に"来"を入れられないことをうまく説明できない。

（2）　我　　做　　我　　的　　作業。（私は私の宿題をします。）
　　　　1SG　する　1SG　STP　宿題

発話の場での動作立ち上げ

池田（2005: 158）は，"来 f1"が〈積極性〉の意味を持つと捉えた上で「より本質的に言うならば，これらの"来"の意味は，「発話現場における動作立ち

中国語における直示移動動詞の文法化 | 119

上げの申し立て」と定義できる」と述べ，“来f1”の後ろの VP を現場的・即時的に立ち上げられる動作行為と見なしている。確かに，池田（2005）が指摘するように，“来f1”を含む発話が発話現場で動作を立ち上げるという含意をもつ場合もあるが，（3）のような反例もある。

（3） “〔略〕来日方长，我们下次再聚。”周宇晨一口喝掉杯里的酒说：
　　　“葛大哥，下次　我　来f1　做东。”
　　　　　　　　　次回　1SG　LAI　ごちそうする
　　　（……「これからまだ先は長いのだから，私たちまた集まりましょう。」周宇晨は，一口でコップの中の酒を飲みほして言った。「葛兄さん，次回は私がごちそうするよ」と。）
　　　　　　　　　　　　　　　　　　　　　　　（web 小説 / 调人『超级梦工厂』）

（3）の下線部は，次回の会食の話であり，「発話現場で動作を立ち上げること」を申し立てているわけではない。

焦点（フォーカス）

　筆者は，相原（2005: 111–120）において“来f1”には前の NPa が焦点であることを標示する機能があり，総記（exhaustiveness）を表すと指摘した。同論文では，Lambrecht（1994）の焦点の定義に従って「断言の中の前提とされていない意味要素」を焦点と見なし，（4）の下線部は「x が問題に答える」が前提，断言は「x = 私（丁小鲁）」，焦点は「私（丁小鲁）」であると分析した[2]。

（4） “我　来　回答　这　问题。”丁小鲁说，……。
　　　1SG　LAI　答える　この　問題
　　　（「私がこの問題に答えます。」丁小鲁が言った…。）
　　　　　　　　　　　　　　　　　（王朔『一点正经没有—“顽主”续篇』）

---

[2] 鲁晓琨（2006）も相原（2005）と類似した見方を提示しており，“来f1”を対比焦点の標識であると捉えている。

しかし，"来 f1"の前の NPa のみが焦点であるとは解釈できない例もある。たとえば，(5)の発話が，談話の冒頭でなされた場合，「NPa の指示対象が VP の表す行為を行うこと」全体が焦点と考えられる。

（5）我　　来 f1　宣布　　　一　个　好　　消息。
　　　1SG　LAI　発表する　1　CL　よい　ニュース
　　（私から一つ良いニュースをお伝えします。）

後述するように，"来 f1"の前の NPa は常に焦点内の要素（焦点またはその一部）ではあるが，NPa のみが焦点とは限らない。

2.2　文法化の道筋についての先行研究

　筆者の調べた限りでは，"来 f1"の文法化の道筋について詳しく論じた文献は見当たらない。盧濤（2000: 164–167）は，"来 f1"を含めた VP の前に現れる文法化した"来"について，意味の抽象化の結果であるとし，動詞"来"の「内向き」の特性が受け継がれていることを指摘しているが，文法化の具体的なプロセスについては分析していない（この「内向き」の特性については本章 3.6 節で取り上げる）。梁银峰（2007）は，"来 f1"を含む VP の前に現れる文法化した"来"および"去"を目的標識の"来""去"と呼び[3]，「目的標識"来""去"の元々の形式は古代漢語における序列方向連動構造の"来 / 去 +EVENT"であるが，"来""去"がもはや地点 A から地点 B への動作者の移動を表すものではなくなり，主に後ろの VP を引き出す働きを担い，動作者の主観的願望を強調するようになった際に目的標識に発展した（梁银峰 2007: 206）[4]」と述べているが，同書は"来 f1"の文法化の経路について詳しく考察したものではない。

---

[3]　"去"は日本語の「行く」に相当する直示移動動詞であるが，後ろに VP を伴う"去"の中には文法化したものがある。梁银峰（2007）が目的標識と呼ぶ"来""去"は［NPa+ 来 / 去 +VP］および［PP/VP+ 来 / 去 +VP］という構造に現れる文法化した"来""去"である。

[4]　引用部分の原文は下記のとおりである。
"目的标记"来""去"的初始格式是古代汉语中的序列趋向连动结构"来 / 去 +EVENT"，当"来""去"不再表示动作者由甲地到乙地有距离性位移，主要作用是引出后面的 VP，意在强调动作发出者的主观意愿时，便发展为目的标记。"

3.　"来 f1"の獲得した意味

　本節では，前節で指摘した"来 f1"に関する先行研究の問題点を踏まえて"来 f1"の意味を分析する。

3.1　誰かが行うべき行為とその担い手

　"来 f1"の意味分析に当たって"来 f1"が使える文脈と使えない文脈を比較した結果，"来 f1"は後ろの VP が「誰かが行う必要のある行為」であり，NPa が「その担い手」である時しか使うことができないことが明らかとなった。以下では例を挙げながら"来 f1"のこの特徴について詳述する。

　次の(6)の下線部は何かを専門的に学ぶチャンスがあったら何を学びたいか，という質問に対して，英語を勉強するという意欲を表明している文であるが，この文脈では"来 f1"を入れて(7)のように言うことはできない。

（6）　（雑誌記者が芸能人にインタビューしている場面）

　　　　音乐周刊：如果现在给你一个专业的学习机会，你希望首先学习的是乐
　　　　　　　　　器还是演唱，或者是其他？

　　　　（音楽週刊：もしあなたが専門的になにかを学ぶ機会を与えられるの
　　　　であれば，まず学びたいのって楽器？　歌？　それとも他のこと？）

　　　　苏运莹：那我　　学　　英语　　吧。因为我的英文不算好。
　　　　　　　　　1SG　　学ぶ　英語　　SFP

　　　　（蘇運瑩：そしたら私は英語を学ぶわ。私の英語は上手とは言えない
　　　　から。）　　　　　　　　　　　　　　　　（web/ 北京广播网 / 音乐周刊）

（7）　我来 f1 学英语吧。

　それでは，(7)が使われるのはどんな場面かというと，次の(8)のように，誰かが英語を勉強しなければならない状況において「私がやる」と表明するような場面である。

（8）　［夫婦の会話］

　　　　丈夫：明年暑假，婷婷的美国朋友和日本朋友不是要到咱们家来住一阵
　　　　　　　儿吗？　听说他们俩都不懂中文。（夫：来年の夏休み，婷婷の友
　　　　達のアメリカ人と日本人が家にしばらく滞在することになった

じゃない？ どうやら中国語は全くできないらしいよ。)

妻子：真的啊。那咱俩得学点儿英语和日语，不然没法儿交流了。可是两门外语都学太累了，一个人学英语，另一个人学日语，怎么样？（妻：そうか。じゃ，私達，英語と日本語を勉強しなくちゃ。そうしなきゃ意思疎通できない。でも一人で二つの外国語を勉強するのは大変だから，一人が英語を勉強してもう一人が日本語を勉強するのはどう？)

丈夫：好主意！ 不过谁学英语，谁学日语?（夫：そりゃいい考えだね！ でもどっちが英語をやってどっちが日本語をやる？)

妻子：那我来 f1 学英语吧。（妻：じゃあ，<u>私が英語を勉強するよ</u>。)

実際の日常生活で"我来 f1 学英语吧"のような文を使う機会は少ないが，これは日常生活において英語の勉強はそれぞれが自分の利益のために各自行うものであり，「誰かが英語を学ばなければいけないという状況が発生し，その担い手を決める」という場面が少ないためである。これに対して"来 f1"を含まない(9)はそのような場面のみならず単に英語を学ぶ意欲を表明する際にも用いることができる。

（9） 我学英语吧。

つまり，先の(6)の下線部に"来 f1"を入れられないのは，"来 f1"が入ると「誰かがやらなくてはいけない VP の表す行為を NPa が担い手となって実現する」という解釈に限定されるためだと考えられる。次の(10)(11)で"来 f1"を入れると不適格になるが，これも，後ろの VP を「誰かがすべき行為」，前の NPa を「その担い手」として表示するという"来 f1"の機能から説明できる。

（10）	我	(*来 f1)	做	我	的	作业。
	1SG	LAI	する	1SG	STP	宿題

（私は私の宿題をする。）

（11）	你	(*来 f1)	做	你	的	作业。
	2SG	LAI	する	2SG	STP	宿題

（あなたはあなたの宿題をしなさい。）

(10)で“来 f1”を入れると不適格になるのは，“做我的作業（私の宿題をや
る）”という行為は“我（私）”が行うのが当然だからである。つまり，“来 f1”
を使ってしまうと，誰かがやらなくてはいけない「私の宿題をやる」という
行為を「私」が担い手となって実現させる，という意味になってしまい，自
分の宿題を自分がやるのは当然であるという一般的な認識に反することにな
る。(11)も同様に，“做你的作業（あなたの宿題をする）”は“你（あなた）”自
身がやることが当たり前であり，“做你的作業”と“你”の関係は「誰かが実現
すべき行為－その担い手」ではないため“来 f1”を入れることができない。

3.2　必要性のありか─〔話者領域【場】〕─

　3.1 節で指摘したように“来 f1”には後ろの VP を「誰かがやるべき行為」
として表示する機能があるが，本節ではその行為の必要性が「話し手が視点
を置く場」にあるということを示す。
　次の (12) は，発話者 A が“小毛”“小李”と一緒にあるプロジェクトを進め
ていて，そのプロジェクトの関係で，王先生の連絡先を知る必要があるとい
う状況である。

(12)　A：我和小毛、小李一起在做一个项目，想要王老师的联系方式，你知
　　　　　道吗?（私，毛さんと李さんと一緒にあるプロジェクトをやって
　　　　　て，王先生の連絡先が知りたいんだけど，あなた知ってる？）
　　　B：我不太清楚，不过小张应该知道。
　　　　　（私はよくわからないけど，張さんはきっと知ってるはず。）
　　　A：那　我　　（*来 f1）　问　　　小张　　吧。
　　　　　　　1SG　LAI　　　尋ねる　張さん　SFP
　　　（じゃあ，<u>私，張さんに聞いてみるわ</u>。）

(12)では，A は B から張さんが王先生の連絡先を知っている可能性を聞
き，張さんに尋ねるという意志を表明している。この文脈では，たとえ，
下線部の発話者 A が「誰かが張さんに王先生の連絡先を尋ねる」ことが“小
毛”，“小李”たちと進めているプロジェクトにとって必要だと思ったとして

も，下線部には“来f1”を使うことができない。なぜなら，話し手Ａが発話時に視点を置いている場には当該行為の必要性がないからである。もう少し詳しく述べると，下線部のＡの意志表明はＢに対して行われたものであることから，Ａの視点はＢにあると考えられるが，Ｂはプロジェクトとは直接関係ないため，Ｂのところに「誰かが張さんに王先生の連絡先を尋ねる必要性」は存在しないのである[5]。これに対して，プロジェクトメンバー同士の(12’)のような会話においては下線部に“来f1”を入れることができる。これは，(12’)ではＢもプロジェクトのメンバーなので，下線部の発話者であるＡの視点が置かれているＢのところに当該行為の必要性が存在するからである。

(12’)　［同じプロジェクトに参加しているＡとＢの会話］
　　　　Ａ：我们请王老师参加我们的项目吧。（王先生に私達のプロジェクト
　　　　　　に加わってもらおうよ。）
　　　　Ｂ：好啊，那我们先要跟他联系一下，问问他能不能参加。（そうだね，
　　　　　　じゃあ，まず彼に連絡して参加できるかどうか聞いてみなきゃね。）
　　　　Ａ：你知道王老师的联系方式吗？（王先生の連絡先知ってる？）
　　　　Ｂ：我不太清楚，不过小张应该知道。（私はよくわからないけど，張
　　　　　　さんはきっと知ってるはず。）
　　　　Ａ：那我来f1问小张吧。（じゃあ，私が張さんに聞いてみるわ。）

“来f1”が使える場合，VPの必要性が存在する場には(12’)のように聞き手が含まれることが多いが，聞き手が含まれない場合もある。次の(13)では「誰かが最後の一章を書かなければならない」という必要が生じている場は聞き手と無関係であるが，下線部では“来f1”を使うことができる。なぜ“来

5　以下のような会話であれば，下線部の発話に“来f1”が使えるが，これは，下線部の発話がなされる時のＢの視点がＡに置かれており，Ａのところに「誰かがＡに代わって張さんに王先生の連絡先を尋ねる必要性」があるからである（最初の二つの発話は(12)と同じなので和訳を省略する）。
　Ａ：我和小毛、小李一起在做一个项目，想要王老师的联系方式，你知道吗？
　Ｂ：我不太清楚，不过小张应该知道。
　Ａ：是吗，不过我没跟他说过话。（そうか，でも，私，彼と話したことない。）
　Ｂ：那我来f1帮你问小张吧。（じゃ，私が代わりに張さんに聞いてみるよ。）

中国語における直示移動動詞の文法化 | 125

f1"が使えるかというと，(13)のBの下線部の発話は，Aに対する意志表明
ではなく，"小毛"と一緒に行っている本の執筆に関する悩みの叙述であり，
BはAではなく「"小毛"との執筆作業の場」に視点を置き，そこに「誰か
が最後の一章を書く」ことの必要性があると捉えているからである。

(13) A：你从刚才开始就心神不宁的，像是在考虑什么，是有什么心事吗？
　　　（さっきからずっと上の空で，考え事しているようだけど，なに
　　　か気になることでもあるの？）
　　 B：我和小毛在一起写一本书，<u>我　希望　小毛　来 f1 写　最后　一章</u>，
　　　　　　　　　　　　　　　　　1SG 望む 毛さん LAI 書く 最後　一章
　　　但不知道他愿意不愿意。怎么托他比较好呢？
　　　（私，今，毛さんと一緒に本を書いていて，<u>私は毛さんに最後の
　　　一章を書いてほしいのだけど</u>，彼が書きたがるかどうかわからな
　　　いんだ。どうやって頼んだらいいかな？）

次の(14)で"来 f1"が入れられず，(15)で入れられることも「話し手の視
点」から説明できる。

(14) 〔Aが自分の子供のことについて友達Bに相談する場面〕
　　 A：我孩子班上要演舞台剧，班主任想让孩子演主角。孩子自己也挺想
　　　演 的，不过主角毕竟责任太大，我打算劝他不要演。
　　　（うちの子供のクラスで今度演劇をやることになって，担任はうち
　　　の子に主役をやらせたがってるの。子供もやりたがっているんだけ
　　　ど，主役は責任重大だから，私は子供に断りなさいと言うつもり。）
　　 B：这不太好吧。还是　<u>应该　让　　　他　(*来 f1) 演　　　主角</u>。
　　　　　　　　　　　　　べき させる 3SG　LAI 　演じる　主役
　　　（それはあまりよくないよ。やはり<u>彼に主役をさせてあげるべき</u>。）
(15) 〔Aは教員で，自分のクラスの劇について同僚Bに相談する場面〕
　　 A：下个月我们班上要演舞台剧，有一个学生很想演主角，但是他声音
　　　非常小，有点儿不合适，我打算劝他演别的角色。
　　　（来月，うちのクラスで演劇をやるつもりで，ある生徒が主役を
　　　やりたがっているんだけど，彼は声がすごく小さくて主役には向

かないから別の役を勧めるつもり。)

B：这不太好吧。还是应该<u>让他来 fl 演主角</u>。

（それはあまりよくないよ。やはり<u>彼に主役をさせてあげるべき。</u>）

（14）の下線部は，聞き手である A（子供の親）の行為に対する当為判断を伝える発話であり，この発話を行う時，B の視点は A（子供の親）のところにある。しかし，親は子供のクラスで行う劇とは直接関係なく，「誰かが主役をする」必要性は親の責任領域の外にある。つまり，B の視点が置かれた親のところにはその必要性は存在しないのである。このため“来 fl”を使うことができない。“来 fl”を使うと，後ろの VP は「話し手が視点を置いている場」において必要な行為として表示されてしまい，文脈と整合しなくなるのである。これに対して，（15）の場合，B の視点が置かれている A（クラス担任）のところには「誰かが主役をする」必要性が存在するため，“来 fl”を使うことができる。

　最後に，「話し手が視点を置く場」についてもう少し説明しておきたい。ここで言う「話し手が視点を置く場」は「教室」や「台所」のような物理的な空間（＝場所）ではなく，場面や状況である。たとえば，次の（16）の下線部の発話の“来”が“来 fl”である場合[6]，その発話者である夫は，翌々日に妻が夕食を作れないという話を聞き，翌々日の「誰かが夕飯を作らなければならない」という場面・状況に視点を置いているのであり，「夕食をどの場所で作るか」ということは問題にしていない。

（16）　妻子：后天我会晚一点回家。不能做饭。

　　　（妻：あさってはちょっと帰宅が遅くなりそうだから，食事作れない。）

　　　丈夫：没事，<u>我　　来 fl　做</u>。
　　　　　　 　 1SG　　LAI　作る

　　　（夫：大丈夫，<u>私が作るよ</u>。）

　なお，物理的な移動を表す“来”は，「話し手が視点を置く場所」への移動

6　4.2 節の（37）と同様に，普段は別居している夫が妻の家に来ている時にこの会話がなされた場合には，物理的移動を表す“来”（＝“来 m1”）の解釈も可能である。

を表す。本章では、"来 f1"が使われる時の「話し手が視点を置く場面、状況」を〔話者領域【場】〕、物理的移動を表す"来"が使われる時の「話し手が視点を置く場所」を〔話者領域【場所】〕と呼ぶことにする(両者を区別しない場合は、単に〔話者領域〕と表記する)。

3.3 前提

3.1 節と 3.2 節では、"来 f1"が「後ろの VP が〔話者領域【場】〕において誰かがやるべき行為である」という情報を表すことを指摘したが、本節では、この情報が「断言(assertion)」ではなく「前提(presupposition)」であることを示す。ここで言う前提は「発話時において聞き手と既に共有されている、または、聞き手と共有されていなくても、聞き手が受け入れるであろうと話し手が想定している情報」を指す[7]。

「後ろの VP が〔話者領域【場】〕において誰かがやるべき行為である」という情報が前提であることの一つ目の証拠は、(17a)のような否定文において「後ろの VP が〔話者領域【場】〕において誰かがやるべき行為である」という情報は否定されないということである。つまり、(17a)では「自分が支払うこと」の実現は"不用(不要である)"と述べているが、「〔話者領域【場】〕において誰かが支払うべきである」ということについては不要であるとは言っていない。これは(17b)と(17c)の対比から明らかである。"来 f1"を含まなければ(17b)のように「誰も支払う必要がない」という文を後続させることができるが、"来 f1"を入れた(17c)は不適格である。

(17) a. 不用　我　来 f1　付　钱。
　　　　 不要　1SG　LAI　払う　金
　　　　 (私が支払う必要はない。)

　　 b. 不用我付钱，也不用任何人付钱。
　　　　 (私が支払う必要はないし、誰も支払う必要がない。)

　　 c. *不用我来 f1 付钱，也不用任何人付钱。
　　　　 (私が支払う必要はないし、誰も支払う必要がない。)

---

[7] このような前提は一般的に語用論的前提(pragmatic presupposition)と呼ばれる。

128 ｜ 相原まり子

　また，もう一つの証拠として「本当？」という問いかけを使ったテスト
が挙げられる。「本当？」と尋ねる場合，その疑問は断言内容に対するもの
であり，前提内容についての疑問ではないが，"来 f1"の表す「後ろの VP
は〔話者領域【場】〕において誰かがやるべき行為である」という情報は「本
当？」の問いかけ対象にはならない。(18)の B の発話「本当？」は「私が
支払う」ということに対しての問いかけであり，「誰かが支払うべきである」
ということについての問いかけではない。

(18)　A：我来 f1 付钱。（私が払うよ。）
　　　 B：真的吗？（本当？）

3.4　主語の脱主題化

　本節では，"来 f1"には主語である NPa を脱主題化する機能もあることを
示す。中国語では，主語が主題で，かつ，文脈上明らかである場合は，主語
が省略されることもある。しかし，"来 f1"が入るとそれができなくなる。
たとえば，(19)の下線部では主語の"我"はあってもなくてもよいが，"来
f1"を入れた(20)の下線部から主語を削除することはできない。

(19)　小李：我们每个人做一道菜吧！ 老张，你做什么菜?
　　　（李さん：私たちは一人一品作ろう。張さん，あなた何作る？）
　　　老张：我　　做　　西红柿鸡蛋　　吧。
　　　　　　1SG　作る　トマト卵炒め　　SFP
　　　（張さん：<u>私は</u>トマト卵炒めを作るよ。）
(20)　小李：我们每个人做一道菜吧！ 老张，你做什么菜?
　　　老张：<u>我来 f1 做西红柿鸡蛋吧</u>。
　　　（張さん：<u>私が</u>トマト炒めを作ってあげるよ。）

このような現象は，"来 f1"の前の NPa は主題にはなれず，必ず焦点[8]または
その一部であることを示している。主語が主題である文は，まず主語に注目

---

[8]　ここで言う「焦点」は Lambrecht(1994)による定義の「焦点」であり，断言される情
報のうちの前提とされていない要素である。Lambrecht(1994)の情報構造理論では，主題で
ない主語は焦点内の要素である。

し，その主語が何をするのか，どのようであるか，ということを伝える文であるのに対し，"来 f1"の文は，〔話者領域【場】〕に注目し，そこに VP の表す行為の必要性が存在するということを前提として，NPa によってその行為を実現させようとすることを伝える文である。つまり，"来 f1"の文では，NPaの指示対象は説明が加えられる対象ではなく，必要な行為を「どうやって実現させるか」という情報を担っており，常に焦点内の要素になっているのである[9]。Lambrecht(1994: 136)は「通言語的に，主語が主題でなく述語が解説でないという形態統語的，韻律的，意味的な手がかりがその文に無い限り，主語は主題と解釈され，述語は解説と解釈される」と述べており，主語と述語の関係が「主題—解説」である文を無標の文と見なしている。この立場に立てば，"来 f1"には主語を脱主題化する機能があると言うことができる。

3.5 希求

　第 2 節で述べたように，先行研究において"来 f1"は話し手の意志表明や要求を表すと指摘されている（以下，意志表明と要求をまとめて「希求」と呼ぶ）。筆者も"来 f1"には希求の意味があるという見方に同意するが，中国語では"来 f1"を含まない一人称主語の文や二人称主語の文も希求に用いられ得るため[10]，以下では，まず"来 f1"を含む文による希求と"来 f1"を含まない文による希求の違いを確認する。

(21)　"你甭管，<u>我　来 f1 问　　　他</u>，时间的尽头是什么？"
　　　　　　　 <u>1SG　LAI　尋ねる 3SG</u>

　　　（お前はかまうな，<u>私が彼に尋ねるよ</u>，時間の終わりとは何ですか？）

　　　　　　　　　　　　　　　　　　　　　　　　　　　　（王朔『修改后发表』）

(22)　"你儿子犯了一个非常严重的错误。"教导主任严肃地说，那样子就像个

---

[9]　"来 f1"が喚起する前提は「〔話者領域【場】〕において誰かが VP の表す行為を行うことが必要とされている」という情報（情報 A と呼ぶ）であり，前の NPa のみが焦点である"来 f1"の文の前提は「誰かが，〔話者領域【場】〕において誰かが行うことが必要とされているVP の表す行為を実現させる」という情報（情報 B と呼ぶ）である。"来 f1"の文が用いられる時，常に情報 A は前提とされているが，情報 B は前提とされているとは限らないため，常に NPa だけが焦点になるわけではない。

[10]　但し，すべての一人称主語の文，二人称主語の文が，それぞれ意志表明，行為要求に使えるというわけではなく，意志表明，行為要求の解釈が成立しないものもある。

面对一桩骇人听闻的罪行的公诉人，毫不掩饰他作为一个正直的执法者的愤慨。"刘老师，<u>你　来 f1 讲　　事情 的　经过　吧</u>。"
　　　　　　　　　　　　　　2SG　LAI　話す　事　STP　経過　SFP
他转身对一个胸部肥大的女老师说。

（「あなたの息子はとても重大な過ちを犯したのです」と教務主任が厳粛に言った。その様子は，世間を驚かせるような犯罪行為に立ち向かう公訴人が，公正な法律執行人としての怒りを少しも隠さない，といった感じである。そして，彼は体の向きを変え，胸の大きな女教師に向かって「劉先生，<u>あなたから事の経過を話してください</u>」と言った。）

　　　　　　　　　　　　　　　　　　　　　　（王朔『我是你爸爸』）

（21）の下線部は，意志表明ではあるが，単純な意志表明とは異なり，話し手が「彼に尋ねる」という行為を「誰かがこの場面で行うべき行為である」と判断し，その上で，自分が担い手となってそれを実現させる意図を持っている，ということ表明している。（22）の下線部も行為要求ではあるが，話し手がこの場面に「誰かが事の経過を話す」ということが必要であると判断し，その上で，聞き手にその行為を実現してほしいと考えている，ということを伝達している。つまり，"来 f1"を入れることで「後ろの VP は〔話者領域【場】〕で誰かがやるべき行為だ」という話者の判断を表示した上で，その「誰かがやるべき行為」を自分がやろう，または，あなたがやってよ，と表明することになる。（21）（22）の下線部から"来 f1"を削除しても希求の解釈が成立するが，「後ろの VP は〔話者領域【場】〕で誰かがやるべき行為だ」という話者の判断は伝達されない。

　"来 f1"に希求義があることは"来 f1"が入ると既定の事実の叙述には使いにくくなるという事実から確認できる。たとえば，「今日私が食器洗いをする」ということがずっと前から決まっているという状況（皆が同意し，決定事項となっている状況）において，今日誰が食器洗いをすることになっているのかを知りたがっている人がいる場合，その人に対して（23a）のように言うのは自然である。しかし，"来 f1"を入れた（23b）は不自然である。これは，"来 f1"を入れると，その発話が意志を表明するものとなってしまい，すでに決定された事柄を伝えるのには不適切だからだと考えられる。

(23) 　［誰がするかは既に決まっている状況で］
　　　　a.　今天我洗碗。（今日は私が食器洗いをする。）
　　　　b.　?今天我来 f1 洗碗。

つまり，"来 f1"を含まない(23a)のような文は，希求だけでなく事実の叙述にも使えるが，"来 f1"を入れると希求の解釈に絞られることになる。その発話が意志表明になるか，行為要求になるかは，主語の人称によって決まるが，"来 f1"が入るとその節は話し手によって希求されている事態として解釈されるのである。

　　以上，[NPa+ 来 f1+VP]が主節の例を見てきたが，[NPa+ 来 f1+VP]が従属節の場合もその節は希求されている事態である。(24)のような文で"来 f1"が使えないことは"来 f1"の希求義から説明できる。

(24) 　?我　　认为　今天　他　　来 f1　洗　　碗。
　　　　1SG　思う　今日　3SG　LAI　洗う　食器
　　　（今日は彼が食器洗いをすると思う。）

(24)が不自然なのは，"认为"の補部は主節主語が希求している事態ではなく，主節主語の認識内容であるため，"来 f1"がもたらす希求の解釈と衝突してしまうからだと考えられる。(25)のように"来 f1"を削除した節は"认为"の補部になれる。

(25) 　我认为今天他洗碗。
　　　（今日は彼が食器洗いをすると思う。）

[NPa+ 来 f1+VP]が従属節の場合は，主節の場合と異なり，希求主体が話し手以外のこともあるが，その場合，話し手の視点は希求主体に置かれている。たとえば，(26)では希求主体は"他"であるが，話し手が主節主語である"他"の立場に立ってその視点から事態を表現していると考えられる。(26)の"他"のような話し手の視点が置かれている人物を「話し手に準じる人物」と呼べば，"来 f1"は，話し手または話し手に準じる人物による希求を表す，と言うことができる。

(26) 他　希望　你　来 f1　负责　　　这　个　项目。
　　　3SG　望む　2SG　LAI　責任を負う　これ　CL　プロジェクト
　　　（彼はあなたがこのプロジェクトの責任者になることを望んでいる。）

　なお，"来 f1"の前には三人称主語が来ることもあるが，[三人称主語 + 来 f1+VP]は，それだけで一つの文を構成することは難しく，(27)(28)のような従属節[11]もしくは(29)のような独立性の低い節になる[12]。これは，"来 f1"の有無にかかわらず，中国語では第三者の行為を希求する場合に非従属的な「三人称主語 +VP」という形式が使いにくいからだと考えられる。

(27)　让　　　他　　来 f1　做　饭。
　　　させる　3SG　LAI　作る　食事
　　　（彼に食事作りをさせよう。）
(28)　我希望他来 f1 做饭。
　　　（私は彼が食事を作ることを望む。）
(29)　我来 f1 打扫，你来 f1 洗碗，他来 f1 做饭。
　　　（私が掃除をし，あなたが食器洗いをし，彼に食事を作ってもらおう。）

　以上で見たように，"来 f1"は「誰かが VP の表す行為を行う必要がある」という話し手の判断だけではなく，その判断を前提とした「NPa による VP の実現」に対する話し手の希求的態度も表すものであり，二重に話し手の心的態度を表していると言うことができる。"来 f1"は，話し手の心的態度を表すという点では"要（しようと思う，しなければならない）"や"得（しなければならない）"などのモダリティ動詞と共通しているが，一般的なモダリティ動詞には"来 f1"のような二重性はない。

---

[11]　(27)のような使役文は Chomsky らの生成文法の枠組みを用いた分析ではコントロール構文と見なす立場が主流であり，この立場に従えば，(27)は[pro 让她 i[PROi 来 f1 洗碗]]のように分析でき，[PRO 来 f1 VP]が使役動詞"让"の補部になっていると捉えられる。

[12]　(29)の[三人称主語 + 来 f1+VP]は従属節ではないが，直前の"我来 f1 打扫，你来 f1 洗碗"という表現に支えられた独立性の低い節であり，単独で一つの文にはなれない。第三者にある行為を要求する発話においては，通常，その行為を表す VP は従属節または独立性の低い節に現れる。

3.6 心理的移動

　中国語母語話者への聞き取り調査では"来 f1"からは心理的な移動が感じられるという回答があり，また，2.2 節でも触れたように，盧濤 (2000) は"来 f1"には内向きの特性があると述べている（「内向き」というのは直示の中心 (deictic center) への向きを指していると思われる）。このような母語話者の語感や盧濤 (2000) の指摘に基づけば，"来 f1"は，直示移動動詞の"来"が持っていた物理的移動の意味は失っているものの，移動のイメージを「心理的移動」として受け継いでいるということができるだろう。つまり，"来 f1"は，行為を行う前の NPa を一旦〔話者領域【場】〕の外に位置づけ，NPa の心理的な移動を表していると考えられる（"来 f1"を用いる際の話し手の認識を図示すると，4.2 節の図 2 のようになる）。

　"来 f1"の前の NPa が一人称の意志表明文では，NPa の指示対象である話し手の積極的意志が含意されるが，これは，"来 f1"を入れることで，その発話で語られる事態の中の「私」が一旦〔話者領域【場】〕の外に位置づけられ，その上で，「「私」が〔話者領域【場】〕に向かっていき，〔話者領域【場】〕において必要な行為を実現させる」という表明を行うことになるからだと考えられる。つまり，"来 f1"によって，VP の表す行為は「誰かがやらねばならない行為」として「私」から一旦切り離されるため，「私」が自分からその行為へと向かっていく，飛び込んでいくというイメージが喚起され，それが積極性の含意を生むのだと考えられる。なお，話し手が，その発話で語られる事態の中の自分を一旦〔話者領域〕の外に位置づけるという点は，物理的移動を表す"来"を含む一人称主語の文と共通する。たとえば，話し手が発話時に自分が存在する場所に視点を置き，"明天我来 m1 做晩飯吧"という発話によって「明日私がここに夕飯を作りに来る」ということを伝える場合を考えてみよう。この場合，発話時の話し手は〔話者領域【場所】〕に存在するが，その発話で語られる事態（未来）の中の移動前の「私」は〔話者領域【場所】〕の外に位置づけられている。また，4.2 節で述べるように，物理的移動を表す"来"を含む一人称主語の文は，話し手が聞き手のいる場所に移動することを表明する時にも使われることがあるが（例 (31) 参照），その場合，聞き手のいる場所が〔話者領域【場所】〕であるため，やはり，移動前の「私」は〔話者領域【場所】〕の外に位置づけられている。

3.7 まとめ

第3節では"来 f1"の文法的意味を考察した。以上の考察をまとめると"来 f1"の意味は次のように記述できる。

"来 f1"は，後ろの VP が〔話者領域【場】〕において誰かが行う必要のある行為であるということを前提として表示し，主語である NPa を脱主題化する。さらに，NPa の指示対象が〔話者領域【場】〕に心理的に移動してその行為を実現させることを，話し手またはそれに準じる人物が希求していることを表す。

4. 文法化の経路の推定
4.1 推定方法

Heine, Claudi & Hünnemeyer (1991) は，アフリカの言語を考察対象として，共時的なバリエーションをもとに文法化の各段階を内的再構している。同書は，文法化に見られる連続的な意味変化が，文脈が誘発する再解釈によって進むものであると捉え，以下のような三つのステージを想定している (同書：70–72，各ステージの説明は筆者の要約)。

ステージ I：ある形式 F が特定の文脈 C で使われた時に，F の中心的な意味である A という意味に加えて，B という意味も持つようになる。これによって，A，B のどちらの意味とも解釈できる状況が生じ得る。

ステージ II：B の解釈とは適合するが，A の解釈とは相容れないような文脈で用いられるようになる。

ステージ III：B が慣習化される。

4.2 節では，以上のような見方を参考にし，共時的な分析によって"来 f1"の文法化の経路を推定する。

4.2 変化が起こった環境と文法化の道筋

[NPa+ 来 +VP] という形式に現れる"来"には物理的移動を表す"来"とも"来 f1"とも解釈できるものがある。このことから，"来 f1"は [NPa+ 来 +VP]

における物理的移動を表す"来"(＝"来 m1")から生まれたものだと考えられる。そこで，本節では"来 m1"から"来 f1"への変化が起こった環境および変化の道筋を推定する。

　文法化の道筋についての議論を進めるための準備として，最初に［NPa+ 来 m1+VP］の意味を確認しておこう。［NPa+ 来 m1+VP］は，通常「NPa の指示対象が VP の表す行為を行うことを目的として〔話者領域【場所】〕に物理的に移動する」という解釈になる。話し手の視点移動がなければ〔話者領域【場所】〕は「発話時点において話し手が存在する場所」であるが，それ以外のこともある。たとえば，(30) は視点移動が起こっていなければ話し手が発話時にいる場所への移動を表すが，発話者が自己領域と捉えている場所（話し手の家など）への移動や物語の中の話し手が視点を置いている場所への移動も表せる。

(30)　他　　　来 m1　吃　　　饭。
　　　3SG　　LAI　　食べる　食事
　　　（彼は食事をしに来る。）

次の (31) は，発話時に話し手が存在する場所への移動ではなく，聞き手のいる場所への移動を表している。(31) の"来"を"去"に替えることもできるが（"去"は話し手のいる場所から別の場所への移動を表す），"来"を使う場合には，話し手が聞き手の存在する場所である"机场"に視点を置き，そこを自分が存在する場所のように扱っていると見なせる。

(31)　你　在　机场　　等等　我，　我　　就　　　来 m1　接　　　你。
　　　2SG　で　飛行場　待つ　1SG　1SG　すぐ　LAI　迎える　2SG
　　　（あなたは空港で待ってて，私がすぐに迎えに行くから。）

以上，［NPa+ 来 m1+VP］の意味を簡単に確認したが，以下では，どのような環境で"来 m1"から"来 f1"が生まれたのかという問題を考察する。現代中国語において"来"が［NPa+ 来 +VP］という形式で用いられる際，①"来 m1"としか解釈できない，②"来 m1"とも"来 f1"とも解釈できる，③"来 f1"としか解釈できないという三つの場合がある。

① "来m1" としか解釈できない (= "来f1" の可能性なし)

"来f1" は，「NPa による VP の実現」に対する話し手または話し手に準じる人物の希求を表すため，希求の解釈が許されない節の "来" は "来f1" ではなく，"来m1" と認定できる。たとえば，(32)のような文の "来" は "来m1" の解釈しか許されない。

(32)　直到周末的早上，<u>服务员　来　　打扫　　　房间</u>。
　　　　　　　　　　　　　従業員　LAI　掃除する　部屋
　　　我问她，那个毛绒绒的毛巾可不可以换一条。
　　　（週末の朝になってやっと<u>従業員が部屋を掃除しに来た</u>ので，私は彼女に，あの毛羽立ったタオル，交換してくれますか？　と聞いた。）

（web/ 高港区人事人才网）

さらに，後ろに場所詞がある (33) や主語が現れていない (34) のような文の "来" も "来m1" としか解釈できない。

(33)　我　　来　　这里　做　　　饭。
　　　1SG　LAI　ここ　作る　　食事
　　　（私は食事を作りにここに来る。）
(34)　来　　做　　饭　　吧。
　　　LAI　作る　食事　SFP
　　　（食事を作りに来て。）

②どちらの "来" とも解釈できる

"来" を含む最小の節のうち，"来" の後ろに場所詞がなく，主語が明示された希求節[13] の "来" は "来m1" のこともあれば "来f1" のこともある。たとえば，(35) が意志表明と解釈できる場合，(36) が行為要求と解釈できる場合は，文中の "来" は "来m1" の可能性も "来f1" の可能性もある。

---

[13]　本章では，その節で表される事態の実現が，話し手または話し手に準じる人物（複文の主節主語など）から希求されていると解釈できる場合，その節を「希求節」と呼ぶ。

中国語における直示移動動詞の文法化 | 137

(35) 我　　来　　照顧　　　　孩子。
　　　1SG　LAI　面倒を見る　子供

（私が子供の面倒を見に来ます／私が子供の面倒を見ます。）

(36) 你　　来　　照顧　　　　孩子。
　　　2SG　LAI　面倒を見る　子供

（あなたが子供の面倒を見に来て／あなたが子供の面倒を見て。）

後ろに場所詞がなく，主語が明示された希求節の"来"がどちらの"来"なのかは文脈から判断しなければならないが，文脈があってもはっきりしない場合もある。たとえば，(37)の会話をしている夫婦が普段は別居しており，夫が妻の家に来ている時にこの会話がなされた場合，"来"は"来 f1"の可能性もあるが，"来 m1"の可能性も排除できない。

(37) 妻子：明天我要加班，晩一点回家。
　　　（妻：明日残業しなきゃいけないから，帰宅がちょっと遅くなる。）
　　　丈夫：<u>那，明天　我　来　做　飯　吧</u>。
　　　　　　　　明日　1SG　LAI　作る　食事　SFP
　　　（夫：じゃあ，<u>明日は私がご飯を作るよ（作りに来るよ）</u>。）

③ "来 f1"としか解釈できない場合

　後ろに場所詞がない，主語が明示されている，希求節であるという条件を満たし，かつ NPa が物理的な移動を行うと解釈すると会話が成立しなくなるような場合は"来 f1"であると認定できる。たとえば，先に挙げた (37) が一緒に暮らす夫婦の会話であり，自宅でこの会話をしている場合は，"来"が物理的な移動を表していると解釈すると不自然な会話になってしまうため"来 f1"であると見なせる。また，以下の (38) が会計する場所（レジ会計であればレジがある場所，テーブル会計であればテーブル）で交わされた会話であれば，"我"が物理的に移動して支払うという解釈は状況的に有り得ないため"来 f1"としか解釈できない。

(38) 你　　不用　付，今天　我　　来　　付　　錢。
　　　2SG　不要　払う　今日　1SG　LAI　払う　金

（払わなくていいよ，今日は私が払う。）

　以上の観察から，直後に場所詞が無い，主語が明示されている，希求節であるという条件が揃った［NPa+ 来 m1+VP］が特定の文脈で用いられることによって新解釈が生まれ，その後，③で見たような物理的移動の解釈ができない文脈でも用いられるようになったという変化のプロセスが想定できる。
　それでは，どのような文脈において意味変化が生じたのだろうか？ まず，次の (39) (40) が使われる文脈について考えてみよう。

(39)　你　　　来 m1　看　　电视。
　　　2SG　　LAI　　見る　テレビ
　　　（テレビを見に来な。）
(40)　你　　　来 m1　吃　　　晚饭。
　　　2SG　　LAI　　食べる　夕飯
　　　（夕飯を食べに来な。）

(39) (40) が聞き手への行為要求として用いられた場合，直後に場所詞が無い，主語が明示されている，希求節であるという条件を満たしている。しかし，このような発話が「誰かがテレビを見なければならない」「誰かが夕食を食べなくてはいけない」ということを前提として，聞き手にやりに来させようとしている文脈で用いられることは稀だと考えられる。なぜなら，"看电视（テレビを見る）"，"吃晚饭（夕飯を食べる）"はそれぞれが自分の利益のために行う行為であり，「誰かがテレビを見なければならない」「誰かが夕食を食べなくてはいけない」という状況は頻繁には起こり得ないからである。これに対して，"照顾孩子（子供の面倒を見る）"，"做饭（食事作りをする）"のような，共同体のメンバーに利益をもたらすタイプの行為を表す VP を含む［NPa+ 来 m1+VP］が希求として用いられる場合，通常，「誰かが当該行為をやらなくてはいけない」ということを前提としている。たとえば，次の(41)は，単に自分が子供の面倒を見たいと考えている時にも使えないわけではないが，「誰かが子供の面倒を見なければならない」と判断し，それを前提として，自分がやりに来よう，と申し出るような時に用いられるのがふつうである。(42)も，典型的には「誰かが子供の面倒を見なければならな

い」と考え，その判断を前提として，聞き手にやりに来させようとしている時に用いられる。

(41)　我　　来 m1　照顧　　　　孩子。
　　　1SG　LAI　面倒を見る　子供
　　　（私が子供の面倒を見に来ます／（聞き手のところに）行きます。）

(42)　你　　来 m1　照顧　　　　孩子。
　　　2SG　LAI　面倒を見る　子供
　　　（あなたが子供の面倒を見に来なさい。）

"来 m1"は，「話し手が視点を置く場所」への物理的移動を表すものであるため，話し手は，(41)(42)のような発話を行う場合，元々は，「場所」に注目し，その場所において誰かが子供の面倒を見る必要があると捉えていたはずであるが，話し手が「場所」よりも「場面・状況」を注視するような時にも (41)(42) が使われるようになり，それが意味変化の引き金になったのではないかと考えられる。「聞き手の家で急に子供の面倒を見る人がいなくなってしまった」という状況で(41)を発する場合を例に取ると，元々は，話し手が「聞き手の家」に注目し，その場所に「誰かが子供の面倒を見ることの必要性」が存在すると見なして(41)を用いていたのが，次第に，「聞き手の家で子供の面倒を見る人がいなくなってしまった」という状況に注目し，その状況に「誰かが子供の面倒を見るという必要性」が存在すると見なす場合にも(41)を使うようになり，意味変化が引き起こされた，というプロセスが想定できる。つまり，話し手が，自分自身が視点を置く「場面，状況」において誰かが VP の表す行為を行うべきだと捉え，それを前提として，NPa の指示対象をその場面・状況に投入して当該行為を実現させようとしている文脈（以下，文脈 P と呼ぶ）においても［NPa+ 来 +VP］という形式が使われるようになったことによって，従来の意味に加えて，文脈 P におけるそのような話し手の心的態度も，推論を通してこの形式に結びつくようになったと推定できる。文脈 P では，話し手は「場所」ではなく「状況」に注目しているため，「NPa が話し手の視点が置かれる場面，状況に心理的に移動する」という認識が生じる。また，文脈 P では，誰に当該行為をやらせるか，という情報を伝えることが重要であるため，NPa が省略される

ことはなく，話し手は「場所」には注目していないため，"来"の後ろに場所詞が生起する文は使われないと考えられる。文法化前の[NPa+ 来 m1+VP]に結びつく解釈と文脈Pで誘発される[NPa+ 来 +VP]に対する新解釈は，図示すると，それぞれ図1，図2のようになる。楕円は〔話者領域〕を表す。

図1　文法化前の解釈

図2　文脈Pにおいて引き起こされる新解釈

　文脈Pにおいて図2のような認識で[NPa+ 来 +VP]が用いられることによって，物理的移動の解釈が不可能な文脈でも[NPa+ 来 +VP]が用いられるようになり，新解釈が慣習化したと推定できる。

5. おわりに

　本章では，"来 f1"には「〔話者領域【場】〕において誰かが後ろのVPの表す行為を行う必要がある」という情報を前提として表示し，主語であるNPaを脱主題化する機能があること，「NPaの指示対象が〔話者領域【場】〕に心理的に移動してその行為を実現させることを話し手または話し手に準じる人物が希求している」という意味を表す機能があることを論証した。さらに，共時的な考察を通して，"来 m1"から"来 f1"への文法化の道筋を推定し，次のような仮説を立てた。[NPa+ 来 +VP]という形式には元々「NPaの指示対象がVPの表す行為を行うことを目的として〔話者領域【場所】〕へ物理的に移動する」という解釈が結びついていたが，話し手が〔話者領域【場】〕において

誰かが VP の表す行為を行うことが必要であると判断し，NPa の指示対象を〔話者領域【場】〕に投入してその行為を実現させようとしている文脈（＝文脈P）においても［NPa+ 来 +VP］が用いられるようになった。それによって，従来の解釈に加え，文脈 P でのそのような話し手の心的態度もこの形式と結びつき，その後，物理的移動の解釈ができない文脈でも用いられるようになり，新解釈が慣習化した。

付記

本章は，相原（2010）および博士論文（相原 2016）の第 2 章の一部に加筆，修正を加えたものである。

略語一覧

PL：複数　SG：単数　CL：類別詞（量詞）　SFP：文末助詞　STP：構造助詞
LAI：物理的移動を表す"来"および文法化した"来"

参照文献

相原まり子（2005）「中国語のフォーカス標示手段："来"を中心に」『中国語学』252: 111–126.

相原真莉子［相原まり子］（2010）「失去位移义"来"的核心功能」『世界汉语教学』1: 37–45.

相原まり子（2016）「中国語の直示移動動詞の研究：文法化した"来"，"去"の意味と統語的特徴」博士論文，東京大学.

相原まり子（2017）「動詞句・前置詞句の後ろに現れる"来"と"去"」『中日言語研究論叢：楊凱栄教授還暦記念論文集』437–456. 朝日出版社.

池田晋（2005）「"来"の代動詞的用法とダイクシス」『中国語学』252: 144–163.

郭維茹（2005）『指示趨向詞"來"，"去"之句法功能及歷時演變』國立臺灣大學中國文學研究所博士論文.

辛承姫（1998）「连动结构中的"来"」『语言研究』2: 53–58.

梁銀峰（2007）『汉语趋向动词的语法化』上海：学林出版社.

鲁晓琨（2006）「焦点标记"来"」『世界汉语教学』2, 20–30.

吕叔湘（1980）『现代汉语八百词』商务印书馆.

盧濤（2000）『中国語における「空間動詞」の文法化研究：日本語と英語との関連で』白帝社.

Heine, Bernd, Ulrike Claudi, and Friederike Hünnemeyer（1991）*Grammaticalization: A conceptual framework*. University of Chicago Press.

Lambrecht, Knud（1994）*Information structure and sentence form: Topic, focus, and the mental representations of discourse referents*. Cambridge University Press.

第 3 部

語用論と認知言語学の接点

第 1 章

認知言語学と関連性理論

西山佑司

キーワード：認知言語学，関連性理論，生成文法理論，意味論，表意

1. はじめに

本章では認知言語学（Cognitive Linguistics: 以下 CL と略記）と語用論との関係を，関連性理論（Relevance Theory: 以下 RT と略記）の観点から論じる。この議論を通して，CL に内在する理論的な問題点を指摘する。

2. 認知言語学と関連性理論の親和性

CL が生成文法理論（Theory of Generative Grammar: 以下 GG と略記）に対するアンチテーゼとして生まれたことはよく知られている。しかし，CL は語用論，とりわけ RT に対しては，GG に対するような徹底的な批判をあまりしていない。むしろ，CL は RT に対してはしばしば好意的ですらある。たとえば，認知言語学者，池上嘉彦氏は次のように述べる。

話者は自らの発話の時点において，自分の発話の意図からして自らにとって〈関連性〉（relevance）——一応術語のつもりであるが，日常的な意味合いで受けとめていただいても十分であるし，もし〈語用論〉（pragmatics）をいくらか勉強したことがあるならば，そこでの使い方を読み込んでいただければ，なおさらよい——のある内容だけを言語化すれば，それで十分なのである。このことは言いかえれば，話者は言語化の対象とする事態に含まれる内容の中で，発話する自らにとって〈関連性〉のあるものとないものとをまず仕分けるという認知的な営みをしなくてはならないということである。　　　　　　　　　　　　　　　（池上 2011: 23）

ここで池上氏が，RT における「関連性」を念頭においていることは明らかである。Evans and Green（2006）も次のように述べる。

> Despite its generative orientation, in its emphasis on linguistic communication within the context of general cognition, Relevance Theory is consonant with cognitive semantics in a number of respects.　　（Evans and Green 2006: 459）

もっとも，中村（2002），小山（2016）のように，CL の立場から RT を批判する議論もないわけではないが，一般に CL は，GG との関係に比べれば，RT との相性ははるかに良いと思われている。また，RT は「認知語用論」（cognitive pragmatics）という名前を冠しているが，小山・甲田・山本（2016: v）のように，「認知言語学を中心とした認知研究の知見を基盤として言語運用メカニズムを探求する」分野を「認知語用論」と称しているものもある。実際，その分野での研究として，甲田（2016: 47）は，CL からの談話分析に，RT における「関連性の基準」を取り入れようと試みている。そこから，RT（の一部）は CL に吸収されるのではないかと考える向きもあるかもしれない。しかし「CL は RT と親和性が高い」とか「RT は CL に吸収されうる」というのは錯覚である。CL は RT のような語用論とは基本的に相容れない立場なのである。以下，そのことを論じる。

3.　言語研究に関する合理論と経験論

まず，言語研究に対するアプローチが根本的に異なる GG と CL について，その基本的な立場を今いちど簡単に整理しておこう。

3.1　生成文法理論（GG）

言語研究に対する GG の基本的立場は以下の通りである。

（1）a.　言語機能（faculty of language）は人間の心的器官（mental organ）のなかで自律したまとまりをなしている。

　　　b.　ヒトという種に備わっている生得的な言語機能についての理論を「普遍文法」（UG）と呼ぶ。個々の人間において，生得的な言語機能（初期状態）は言語環境のなかで徐々に変化し，生後数年で安定状

態に達する。この安定状態に達した心的器官を「I-言語」と呼び，I-言語についての理論を「個別文法」と呼ぶ。I-言語を用いて産出された文の集合や発話などは（心の外に存在する「外化された言語」という意味で）「E-言語」と呼ぶ。

c. 言語についての科学的探求はE-言語ではなく，I-言語を対象にすべきである。また，それは科学である以上，事実の単なる記述ではなく，あくまで反証可能性の高い説明を提供するもの，つまり，「なぜしかじかであるか」という問いに対して，原理に裏付けられた形で明示的に答えようとする営為である。

d. I-言語は心的器官という自然的対象であり，したがって，その中身は自然科学と同じ方法論で解明できる。（方法論的自然主義）

e. 研究対象である言語に関わる心的器官を，それ以上分解できない全体として丸ごと捉えようとするのではなく，徹底的にモジュール（module）に分解した上で，それらモジュール相互の関係を明確に述べようとする。

f. I-言語（従来，「言語能力」「言語知識」と呼ばれてきたもの）は，それを行使する能力（言語運用能力）から独立している。ただし，このことは我々の言語運用に関するデータが，言語能力に関する多くの証拠を提供してくれるという事実と矛盾するものではない。

g. 「世界と接する時間が短く，限定的である子どもが，いかにしてかくも豊かな言語知識を獲得できるのか」というプラトンの問題に対して，言語に特化した生得的な心的構造（普遍文法）を措定することで解決しようとする。

h. 言語の基本的構成原理：I-言語は，ひとつの単純な計算システムであり，階層構造を有する表現の無限の配列（統語体）を生成する。その統語体が決まった手続きにより，感覚・運動インターフェイス（sensory-motor interface）と，概念・志向インターフェイス（conceptual-intentional interface）に転送される。

i. 言語がコミュニケーションの道具として機能することは言語の本質ではない。I-言語自体はコミュニケーションから独立である。

（1g）から明らかなように，GGは基本的に合理論哲学（rationalism）を背

景にもつ。それは，人間の心は汎用的学習装置 (general-purpose learning device) にすぎず，子どもは主として環境を通して大人の心へと形づけられていくとする経験論哲学 (empiricism) の見解に対立する。(いうまでもないが，経験論哲学と経験科学とは別である。合理論哲学を背景にもつ GG は，もちろん経験科学である。)

3.2　認知言語学 (CL)

言語研究に対する CL の基本的立場は，これを (2)–(6) のようにまとめることができる。

(2) a. 言語知識と他の心の働きは不可分である。したがって，言語研究は人間の認知全般との関連において行われなければならない。

　　b. 「統語論は意味論の影響を受けずに独自に構築されている」とする統語論の自律性 (autonomy of syntax) を認めない。

　　c. 辞書的な意味を百科事典的知識から切り離すことはできない。

　　d. 意味論と語用論は連続しており，それらの間に厳密な境界線を引くことはできない。

(3) a. 辞書のみならず，文法を構成するあらゆる要素が意味と形式の組み合わせからなる。

　　b. 辞書と文法は連続している。

(4) a. 用法基盤モデル (usage-based model)：言語知識の単位は具体的な使用における経験から生じるものであり，文法とは (辞書と同じく) 慣習化した言語単位が構造をなして集まったものである。その意味で，言語能力は言語運用能力と連続している。

　　b. 言語に特化した生得的な心的構造 (普遍文法) の存在に懐疑的である。

(5)　CL の意味論は，客観主義意味論 (真理条件的意味論) ではなく，認知主体による世界事態の捉え方 (construal) の意味論である。

(6)　言語がコミュニケーションの道具として機能するということは言語の本質である。

3.3 認知言語学の生成文法理論批判はどこまで正当化できるか

3.2 節で整理した CL の要点はそのまま，CL による GG に対する批判につながる。ここでその詳細について論じる余裕はなく，次の点を注意するに留める。まず，(2a) は CL が，GG のように言語に関わる人間の心の働きをモジュールとみなし，どこまでも副人間的（sub-personal）レベルでの説明を追求しようとするアプローチに反対し，非モジュール説の立場で，全人間的（personal）レベルでの説明を求めようとしていることを示している。(2d) については後で詳しく論じる。(3) は，記号体系の一環としての文法を強調するところから得られる見解である。(4) は，Evans (2014) などで論じられているもので，GG によって生得的な言語知識の観点から説明がなされてきた言語獲得現象を，一般的な認知能力の発現やそこからの類推および慣習化によって捉えようとするものである。このような見解は，CL が基本的に，経験論哲学を背景にもっていることを示している。しかし，「人間言語の規則は構造依存という特性をもち，線的距離や数の特性を有さない」といった（GG で主張されている）原理が一般的な認知能力の発現やそこからの類推によって説明できるであろうか。例えば，否定文をつくるために否定辞を二番目の語の後に置くという単純な規則は，一般的な認知能力の発現という観点からすれば十分ありそうであるが，そのような数の特性に基づいた規則はいかなる自然言語にも存在しないが，この事実を用法基盤モデルでいかに説明するかは問題であろう。(5) の背後には，生成文法の意味論観に対する批判がある。実際，西村義樹氏は次のように述べる。

> まず生成文法が「意味」をどう捉えているかから，押さえていきましょうか。しばしば使われる言い方に従って，「客観主義の意味論」と呼ぶことにします。それはひとことで言ってしまえば，「言語表現の意味はその言語表現が指し示す対象である」というものです。ここで言語表現というのは語でも文でもいいんですが，文の場合だと，文が指し示している対象とは事態ということになります。　　　　　（西村・野矢 2013: 44）

このように，CL において，真理条件的意味論を生成文法の意味論に帰す見解は珍しくないが，これは誤解である。Chomsky が以下で示唆しているように，真理条件的意味論からもっとも遠い距離を置いているのが GG なので

ある。

> 言語使用に関する我々の理解が正しい限りにおいて，指示を基礎とした
> 意味論が成立するとの議論は弱いように思われる （Chomsky 2000: 132）

Chomsky の考えでは，世界の対象を指示するのはあくまで語を使用する人
間であり，語自体はそもそも指示しないし，文は真理条件を有さない。した
がって，語が何を指示するかについての問題や文の真理条件についての問
題は，そもそも言語学の領域外であるとされる。ここで次の二つの種類の
意味論を峻別することが重要である。[cf. Chomsky（2000: 33–39），Smith and
Allott（2016: 242–247）]

（7）a.　内在主義的意味論（internalist semantics）：世界や世界に関する知識・
　　　　　信念とは独立の，言語表現自体の意味を扱う。
　　 b.　外在主義的意味論（externalist semantics）：言葉と世界との間の緊張
　　　　　関係を扱う。

　（7a）は言語表現自体の意味，より正確には，言語的にコード化されたと
ころの意味（linguistically encoded meaning）を扱う言語学的意味論である。
それは文に内在する文法構造の一部である意味を扱い，そのかぎりで人間の
心のなかの仕組みを解明することを目的とするものであって，世界における
指示対象や事態を扱うのでもなければ，言語表現と世界との緊張関係を扱う
ものでもない。文の曖昧性，意味論的含意（entailment），分析性などの意味
論的特性をはじめ，名詞句の飽和性・非飽和性，さらには変項名詞句や叙述
名詞句などの文中の意味機能が規定されるのはこのような，世界から独立
しているレベルなのである。Chomsky（2012: 28）の言い方を借りれば，それ
は，「仮に世界が存在しなくても成り立つ話であり，脳を水槽に突っ込むな
りしても構わない」のである。つまり，言語学的意味論は頭の外にあるモ
ノに訴える必要はないのである。GG の枠組みにおける言語学的意味論は，
Katz and Fodor（1963），Katz（1972）などの初期のモデルから，Jackendoff
（1972）の解釈意味論を経て，Chomsky（2000: 38–9）に至るまで，多様なモ
デルが登場した。それらの間にはいくつか対立面もあるが，いずれも（7a）

の内在主義的意味論にコミットしているという点では共通していることに注意しよう。

一方，(7b)は，言葉と言語外世界との間の関係を扱う意味論であり，典型的には，語の指示対象や文の真理条件を問題にする哲学的意味論がこれにあたる。論理・哲学者 D. Lewis (1970: 18) は「真理条件を扱わない意味論は意味論とはいえない」と述べた。そこから，(7b) は 'Real Semantics' とも呼ばれる。もし「意味論」という術語で，Real Semantics を指すのであれば，「自然言語には統語論と語用論だけが存在し[意味論は存在しない]こともありうるだろう」とする Chomsky (2000: 132) の言明も驚くに値しない。CL の意味論は (7a) と (7b) のいずれであろうか，あるいはいずれでもないのであろうか。これについては 6.2 節で論じる。

4. 関連性理論 (RT)
4.1 関連性理論の位置づけ

以上のような GG と CL の立場の対立点を踏まえて，言語理論全体における RT の位置づけを考えてみよう。RT の要点は以下のようにまとめることができる。

(8) a. RT は，人間の心のなかに I- 言語とは別のモジュールとして，意図明示–推論コミュニケーション (ostensive-inferential communication) に特化して働く認知メカニズムが存在することを仮定し，その中身を科学的に探求する。この認知メカニズムは「他人の心を読む能力」(theory of mind) の下位モジュールである。これを，副人間的 (sub-personal) システムの相互作用の観点から説明しようとする。

b. RT は，言語機能の理論としての GG を前提とする。

c. RT は，言語的にコード化された意味 (linguistically encoded meaning) に対して発話解釈メカニズムが働くと仮定する。

d. RT による発話解釈メカニズムは，言語記号の解読 (decoding phase) と語用論的推論システム (inferential phase) の両方からなる。

e. RT は，語用論的推論システムを背後で支えているものとして，人間の心のなかに「関連性の原理」の存在を仮定する。

f. RT は，言語表現の意味と発話の意味を峻別する。言語表現の意味

は言語的にコード化されたものであるが，それはさらに概念的意味（conceptual meaning）と手続き的意味（procedural meaning）とに区分される。文が有する概念的意味は論理形式（logical form）で表示される。手続き的意味は，発話解釈にかかわる語用論的推論過程に制約を与える。一方，発話の意味は，発話にたいする語用論的解釈の結果を言い，表意（explicature）と推意（implicature）に二分される。

g. RT は，言語機能および関連性の原理の生得性を認める。

h. RT は，言語の本質的機能をコミュニケーションとはみなさない。

このように，RT は，言語に関わる人間の心的器官をモジュールとみなし，全人間的レベルでの説明を排し，どこまでも副人間的レベルでの科学的説明を追求しようとしているという点で GG と根本的な研究目標および態度を共有している [cf. Blakemore (2002: 69)]。つまり，認知メカニズムについての GG のモジュール観を根本的に否定している CL が，RT における基礎概念である「関連性」を CL の枠内で活用する議論は本来，展開できないはずである。なお，(8c) について注意すべきは，RT は GG における意味論，すなわち，(7a) の内在主義的意味論を前提としているのであって，言葉と世界との間の関係を扱う真理条件的意味論を前提としていないという点である。むしろ，真理条件を決めるためには，コンテクストや話し手の意図などを考慮した語用論が不可欠であり，したがって，「真理条件的語用論」は成立しても「真理条件的意味論」は成立しないという立場をとっている。[cf. Wilson and Sperber (2002), Carston (2002: 50–56, 58–59)]

なお，(8h) について言えば，コミュニケーションについての理論である RT は，以下のように，言語の本質的機能をコミュニケーションの道具とみなしていないのであり，その点で GG と同じ立場にたつことに注意すべきである。

重要な点は，まさに，文法に支配された表示体系であるという［言語本来の］特質と，コミュニケーションのために使用されるという特質との間に体系的なつながりはないということである。言語とコミュニケーションはたまたま人間の自然言語という特異な事例のなかで一緒になっているのであって，それは，嗅覚器官であるという特質と物を捕捉する

という特質は，性質上なんのつながりがないにもかかわらず，たまたま象の鼻という特異な事例のなかで一緒になっているのと同じである。

(Sperber and Wilson 1986/1995: 173)

もっとも，Scott-Phillips (2015: 127) は，「進化の過程でまず，ヒト特有の意図明示 - 推論コミュニケーション (ostensive-inferential communication) の能力が存在し，それを効率化すべく，ヒトに言語が誕生した」という推測をしている。しかし，言語の諸規則がなぜ構造依存的なのかという問いに対して，「それは意図明示 - 推論コミュニケーションの効率化のためである」という答えは説得的ではない。コミュニケーションの効率化という要因は，I- 言語の基本的構成原理において考慮されていないからである。

4.2 意味論的決定不十分性 (semantic underdeterminacy)

RT は，(8f) で示したように，文の意味と発話の意味を明確に区別する。つまり，言語的にコード化された意味と，伝達されたメッセージとの間にギャップがあるという事実に注目する。そこから，RT は課題 (9) に取り組む。

(9) 発話として用いられた文の意味はきわめて不完全で断片的であるにもかかわらず，なぜ聞き手は話し手の意図した豊かな意味を瞬時に把握できるのであろうか。

(9) は，GG における「プラトンの問題」と並ぶ言語学上のもっとも重要な課題である。このことを明示的に述べたものが (10) のテーゼである。

(10) 意味論的決定不十分性のテーゼ
発話で用いられた文の意味論的表示 (論理形式) は，不完全なものであり，発話者の思考を断片的に表示するものにすぎない。言いかえれば，言語的にコード化された文の意味は表意を十分決定するものではない。

(Carston 2002: 19)

これは，別の言い方をすれば，人は，文を発話することで，その文がコード化している情報よりもはるかに多くの思考を伝達することができるという

ことである。具体例で考えよう。今，太郎と花子の間で，かれらが計画しているホームパーティーに友人の山田正夫を呼ぶべきかどうかが話題になっているとしよう。そのコンテクストで，太郎が花子に(11)を発話したとする。

(11) 正夫はネクタイがしゃれている。

　聞き手の花子は，まず，(11)という表現形式を入力とし，それに対して言語的にコード化された意味表示(12)を出力としてあてがう。

(12) 《正夫$_i$は，x_iと関係 R を有するネクタイがしゃれている》

　(12)は(11)という文の「論理形式」である。この際，花子は自分の日本語の言語能力を駆使していることはいうまでもない。しかし，その出力である(12)では，そこに登場する「正夫」の指示対象は固定されていないし，R という自由変項を含んだままであり，およそ真偽が言えるような完全命題(full proposition)をなしているとはいえない。花子は次の段階で，コンテクストを参照しながら，論理形式(12)の中身を膨らませていき，太郎が伝達しようと意図した内容を推論する。この際，花子が頭のなかで働かせている能力は言語能力とはまったく別のモジュール(語用論的推論能力)である。その結果，花子は，「正夫」の指示対象を山田正夫と同定し，変項 R の値も定め，(13a)のような表意を得るであろう。もちろん，コンテクスト次第では(13b)や(13c)のような別の表意が得られるかもしれない。

(13) a. 《山田正夫はしめているネクタイがしゃれている》
　　 b. 《鈴木正夫はデザインしたネクタイがしゃれている》
　　 c. 《佐藤正夫は盗んだネクタイがしゃれている》

　この表意の段階ではじめて真偽が問えるような完全命題が構築できる。この表意を世界の事態とつき合わせるのは Real Semantics の仕事である。花子は表意(13a)をさらに膨らませて(14)のような高次表意をも得るであろう。

(14) 《太郎は山田正夫がしめているネクタイがしゃれていると思っている》

さらに花子は表意（13a）と他のコンテクスト情報から，別の命題（15）を，太郎が伝達しようと意図した内容（推意）として推論する可能性が高い。

（15）《山田正夫を今度のパーティーに招待しよう》

　もし太郎の発話（11）が（15）を伝達していないのであれば，太郎の発話は花子にとって関連性のないものとなってしまうであろう。このように，語用論操作の背後ではつねに「関連性の原理」が働いているのである。
　文（11）の発話の推意（15）が，文の意味（12）と異なることは誰の目にも明らかである。しかし注意すべきは，表意（13a）や（14）も文の意味（12）と異なるという点である。とくに，表意（13a）は文の意味（12）と混同されやすいだけに注意を要する。実際，Grice 以来の多くの語用論学者は，語用論的現象をもっぱら推意のレベルだけで捉えようとしてきた。Grice の専門術語 what is said（言われている内容）は，RT の表意に（厳密には同じではないものの）かなり近い概念である。ところが，what is said の計算には Grice の格率（maxim）は適用外であった。ということは太郎の発話（11）の表意（13a）の同定に，Grice の語用論はまったく働かないことを意味する。これは，Grice の枠組みの重大な欠陥である。
　以上の RT の枠組みを比喩的に述べればこうなる。RT は，発話解釈の段階を，いわば 2 階建ての家として考えている。1 階は論理形式が表示されているレベルであり，2 階は表意が表示されているレベルである。ところが 2 階には，さらに屋根裏部屋があり，屋根裏部屋では推意が表示されているわけである。人間は誰も意識はしないが，1 階をコントロールしている認知システムは文法のなかの言語的意味論であり，（屋根裏部屋をも含めて）2 階をコントロールしている認知システムは関連性の原理に基づく語用論的推論である。論理形式を基礎に表意を計算する語用論操作，つまり，1 階から 2 階へ上がる階段は単一ではなく，次の 4 つの異なるタイプのものがあるとされている。

（16）a.　曖昧性除去（disambiguation）
　　　b.　飽和化（saturation）［名詞句の指示対象同定はこのケースである］
　　　c.　アドホック概念構築（ad hoc concept construction）
　　　d.　自由拡充（free enrichment）

これらの4つの階段は互いにどのような関係を有しているか，階段の使用に優先順位があるか否か，階段のタイプによっては階段の設置可能な1階の場所に対して強い制約があるかどうか，などは語用理論上の重要な課題である。これらについての研究が進めば，人間が言葉をいかに解釈しているかについての心的メカニズムの解明につながるであろう。

5. 論理形式と表意の区別
5.1 「論理形式と表意の区別」に対する CL の見解

以上の RT の語用論の基本的な考えを踏まえて，これを CL の考えと比較してみよう。前節で述べたように，RT は，「言語的にコード化された意味」と「伝達された意味」との間に大きなギャップがあるにもかかわらず，聞き手はこのギャップを瞬時に埋めているという事実に注目し，人間はいかにしてそのギャップを埋めることが可能であるかという問題を徹底的に追求し，そのことを通して人間の心を科学的に解明していこうという立場にたつ。

では，CL の場合はどうであろうか。CL には，以下の下線部が示すように「発話の状況から独立した，言語表現自体の意味など存在しない」という強い信念がある。

> 認知言語学者はコンテクスト（発話の状況）から独立した意味を扱う意味論とコンテクストに依存する意味を扱う語用論との間に厳密な境界線を引くことは不可能であると考えています。そもそもコンテクストから完全に独立した意味などないからです。
>
> （西村・野矢 2013：85。下線は引用者による。）

この見解は，発話の意味から完全に独立した文の意味の存在を認めないという見解につながる。つまり，CL では，発話の意味と文の意味の間にギャップがあるという認識がなく，人間がそのギャップをいかにして埋めるかという問題意識が希薄であるのも当然である。

もっとも，CL の立場からは次のような反論がなされるかもしれない。上の引用の前半部が示すように，CL は「意味論と語用論との間に厳密な境界線を引けない」とは主張しているが，「意味論と語用論は区別できない」とまでは主張していない。つまり，明らかに意味論と呼べる領域もあるし，

明らかに語用論と呼べる領域もあるのだが，両者は連続しているのだ。それはちょうど明らかに赤と呼べる領域もあれば明らかに青と呼べる領域もあるが，その境界は青と緑の連続体のように連続しているのである。(cf. Langacker 2008: 40)。同様に，「文の意味と発話の意味は厳密な境界線を引けない」とは主張しているが，「区別できない」とまでは主張していない。CL は，文の意味と発話の意味は連続しているということを主張しているのだ――と。

　このような反論にはいくつかの問題がある。第一に，CL において，明らかに意味論と呼べる領域も明らかに語用論と呼べる領域も存在するというのであれば，それぞれの領域についての理論，つまり意味理論，語用理論が CL の枠内で存在しているはずである。しかしそのような意味理論，語用理論の中身はもちろん，両者の関係も明確ではない。例えば，CL が想定している語用理論はグライスの理論，あるいは新グライス派の理論なのだろうか，それとも RT なのだろうか。あるいはそのいずれでもなく，CL 独自の語用理論なのだろうか。意味理論についても同様の疑問が残る。

　第二に，「意味論と語用論は区別するけれども，その境界が曖昧だ」という言い方は誤解を招きやすい。もしこれが，「意味論と語用論は区別するけれども，ある具体的現象について，それが意味論で処理されるべき現象か，それとも語用論で処理されるべき現象かはっきりしないケースがある」という意味であれば驚くことではない。このようなことは，GG や RT のように，意味論と語用論をモジュールとして峻別する立場においてもしばしば生じることだからである。しかし「意味論と語用論は区別するけれども，その境界が曖昧だ」でもって，「意味論という心的システムと，語用論という心的システムとの境界がはっきりしない」と読むのであれば，「意味論と語用論という二つのシステムは厳密には区別はできない」と言っていることにほかならず，「意味論と語用論は区別する」とする CL の主張と矛盾する。

　第三に，「意味論と語用論は gradation を形成するのであり，文の意味と発話の意味も青と緑の連続体のように連続している」という言い方も誤解を招きやすい。この点を明確にするために 4.2 節で見た具体例 (11) をもう一度考えてみよう。

(11)　正夫はネクタイがしゃれている。

(12) 《正夫$_i$は，x$_i$と関係 R を有するネクタイがしゃれている》
(13) a. 《山田正夫はしめているネクタイがしゃれている》
     b. 《鈴木正夫はデザインしたネクタイがしゃれている》
     c. 《佐藤正夫は盗んだネクタイがしゃれている》

　4.2 節で説明したように，RT の立場でいえば文 (11) の言語的意味は (12)
であり，発話の意味 (表意) はコンテクスト次第で (13a) (13b) (13c) など
多様である。あるコンテクストで (11) の発話の意味 (表意) が (13a) (13b)
(13c) のいずれであったとしても，文 (11) の言語的意味が (12) であるとい
う点はつねに保持されていることに注意しよう。したがって，文 (11) につ
いて，コンテクストによっては，その文の意味である (12) が，発話の意味
(表意) である (13a) (13b) (13c) などのいずれかに次第に近づくとか，文の
意味と発話の意味 (表意) との境界がはっきりしなくなるということはあり
えない話である。つまり，「青と緑が連続しているごとく，文の意味と発話
の意味 (表意) が連続している」というアナロジーは当てはまらないのであ
る。一見，色とのアナロジーが当てはまるように思われるのは，ある発話に
対する解釈が，文自体の意味なのか，それとも表意なのかはっきりしない
ケースであろう。しかし，そのようなケースは，文の意味と発話の意味 (表
意) を峻別する立場であってもしばしば起こりうることであり，その種の
ケースが存在するということは「文の意味と発話の意味 (表意) が連続して
いる」をなんら正当化しないのである。

　要するに，CL には「発話の状況から独立した，言語表現自体の意味など
存在しない」以上，文自体の意味表示である論理形式という概念も存在しな
いのである。したがって，CL では，RT で規定しているような「文の意味
と表意の区別」もないのである。ということは，CL にとって，(10) のよう
な意味論的決定不十分性の見解も存在せず，したがって，RT が，語用論の
根本問題としてもっとも強い関心を有している (9) のような問題意識もない
のは当然であろう。

　では CL において，文の意味と推意の区別はどうであろうか。Langacker
(2008: 40) は次のように述べる。

　Suppose we are looking at a cat, and I say *The bird is safe*. With this statement I may **implicate** that the cat is lazy or incompetent（relying on the context, encyclopedic knowledge of cats, and a general presumption of relevance）, but I would not consider this to be part of its linguistic meaning.

［太字は原文］

ここで Langacker は *The bird is safe* の文の意味と推意とを明確に区別している。おそらく，推意も文の意味の一部だとまで主張する認知言語学者は多くないはずである。さきほどの比喩を使えば，論理形式と表意を連続的とみなす CL は，2階建てではなくて，平屋の家を想定しているわけであるが，平屋であっても，推意を表示する屋根裏部屋があると考えているようである。そして，平屋である CL には（16）のような階段がない以上，階段にいかなる制約があるかという言語学的に興味深い問題は生じない。しかしそのようなアプローチには，重大な問題がある。

　具体的には，CL は，（11）の発話の表意（13）（14）や推意（15）を，（12）のような論理形式を仮定しないでいかに説明するのかが明らかでない。もし CL の立場から，文の論理形式と表意の区別は正当化されていないと主張するのであれば，そのための明確な議論が必要である。以下では，文の論理形式と表意の区別を否定する立場では，発話解釈にかかわる人間の心の仕組みに内在する重要な側面を見逃す可能性があることを具体例で論じよう。

5.2　論理形式と表意の区別を否定することの帰結

　本節では，もし文の意味表示である論理形式と発話の表意を区別しないならば言語学的に解決できない問題が生じることを具体例で示す。

5.2.1　自由変項読みと束縛変項読みの曖昧性

　まず，（17）を見よう。

（17）　太郎は妹をぶった。

　（17）はコンテクスト次第で，たとえば（18）など無限に多くの解釈ができる。

（18）a.　太郎が話し手の妹をぶった。

b.　太郎が正子の妹をぶった。
　　c.　太郎が校長の妹をぶった。

　しかし，だからといって，(17)という文自体の意味が無限に曖昧である
と主張する者はいないであろう。これらの多様な解釈は，(17)の発話が
表す表意であるかもしれないが，文自体の意味ではないからである。では
(17)の文自体の意味は単一であろうか。そうではない。実は，西川(2013a)
が論じるように，(17)は概略，(19)のような二つの意味をもち，曖昧なの
である。

(19) a.　太郎は自分の妹をぶった。
　　 b.　太郎は，話題となっている人の妹をぶった。

　(19a)と(19b)を，論理形式としてより正確に示せば，(20a)と(20b)になる。

(20) a.　太郎$_i$がa_iの妹をぶった。〔a: 束縛変項(＝自分)〕
　　 b.　太郎がaの妹をぶった。〔a: 自由変項〕

　(17)の「妹」は「石」「女性」「画家」などと異なり，「aの妹」のようにパ
ラメータaを要求する非飽和名詞である。パラメータの充足の仕方には二つ
ある。第一は，パラメータの値を同一文中の別の要素―(17)でいえば主語
の「太郎」―とリンクを張ることによって充足する場合である。このよう
なパラメータaは，「太郎」によって束縛されているので，「束縛変項」と呼
ばれる。パラメータaの充足の第二の仕方は，パラメータaの値をコンテク
ストから語用論的操作(飽和化)によって自由に与える場合である。このよ
うなパラメータaは，コンテクスト次第でいかなる値でも入りうるので「自
由変項」と呼ばれる。したがって，(17)は，「妹」のパラメータが束縛変項
か自由変項かの違いに応じて(20a)と(20b)の二つの論理形式をもつのであ
る。(20a)において，「太郎$_i$」とパラメータa_iに同じインデックスが付され
ているのは，パラメータa_iは「太郎$_i$」に束縛されているという関係を示し
ている。ここで注意すべきは，(20a)は意味が完結しており，語用論的操作
の出番がないという点である。一方，(20b)の読みに関してはパラメータa

認知言語学と関連性理論 | 161

が自由変項のまま残されているため，表意を得るためには，コンテクストを参照して値を埋める語用論的操作（飽和化）が不可欠である。

このような説明は，RTのように，文の論理形式と発話の表意を峻別する立場にあるからこそ可能であって，CLのように，両者がはっきり区別できないとか連続しているとする立場では，(17)の曖昧性を，(18)のような無数の語用論的解釈と質的に区別して説明することは不可能であろう。

5.2.2　自由拡充に対する意味論的制約

(16)で示したように，文の論理形式を基礎にして表意を構築する際に働く語用論的操作には4つある。ここでは(16d)の自由拡充に注目しよう。自由拡充は，言語の側からの指令をいっさい受けない，純粋に語用論的な操作であり，例えば，(21a)(22a)の「本」「バス」を，コンテクスト次第で[　]の要素を付加して，それぞれ(21b)(22b)のように解釈する操作を言う。

(21) a.　太郎は，本をすべて読んだ。
　　 b.　《太郎は，[日比谷図書文化館から借りてきた]本をすべて読んだ》
(22)　〈目黒駅行きのバスを待っている状況で〉
　　 a.　やっとバスが来た。
　　 b.　《やっと[目黒駅行きの]バスが来た》

では，太郎と花子が目黒駅行きのバスを待っているとしよう。やっと来たバスが東京駅行きとあるのを見て，太郎が花子に(23a)を発話したとしよう。

(23) a.　あれはバスではない。
　　 b.　《あれは[目黒駅行きの]バスではない》

(23a)を耳にした花子は，太郎の発話を端的に偽の発話とみなすであろう。もし花子が，(23b)のように，[　]の要素を自由拡充によって付加して，太郎の発話の表意を解釈するならば，太郎の発話は真であり，花子にとって関連性の高い，認知効果のある発話となるはずである。それにもかかわらず，花子は太郎の発話についてそのような解釈はできないのである。つまり，(22a)の場合と異なり，(23a)では[目黒駅行きの]を付加す

る自由拡充操作がブロックされるのである。それはいったいなぜであろうか。Nishiyama & Mineshima (2007, 2010)，峯島 (2013) はその理由を，(22a) と (23a) における「バス」という名詞句のもつ意味機能上の違いに求めた。(22a) においては「バス」は指示的名詞句であるが，(23a) においては「バス」は属性を表す叙述名詞句であり，指示的名詞句ではない。また，Nishiyama & Mineshima (2007, 2010)，峯島 (2013) は，このような指示的名詞句と叙述名詞句との間にコントラストが生じるのは (16) にあげた語用論操作のなかでも自由拡充の場合だけであり，(16a) 曖昧性除去，(16b) 飽和化，(16c) アドホック概念構築についてはそのような制約はないということも論証した。そこから，Nishiyama & Mineshima (2007, 2010)，峯島 (2013) は，(24) の仮説を提示した。

(24) 自由拡充に対する意味論的制約：自由拡充によって属性概念に新たな
　　　要素を付加することは不可能である。

　この仮説は，自由拡充という語用論操作が無制限に適用されるのではなく，適用対象が属性概念を表すか否かという論理形式における意味機能上の区別に左右されていることを示しており，意味理論からの語用理論に対する強い制約を課すものとして言語理論上きわめて重要である。4.2 節で，文の論理形式を基礎にして表意を構築する語用論的操作を，1 階から 2 階に上がる階段に喩えたが，4 つのタイプの階段のうち，自由拡充という階段は，1 階のどこにでも設置可能なのではなく，属性概念を表す名詞句の位置には設置できないということが判明したわけである。(24) のような仮説は，RT のように，文の論理形式と発話の表意を峻別する立場にあるからこそ可能なのであって，CL のように，両者を区別しない，あるいは両者が連続しているとする立場では不可能である。人間の発話解釈メカニズムの本質を探るという観点からも，また，言語理論全体のなかで発話解釈メカニズムと言語能力との相互関係を解明するという観点からも，意味論と語用論とを別のモジュールとして探求する RT と，両者は連続しており厳密には区別できないとする CL のいずれが優れているかは，以上の考察から明らかであろう。

6. 認知言語学 (CL) は言葉の意味をいかなるものと考えているか
6.1 意味とカテゴリー化

CL における言葉の意味観について，西村義樹氏は次のように述べる。

> 「認知言語学では意味をどういうふうに考えているんですか」っていう
> ふうに聞かれたら，「概念の一種と考えてるんです」と言わざるをえな
> くて，そう言うと必ず，「じゃあ概念って何ですか」って聞かれるんで
> すね。テイラー (John R. Taylor) なんかは，「概念とは，要するに，カ
> テゴリー化の原理のことだ」と言っていて，僕もそれがいいんじゃない
> かと思います。　　　　　　　　　　　　　　　　　（西村・野矢 2013: 191–192）

また，「意味とカテゴリー化」に関して西村義樹氏は次のように述べる。

> 「犬」という語の意味を理解しているというのはどういうことか，と考
> えてみます。それは，何かを見たときにそれが犬か犬でないか判断でき
> ることですよね。つまり，「犬」のような語の意味が分かるとは，その
> 語と結びついたカテゴリーが適切に使えることにほかならない，そう考
> えられます。　　　　　　　　　　　　　　　　　　　　（西村・野矢 2013: 64）

「カテゴリー化」についての『明解言語学辞典』での西村義樹氏の解説は次
の通りである。

> 語の意味を知っているとはどういうことかを考えてみよう。たとえば，
> 「鳥」の意味を知っていると言えるためには，ある対象に遭遇した場合
> にそれが鳥であるか否かを正しく判断できなければならない。すなわ
> ち，「鳥」の意味を知っていることは鳥のカテゴリーに入る対象とそう
> でない対象を識別できることと表裏一体である。一般化すると，（固有
> 名詞を除く）語の意味を知っていることには，その語と慣習的に結びつ
> いたカテゴリーを適切に使用できる―カテゴリー化を正しく行える―こ
> とが必然的に含まれていることになる。
> 　　　　　　　　　　　　　　　　　　　　　　（斎藤・田口・西村（編）2015: 34）

はたして，「カテゴリー化」は言葉の意味を正しく捉えているであろうか。言葉の意味に対する CL による上の説明を額面通り受け取るならば，接続詞「にもかかわらず」，助詞「が」，助動詞「ない」についてもこれらが有意味な表現である以上，カテゴリー化という観点からの意味規定が可能だということになるが，それが可能であるとは筆者には思えない。また，名詞に限定したとしても，語の意味がカテゴリー化の原理で捉えられないことは，(25)(26) を見れば明らかである。

(25)　「敵」という語の意味を理解しているというのはどういうことか，と考えてみる。それは，何かを見たときにそれが，敵か敵でないか判断できることである。

(26)　「中年」という語の意味を理解しているというのはどういうことか，と考えてみる。それは，何かを見たときにそれが，中年か中年でないか判断できることである。

　「敵」は「x の敵」のようにパラメータを含んでいる非飽和名詞であり，パラメータの値が決まらないまま，何かを見たときにそれが，敵か敵でないか判断することはできない。にもかかわらず日本語話者なら「敵」の意味を単独で理解できるはずである。また，織田信長はある武将が敵か敵でないかが判定できなかったがゆえに，忍者を用いて探りを入れたのであるが，その際，信長は「敵」という語の意味を理解できなかったわけではない。同様に，私（西山佑司）は，先日，ある人を公園で見かけたとき，その人が中年であるかどうかを判断できなかったが，だからといって，私は日本語話者として「中年」という語の意味を理解していないということにはならない。

　以上の観察は，CL の見解とは逆にむしろ (27) が正しいことを示している。

(27)　世界の事物を認識するための手段としてのカテゴリー化の力が人間の認知能力のなかにあることは否定できないが，それは言葉の意味論的知識とは別物である。対象を同定する力やカテゴリー化の力をすべて表現の言語的意味に帰そうとすることは問題である。

　これに関連して，関連性理論学者，Wilson & Wharton が次のように述べ

ていることは示唆に富む。

(28)　概念 BIRD, BOY, CAR と呼んでいるものは，2つの異なるタイプの情
　　　報をもたらしているということです。1つは，(a) 意味論的，論理学
　　　的な情報です。もう1つは，(b) 分類学的，カテゴリ化の理論のよう
　　　な情報です。つまり，語の意味としての概念の役割と，カテゴリ化に
　　　おける役割は分離されたものだということです。[中略]ということ
　　　は，カテゴリ化に利用する情報というのは，必ずしも意味論・論理学
　　　的情報である必要はなく，語の意味に対する何の洞察も与える必要は
　　　ないということになります。　　　　　　　　（今井 (編) 2009: 150–151）

6.2　世界の事態の捉え方 (construal) の意味論

　CL では，カテゴリー化の原理が示唆しているように，人間が世界の事態
をどう捉えているかということを重視する。実際，Langacker (2013) では，
(29)のような捉え方(construal)の意味論が強調されている。

(29)　CL の考える意味とは，世界の事態/対象の捉え方である。

　Sakai (2017) は，CL の考える意味は，Frege の Sinn (意義) と共通すると
ころがあると論じる。Frege の Sinn は，Bedeutung(指示対象)に対立する概
念である。「明けの明星」と「宵の明星」は，Bedeutung は同一(金星)であ
るが，Bedeutung が与えられる様式(mode of presentation)としての Sinn が異
なるとされる。ここで注意すべきは，Sinn と Bedeutung との間には，「Sinn
が Bedeutung を決定する」という関係が成立するという点である。その限り
で，Sinn は Bedeutung という概念を前提にしているのである。同様に，CL
の考える意味が世界の事態・対象を把握する仕方であるということは，世界
の事態・対象を前提にしないでは，言葉の意味を規定できないということを
意味し，その限りで，CL の考える意味は世界の事態・対象に依拠している
ことになる。これは，(7a) と (7b) の2種の意味論でいえば，認知主体が介
在しているとはいえ，基本的には (7b) の外在主義的意味論にコミットして
いることになる。CL の考える意味論は，〈言語表現〉と〈世界の事態〉との間
の緊張関係を認知主体を介在させて扱おうとしているからである。

一方，GG/RT の考える意味論は，Frege の Sinn とは大きく異なる。それは言語学的意味論（内在主義的意味論）であり，世界の事態・対象を前提にしていない。3.3 節で述べたように，この立場では意味論は，仮に世界が存在しなくても成立する話であり，世界の事態のような「頭の外にあるモノ」に依拠する必要がないのである。なぜなら意味論の仕事は，心に内在しているあるメカニズム（意味知識）を解明することにあり，〈言葉と世界事態との緊張関係〉を説明することではないからである。そこから，Chomsky は「言語学的意味論は広義の統語論の一種だ」と言うのである。もちろん実際に言葉が使用される際には，そのような意味論的知識は，人間が世界の事態を把握することにも寄与するであろうが，世界事態の把握は，意味論的知識単独でなされるものではなく，言語機能とは独立の諸々の心的メカニズムとの相互作用でなされるものである。それは副人間的レベルではなく，おそらく全人間的レベルでこそ捉えられる性質をもつであろうが，そのような性質のものが自然主義的な科学の研究対象になりうるかどうかについては検討の余地がある。とにかく，CL の主張する「世界事態の捉え方の意味論」は純粋の言語機能以外の多様な心的メカニズムを巻き込んでおり，むしろ「言語知識の使用にかかわる理論」の一種とみなすことができるであろう。

ところで，Higgins（1979: 214）によれば，（30）（31）のような「指定文」や「倒置指定文」は世界の事態を描写するものではないとされる。

(30)　What I don't like about John is his tie.
(31) a.　銀行強盗はあいつだ。［倒置指定文］
　　 b.　あいつが銀行強盗だ。［指定文］　　　　　　　　　cf. 西山（2003, 2013）

Higgins によれば，これらの文は，世界の対象について何かを述べている文ではなく，[I don't like x about John] や [x が銀行強盗なり] という抽象的な命題関数についてその値の有無を述べている文とされる。ということは，（30）や（31）の言語的意味を規定するとき，〈世界の事態の捉え方〉はいっさい効いてこないのである。CL の立場でこれらの文をどう扱うかは課題であろう。

5.2.1 節で（17）が（20a）と（20b）の意味をもち曖昧であることを見た。（17）が曖昧であるという言語事実は，日本語の文についての言語知識に内在する言語的意味の問題であり，世界の事態に対する捉え方は無関係である。

こんどは (32) の各文を見よう。

(32) a.　象は鼻が長い。［措定内蔵型措定文］

b.　この火事は原因が漏電だ。［倒置指定内蔵型措定文］

c.　太郎は青森が故郷だ。［指定内蔵型措定文（カキ料理構文）］

d.　慶應の学食は牛丼が 380 円だ。［ウナギ内蔵型措定文］

e.　この火事は原因が不明だ。［潜伏疑問内蔵型措定文］

f.　鼻は象が長い。［非二重コピュラ文］

g.　魚は鯛がいい。［非二重コピュラ文（指定文）］

　これらは表面の形はいずれも「A は B が C（だ）」であるが，西川 (2013b)
が論じているように，各文における，A と B，A と C，B と C の意味関係は
一様ではなく，各文の意味構造も互いに異なっている。これらの文の意味
は，世界の事態に対する捉え方とは独立に，純粋に日本語の知識として規定
できるものである。これらの文を適切に分析するために必要なのは自由変
項，束縛変項，変項名詞句，叙述名詞句，非飽和名詞句，束縛関係などの概
念であるが，これらの概念はいずれも，〈世界の事態の捉え方〉とは無縁であ
ることに注意しよう。要するに，(32) の各文の意味分析にとって，「世界の
事態の捉え方の意味論」はまったく役立たないのである。(32) の各文に見
られる重要な意味論的事実を捉え損なうような意味論は，およそ妥当な意味
論とはいえないであろう。

7.　結び

　CL は RT と親和性が高いと思うのは錯覚である。RT では，GG と同様，
意味論を，世界の事態から独立の言葉自体に内在する意味を問題にする理論
とみなし，言語的にコード化された意味の表示である論理形式を仮定する。
そして，文の論理形式と，発話によって意図明示的に伝達された意味との間
にギャップがあるにもかかわらず，聞き手はそのギャップを瞬時に，また
無意識のうちに埋めているという事実に注目し，その背後で働いている認
知メカニズムは何かという問題を科学的に追求しようとする。それに対し
て，CL では，このような問題設定はなされない。CL では，意味論を，言
語を使用している認知主体による世界の事態の捉え方，対象の概念化（カテ

ゴリー化）の仕事とみなしているが，これは外在主義的意味論にコミットしているばかりでなく，実質的には「言語知識の使用にかかわる理論」の一種にほかならない。CL では，論理形式なるものが発話の意味（とくに表意）から独立に存在するとは考えず，意味論と語用論は連続しているとみなす。さらに，RT は，心の仕組みのモジュール性と生得性を支持するという点でも GG との親和性が高い。RT は GG と同様，基本的に合理論哲学を背景にもつのである。したがって，CL は RT と基本的に相容れない立場にある。もし RT が現代の語用論のもっともすぐれた理論だと仮定するならば，CL は，GG ばかりでなく，現代のもっともすぐれた語用理論とも両立しない理論であるといわざるをえない。

付記

本章の草稿に目を通し，多くの貴重なコメントをくださった西村義樹・長谷川明香両氏に心から謝意を表したい。

参照文献

Blakemore, Diane（2002）*Relevance and linguistic meaning: The semantics and pragmatics of discourse markers*. Cambridge University Press.

Carston, Robyn（2002）*Thoughts and utterances: The pragmatics of explicit communication*. Blackwell.［内田聖二・西山佑司・武内道子・山崎英一・松井智子（訳）『思考と発話：明示的伝達の語用論』研究社］

Chomsky, Noam（2000）*New horizons in the study of language and mind*. Cambridge University Press.

Chomsky, Noam（2012）*The science of language: Interviews with James McGilvray*. Cambridge University Press.［成田広樹（訳）『言語の科学：ことば・心・人間本性』岩波書店］

Evans, Vyvyan（2014）*The language myth*. Cambridge University Press.

Evans, Vyvyan and Melanie Green（2006）*Cognitive linguistics: An introduction*. Edinburgh University Press.

Higgins, Francis Roger（1979）*The pseudo-cleft construction in English*. Garland.

池上嘉彦（2011）「言語研究のおもしろさ」大津由紀雄（編）『ことばワークショップ：言語を再発見する』1–45. 開拓社.

今井邦彦（編）（2009）ディアドリ・ウィルスン＆ティム・ウォートン（著）（井門亨他（訳））『最新語用論入門 12 章』大修館書店.

Jackendoff, Ray S.（1972）*Semantic interpretation in generative grammar*. M.I.T. Press.

Katz, Jerrold J.（1972）*Semantic theory*. Harper Row.

Katz, Jerrold J. and Jerry A. Fodor（1963）The structure of a semantic theory. *Language* 39（2）: 170–210.

甲田直美（2016）「語用論の射程とテクスト・談話」小山哲春・甲田直美・山本雅子（編）『認知語用論』3–53. くろしお出版.

小山哲春（2016）「社会認知語用論における発話理解モデル」小山哲春・甲田直美・山本雅子（編）『認知語用論』55–143. くろしお出版.

小山哲春・甲田直美・山本雅子（編）（2016）『認知語用論』（山梨正明他（編）「認知日本語学講座」第5巻）くろしお出版.

Langacker, Ronald W.（2008）*Cognitive grammar: A basic introduction.* Oxford University Press.

Langacker, Ronald W.（2013）*Essentials of cognitive grammar.* Oxford University Press.

Lewis, David（1970）General semantics. *Synthese* 22: 18–67.

峯島宏次（2013）「自由拡充をどのように制約するか」西山佑司（編）『名詞句の世界』513–557. ひつじ書房.

中村芳久（2002）「認知言語学からみた関連性理論の問題点」『語用論研究』4, 85–102.

西川賢哉（2013a）「非飽和名詞のパラメータに対する意味解釈」西山佑司（編）『名詞句の世界』51–64. ひつじ書房.

西川賢哉（2013b）「二重コピュラ文としての「AはBがC（だ）」構文：「象は鼻が長い」構文を中心に」西山佑司（編）『名詞句の世界』167–211. ひつじ書房.

西村義樹・野矢茂樹（2013）『言語学の教室：哲学者と学ぶ認知言語学』中央公論新社.

西山佑司（2003）『日本語名詞句の意味論と語用論：指示的名詞句と非指示的名詞』ひつじ書房.

西山佑司（編）（2013）『名詞句の世界：その意味と解釈の神秘に迫る』ひつじ書房.

Nishiyama Yuji and Koji Mineshima（2007）Property expressions and the semantics-pragmatics interface. In: Piotr Cap and Joanna Nijakowska（eds.）*Current trends in pragmatics*, 130–151. Cambridge Scholars Press.

Nishiyama Yuji and Koji Mineshima （2010）Free enrichment and the over-generation problem. In: Ewa Walaszewska et al.（eds.）*In the mind and across minds: A relevance-theoretic perspective on communication and translation*, 22–42. Cambridge Scholars Publishing.

斎藤純男・田口善久・西村義樹（編）（2015）『明解言語学辞典』三省堂.

Sakai, Tomohiro（2017）On Frege's Sinn and Langacker's construal: A preliminary survey of their compatibility.『東京大学言語学論集』38: 247–270.

Scott-Phillips, Thom（2015）*Speaking our minds: Why human communication is different, and how language evolved to make it special.* Palgrave.

Smith Neil and Nicholas Allott（2016）*Chomsky: Ideas and ideals.* Third edition. Cambridge University Press.［今井邦彦・外池滋生・中島平三・西山佑司（訳）『チョムスキーの言語理論：その出発点から最新理論まで』新曜社.］

Sperber, Dan and Deidre Wilson（1986/1995）*Relevance: Communication and cognition.*

Blackwell.［内田聖二・中逵俊明・宋南先・田中圭子（訳）『関連性理論：伝達と認知』研究社出版］

Wilson, Deirdre and Dan Sperber（2002）Truthfulness and relevance. *Mind* 111: 583–632.

第 2 章

なぜ認知言語学にとって語用論は重要か
――行為指示の動詞と項構造――

高橋英光

キーワード：行為指示，項構造，発話行為，語用論

1. はじめに

　『認知言語学　回顧と展望』（"Cognitive Linguistics: Looking back, looking forward"）を特集した *Cognitive Linguistics* 27(4)（2016）の中で，寄稿者の一人，Dąbrowska（2016）は「認知言語学の七大罪」を取り上げている。その一つは（社会）語用論的考察の欠如であり，別の寄稿者である Schmid（2016）も類似の見解を表明し，認知言語学は（社会）語用論側面をこれまで以上に積極的に分析に取り入れることを推奨する。これらの論考を踏まえ，本章は（社会）語用論側面を認知言語学分析に取り込む第一歩として文法構造の分析に発話行為を取り入れることは真の意味の使用基盤主義の実践になり，様々な知見を生み出すことを示す。

　本章は，行為指示という発話行為が動詞とその項構造に及ぼす影響を論じる。これまで，動詞がとる項構造とその具現形はどのような動詞がどのような構文で使われるか次第で変異することが指摘されている（Croft 2012 を参照）。しかし動詞と項構造に発話行為が及ぼす影響はほとんど注意が払われていなかった。むしろ項構造とは統語論の問題，発話行為は語用論の問題として互いに無関係な現象と扱われてきた。以下では，典型的な二重目的語動詞とされる give と tell の英語の 2 つの行為指示文―命令文と can you 構文―における項構造を観察し，行為指示では独特の項構造をとり，さらに個々の行為指示文でも独特の項構造をとる事例を報告する。

　以下，第 2 節では認知言語学と語用論の関係史を振り返る。第 3 節では意味論と語用論の峻別が引き起こす弊害の例として関連性理論による疑似命令文分析を紹介する。第 4 節は，なぜ認知言語学にとって語用論が重要なの

かを論じ，第5節は命令文と can you 構文における動詞 give と tell の二重目的語構文の生起頻度と項構造を調査し，発話行為を取り入れた認知文法・構文文法研究は真の意味の使用基盤主義の実践になるのみならず項構造研究に新しい洞察をもたらすことを論じる。

2. 認知言語学と語用論の関係史

　認知言語学が意味論と語用論に厳密な境界を設けないのは周知の事実である。認知言語学のテキストが増えるにつれこの立場はほぼマニュアル化された感がある。しかしその一方で，どのような経緯でなぜそのような立場に至ったのかを振り返る機会が失われているのも事実である。
　認知言語学の創始者の一人ラネカーは，以下のように意味論と語用論の区別は方法論的なものに過ぎなく事実に依拠するわけではない，と断言する。

> A definitive division is therefore presumed possible between linguistic and extra-linguistic knowledge (or between "semantics" and "pragmatics"). ... In truth, the existence of a clear-cut boundary has been assumed on methodological (not factual) grounds: .... I see no a priori reason to accept the reality of the semantics/pragmatics dichotomy.　　（Langacker 1988: 57）

ラネカーは一貫して言語の「統合的説明・分析（a unified account）」を唱えるが，この考え方は突然現れたわけではない。背景には少なくとも Haiman（1980）と Fillmore（1982）という2つの重要な論考の影響がある。この節ではこれらの2論文を概観する。

2.1　辞書と百科事典についての Haiman（1980）の見解

　辞書とは何ですか，百科事典とはどこが違いますか，と問われると辞書とは言葉そのものを説明し百科事典は世界の様々な事物を説明すると多くの言語学者は答える。つまり辞書と百科事典はまったく別物とふつう考えられている。この常識に挑戦したのが Haiman（1980）の "Dictionaries and encyclopedias" である。この論考の主旨を一言で言えば「辞書と百科事典には明確な境界がない。意味論と語用論にも明確な境界がない」である。Haiman はまずつぎのようなコンパクト版 OED の 'horse' の語義の説明を引

用しその問題点を指摘する。

> 'horse'(compact OED)："a solid-footed perissodactyl quadruped (Equus caballus) having a flowing mane and tail, whose voice is a neigh. It is well known in the domestic state as a beast of draught and burden and especially as used for riding upon." （Haiman 1980: 329–330）
> （足が堅固で足指が奇蹄目の4つ足の動物で，たてがみと尾が緩やかに垂れいななく。牽引用だが，とくに人が乗るための家畜として知られる。）

　もし人々に正しく語彙を使わせることが辞書の目的だとするとこの定義には問題がある，と Haiman は言う。まず，'perissodactyl' という言葉を多くの人は知らない。多くの人が知らない言葉を語義の説明に使うのは無駄である。さらに 'perissodactyl' が何かを知らなくても人々は馬について語るのに何も支障がない。さらに，この辞書は馬に関する英語話者の膨大な知識を省いている。例えば，馬は大型家畜であり，英語の諺では食欲が旺盛で，英米の文化では食料とふつうみなされないこと，など。むろん辞書が馬についてのあらゆる情報を記載することをだれも期待しないが，では辞書の記載はどこで止めるべきなのだろうか，あるいはなぜどこかで記載を止めなければならないのか。辞書の中に何を記載するかについて何か理論的根拠があるだろうか，というのが Haiman の根本的な問いである。彼が出した結論は，辞書（＝言語についての知識）と百科事典（＝事物についての知識）の区別をするのは実際に不可能であるばかりか根本的に誤りであり，辞書とは百科事典そのものである，というものである（Haiman 1980: 331）。
　Haiman はこの後，言語学の意味論と語用論の関係に話を進める。言語学的には，辞書は意味論に属し百科事典は語用論に属する。すると辞書と百科事典に境界がないなら意味論と語用論にも境界がなく，意味論とは語用論であるという考えに行き着く。一例として 'The rock is pregnant' という「選択制限」違反，つまり「意味制約違反」，の文を取りあげる。rock には「無生」([－animate]) の意味が含まれ，pregnant には逆に「有生」([animate]) の意味が含まれ論理的矛盾が起こると説明されていた。しかしヒッタイトの神話には「妊娠する岩」が登場する。そもそも 'rock' が「無生なので妊娠しな

い」という陳述には「他の条件が同じなら」あるいは「多くの正気の人の意見では」などの条件が伴う。そしてこれらに条件は結局のところ語用論的なものであり，「選択制限」は本質的に意味制限ではなく語用論制限に過ぎない，というのが Haiman の論点である（Haiman 1980: 346）。

2.2 Fillmore (1982) のフレーム意味論

「辞書と百科事典には明確な境界がない。意味論と語用論にも明確な境界がない」が Haiman (1980) の論点と述べたが，Fillmore (1982) のフレーム意味論（"Frame semantics"）の論点は「語や語句の意味はその周辺的知識（＝百科事典的知識）と切り離すことはできない」である。これら 2 編の論文が重要な論点を共有していることは容易に見てとれる。実際，Haiman (1980: 346) は Fillmore の「語の適切な使用を決める条件は語の意味素性についての陳述より現実世界のモノの特性についての陳述を含む」(Fillmore 1970: 131) という主張を引用している。

Fillmore はフレームを以下のように「あるひとつの概念を理解するにはその概念が属する全体構造を理解しなければならない仕方で関連しあう概念の体系」と定義する。

> 'frame' = any system of concepts related in such a way that to understand any one of them you have to understand the whole structure in which it fits.
>
> （Fillmore 1982: 111）

またフレーム意味論とは，形式意味論というより経験的意味論または民族誌的意味論であり，未知の文化に入り込んでその言語共同体のメンバーは言葉を選ぶ時どのような経験カテゴリーが言語化されているのかを問う人類学者の研究に近い，と説明する。その一方で，フレーム意味論は必ずしも形式意味論と相容れないわけではないが言語と経験の間の分断ではなく連続性を強調するところに重要な相違点があると言う[1]（Fillmore 1982: 111）。

例えば，'vegetarian'（菜食主義者）という語彙がある。この語彙の字面の

---

[1]　そもそもフレームという概念をフィルモアは人工知能における常識推論の研究（Minsky 1975）から得たと松本 (2018) は指摘する。Fillmore が認知意味論の形成に与えた影響の詳細については松本 (2018) を参照されたい。

意味は「野菜しか食べない人」だが，肉食文化という背景の中で初めて意味を成すと Fillmore は指摘する。つまり 'vegetarian' は「肉食文化の中で生活しているが肉を食べない人」でもある。これとは別に 'land' と 'ground' はほとんど同じ対象を指すが，前者は海と隔てられた陸地，後者は空中と隔てられた陸地が主に喚起される。'shore' と 'coast' はいずれも陸と水の接点・境界を指すが，前者は水から見た境界，後者は陸から見た境界が喚起され，'from coast to coast' が陸（の旅）を喚起し 'from shore to shore' が海（の旅）を喚起するのは，それぞれのフレームの違いから生じると考える（Fillmore 1982: 120–121）。

　語彙そのものについての知識と事物についての知識の区別は，フレーム意味論の興味を引くものではない，というのがこの論文における Fillmore の立場である。

2.3　まとめ

　Haiman（1980）と Fillmore（1982）の主張をそれぞれ見てきたが，ここでつぎの 3 点を指摘しておきたい。第一に，Fillmore（1982）の論点は，「経験意味論の方が（形式意味論より）興味深い言語分析を生み出す」というものであり，Haiman（1980）のように「辞書は百科事典である」と主張しているわけではない。ここに微妙だが重要な相違点がある。

　第二に，「辞書と百科事典を区別できないから辞書は百科事典だ」という Haiman（1980）の主張には論理の飛躍がある。「動物と植物を区別できないから動物は植物だ」，「字義通りの表現とメタファー表現は区別できないから字義通りの表現はメタファー表現だ」と言うのと同じである。カテゴリーの境界は曖昧か連続的であるのはふつうのことであり，辞書と百科事典についても同様である。

　第三として，創設期の認知言語学が「認知言語学が意味論と語用論に厳密な境界を設けない」と言う時には実質的に語用論の一部しか想定していなかった[2]。百科事典（的情報）以外の広義の語用論はあまり想定していない。例えば，談話分析，社会言語学，発話行為や言葉の推論機能や情報機能テキストの結束性（山梨（2004: 70），小山・甲田・山本（2016: 4–5）に有益な論

---

[2]　この点については松本（2017）も同様の指摘をしている。

考がある）などは考慮していなかった。『英語学要語事典』は広義の語用論を「言語使用にかかわる協調の原則，かけひき，動機づけ，発話行為的な側面，ダイクシス，前提，対話の構造など，運用と解釈に関係するあらゆる問題が扱われる」（寺澤（編）2002: 504）と定義しているが，これらはほとんど考慮されていなかったのが実情である。

3. 意味論と語用論の峻別が招く弊害

　関連性理論は，論理的意味と語用論的意味を明確に区別する。この点で認知言語学と対照的である。関連性理論は一部の言語学者・語用論研究者の間で高い評価を受けている。しかしその一方で関連性理論とは異なる立場に立つ研究者，とくに認知言語学の研究者，から説明力の欠如を指摘されているのも事実である（例えば，Panther and Thornburg 1998, 中村 2002）。しかし具体的な事例の説明力・予測力の批判的検討をしたものはあまり見当たらない。この節では関連性理論における（論理）意味論と語用論の峻別が言語分析に弊害をもたらす具体的な事例を紹介する[3]。

　関連性理論研究で使われる道具立ての一つに「不当な処理負担（unjustifiable processing effort）」という概念がある。以下では，英語の疑似命令文の研究（Clark 1993）を取り上げ，この「不当な処理負担」の概念が場当たり的で不十分な言語分析を招くことを指摘する。

　周知のように疑似命令文とは条件を表す構文であり2種類が区別される。ひとつは，(1)と(2)のように命令文と平叙文が接続詞 or で連結されている。

（1）　Leave now or you'll be late for school.
（2）　Tie your shoelaces or you'll keep falling.

　(1)は「いますぐ行きなさい，そうしないと学校に遅れるよ」，(2)は「靴ひもを結びなさい，そうしないと転び続けるよ」などの意味である。

　もう一つの疑似命令文は，(3)と(4)のように命令文と平叙文が and でつながっている。

---

[3]　この節は高橋（2017: 第7章）のデータと分析を一部使用している。関連性理論と認知言語学の射程・力点の大局的な比較に興味のある読者は早瀬（2018）の優れた論考を参照されたい。

（3）　Leave now and you'll catch the flight.

（4）　Leave now and you'll make everything worse.

　ここでは (1) と (2) を or 型疑似命令文，(3) と (4) を and 型疑似命令文と呼ぶ。これら 2 つの疑似命令文には大きな違いがある。前者では命令節に肯定の読みしかないが，後者では肯定（例 (3)）のみならず否定（例 (4)）の読みも許される。つまり下の (5) の不適格性が示すように or 型疑似命令文の左節には否定の読みが許されない。

（5）? Leave now or I'll make you a nice dinner.　　　　　（Clark 1993: ex. 40）
　　　（cf. 'Don't leave now; if you don't I'll make you a nice dinner.'
　　　「帰らなかったら美味しい料理を作ってあげますよ」の読みはできない）

　or 型疑似命令文で否定の読みが許されない理由を Clark (1993) は関連性理論の立場からつぎのように説明する。第一に，or 型疑似命令文の or は真偽関数的接続詞であり論理記号と等価（Inclusive ∨）である。つまりこの or は "She can sleep in my home or she can go to a hotel." のような文の or と同一である。第二に，疑似命令文を含め命令文は一般に肯定，否定，中立の 3 種類の読みがある[4]。そして第三に，or 型疑似命令文（の左節）には「肯定」の読みしかなく「否定」と「中立」の読みがないのは意味論ではなく純粋に語用論の問題である。つまり例 (5) が不適格なのは「本質的に同じ意味で複雑さが少ない」(6) のような例文が存在するためと言う。

（6）　Stay and I'll make you a nice dinner.

　(6) と比べ例文 (5) は「聞き手に不当な処理負担（unjustifiable processing

---

[4]　中立の読みの例は "Open *the Guardian* and you'll find three misprints on every page." であり否定と中立の読みは下のように解釈的（あるいはエコー）発話に分類されている。
　（i）A:　Have you read the manifesto?
　　　B:　Yes. Vote for them and we'll all be rich and happy.
Clark によれば，否定と中立の読みでは話し手は命題内容から自分を切り離し，ときには聞き手に帰属させていると言う。

cost)」を課するため誤解を招く危険性があり，(5) が不適格なのはこのためである，と Clark は説明する。

　関連性理論の立場に忠実に従った Clark の説明は一見理路整然としている。しかし詳細に吟味すると落とし穴がある。否定の読みの and 型疑似命令文の例 (4) をもう一度見よう。

（4）　Leave now and you'll make everything worse.

　Clark が見落としているのは，(4) と「ほぼ同じ意味で複雑さが少ない」(7) のような文の存在である。

（7）　If you leave now, you'll make everything worse.

　「否定の読み」の例 (4) と比べると (7) には処理の負担が少なく誤解を招く可能性がない。そうであれば Clark の論理では (4) は不適格な文となるはずである。しかし実際には (4) は完全に適格である。

　Clark の問題点は，なぜ (5) が「不当な処理負担」を課し，なぜ (4) は「正当な処理負担」を課すのかを説明できない点にある。ある文を「不当な処理負担」と認定するには，あらかじめ「正当な処理負担」と「不当な処理負担」を分類する独立基準が必要となる。Clark の分析にはこの基準が欠落している。その結果，説明が直感的で場当たり的なものでしかない。

　Clark の分析の根底には，or 型疑似命令文の or を「論理記号と等価」と扱うアプローチがある。このアプローチでは，or は事実上「単義」であるため特殊と見られる用法はすべて「純粋に語用論」の問題で処理せざるを得なくなる。そこには，接続詞 or が多義でありネットワークを形成するという分析をする余地が存在しない[5]。

　要約すると，この節では Clark (1993) の関連性理論による疑似命令文の分析の限界は論理意味論と語用論を機械的に峻別することに起因することを述べた。代案として疑似命令文を構文文法の枠組みで「非対称 or」(Lakoff, R.

---

[5]　関連性理論が「単義説」をとり認知言語学が「多義説」をとることを早瀬 (2018) が明確に指摘している。

1971)の下位構文ととらえると，「否定の読み」が左節で許可されない事実は構文的制約から自然で場当たり的ではない説明ができる。具体的な議論については高橋（2017: 第7章）を参照されたい。

4. なぜ認知言語学にとって語用論は重要か

　認知言語学では，語彙のみならず文法構造自体が意味をもつと考える。構文文法でも個々の構文（形態素から節構文まで）は意味とペアーと考える。意味論と語用論を連続的ととらえる立場では，語彙や構文などの「意味」には必然的に保守的な言語学で「純粋な語用論」や「談話文脈」と呼ばれる要素が含まれることになる[6]。この点で語用論は認知言語学にとってきわめて重要となり，いかに語用論要因を言語分析モデルに取り入れるかが認知言語学にとって重要な課題となる。

　第1節で述べたように，Dąbrowska（2016）も Schmid（2016）もこれからの認知言語学は言語の社会的側面を重視することを主張している[7]。また，小山・甲田・山本（2016）も別の観点から社会認知語用論の重要性を指摘している。この点について Schmid（2016）はつぎのような論を展開する。言語経験は実際の言語使用を通して集積されるが，そこでは必ず社会的・語用論的行為を伴う。つまり対話者同士が伝達の意図を互いに顕示し，言語的・非言語的行為を遂行し，言語外的目的の達成・追求を伴う。さらに対話者は様々な社会的役割を担い対人関係を取り決めるのだが，言語使用でとりわけ重要なのは，この対話がどのような性質のものかという問題である。

　言語の具体的使用は必ず何らかの状況文脈と何らかの発話行為（例えば断定，疑問，依頼，命令，助言，命名，感情の表出など）を伴う。文法構造が具体的使用における経験から生じるというのが使用基盤主義の立場でありかつ認知言語学の立場だが，これまでの文法構造の研究の大部分は認知言語学

---

[6]　生成文法の研究者の中に認知言語学を語用論の一部と見なす人がいるのはこのためかも知れない。

[7]　なお Langacker（2016）は，認知言語学では当初から言語の社会性も量的分析の必要性も予兆（foreshadow）されていたと指摘する。言語は厖大で多面的な現象であるため認知言語学の理念の完全な実践には多くの年月を要するのであり，社会的要因と量的方法論への近年の関心の高まりは認知言語学の初期の理念と何も矛盾しない，と述べる（Langacker 2016: 465–467）。

を含め発話行為の側面をほとんど考慮してこなかった。しかし言語使用から発話行為を切り離すことができない以上，発話行為を考慮しない文法構造研究は使用基盤主義の十分な実践とはならない。

使用基盤主義の分析はしばしば "bottom-up" や "corpus-driven" を強調するが，それだけでは使用基盤主義は保証されないし，統計処理の高度化・精密化が優れた使用基盤分析になるわけではない (Langacker 2016: 471)。

使用基盤分析の現状を改善するひとつの試みとして，つぎの第5節では行為指示 (directives) が英語の動詞と項構造に与える影響を詳細に観察し，発話行為を文法構造分析に取り入れることのメリットを明らかにする。

5. 行為指示の動詞と項構造

動詞と項構造の関係と項構造構文相互の関係 (例えば，二重目的語構文と to 与格構文など) については多くの研究が認知言語学の枠組みの中でも (Goldberg 1995, 2000, 2006, Stefanowitch and Gries 2003, 長谷部 2013, Perek 2015 など)，外でも行われている (Green 1974, Oehrle 1976, Pinker 1989, Thompson 1990, Levin 1993, Bresnan 2007, Bresnan, Cueni, Nikitina and Baayen 2007 など)。しかしこれらの研究ではほとんど発話行為は考慮されていない。Croft が指摘するように言語使用者は動詞から切り離された項構造を体験するわけではない (Croft 2012: 28, 393)。これと同様に発話行為から切り離された動詞や項構造を言語使用者が体験するわけではない。直接体験するのは特定の発話行為の中の動詞と項構造 (構文) のみである。構文文法を含め認知言語学は使用基盤主義を唱えるが，動詞と項構造の真の意味での使用基盤分析の実践には発話行為の考慮が不可欠である。

本節では，典型的な二重目的語構文動詞とされる give と tell が命令文と can you 構文の中で実際にどの程度二重目的語構文で使われ，その時に項がどのように言語化されるかを観察し，行為指示と項構造の関係を論じる。5.1 節では，give が2つの行為指示文の中で二重目的語構文として使われる頻度を示し，項 (間接目的語と直接目的語) がどのように言語化されるのかを観察する。5.2 節では tell について同様の観察を行う。5.3 節では 5.1 節と 5.2 節で得られた観察結果の動機を考察する。全体として二重目的語動詞の give と tell は行為指示文では非行為指示文とは異なる独特の項の特徴を示

なぜ認知言語学にとって語用論は重要か ｜ 181

し，それが認知的かつ社会語用論的動機に基づくことを述べる[8]。

5.1 行為指示の二重目的語構文— give の場合

　筆者は近年の論考で，英語の 14 種類の代表的な行為指示文の動詞を量的に調査した。その結果，第一に行為指示構文全体でもっとも頻度が高い動詞は，(1)tell, (2)be, (3)give, (4)do, (5)come, (6)go の順であり tell は他の動詞の 2 倍以上使用頻度が高いこと[9]，第二に行為指示文では特定の動詞が高い頻度で 1 人称代名詞目的語をとる強い傾向があること（Takahashi 2012, 高橋 2017, Takahashi 2017），第三に個々の行為指示構文間で動詞の相対頻度に違いがあり，tell, come, get, be, take, give などは多くの行為指示文で高頻度だが let, look, forget, listen は命令文でのみ頻度が高く，can you 構文では (1)tell, (2)give, (3)do, (4)explain/help の順，why don't you 構文では直示移動動詞（go と come）の頻度が tell より高く，(1)go, (2)come, (3)tell, (4)get の順となることを示した（Takahashi 2017）。

　以上を踏まえ，行為指示文の動詞 give の二重目的語構文を調査すると表 1 の結果が得られた。

表 1　行為指示の give の二重目的語構文と間接目的語 (Oi)

	命令文	Can you 構文
二重目的語構文	77/100	92/100
Oi: me/us	28/77 (36.4%)	90/92 (97.8%)
Oi: *yourself*	4/77 (5.2%)	0/92 (0%)
Oi: 3rd PSN	45/77 (58.4%)	2/92 (2.2%)

*(COCA, 2017.8.9). それぞれの構文の初出 100 例を分類

　この表からつぎのことが言える。第一に，can you 構文では動詞 give が二重目的語構文をとる頻度が圧倒的に高いが（100 例中 92 例 = 92%），一方で命令文では全体の件数の 4 分の 3 程度である。第二に，'Can you give Oi Od?' 文の間接目的語 (Oi) は圧倒的に 1 人称だが（90/92=97.8%），命令文で

---

[8]　本節は高橋 (2017, 2018) および Takahashi (2017, 2018) のデータと分析の一部を使用している。

[9]　英語一般では say がもっとも頻度が高く say は引用節の主節として用いられることが多い。一方で tell は 10 位に入らない（Biber et al. 1999: 373）。

182 | 高橋英光

は1人称間接目的語は全体の半分以下である (28/77=36.4%)。

　第三に，行為指示の give の二重目的語構文の直接目的語 (Od) について
は，2つの行為指示文に共通して一件を除き ("Give me *that one*.") 直接目的
語はすべて実名詞である。さらに例 (8) と (9) が示すように，直接目的語の
80% 以上が抽象物・行為 (break, moment, examples, shot など) を指していた。

（8）a.　Give her a break.　　　　　　　　　　　　　（2015 SPOK NBC）

　　　b.　Give me a moment as I think about my mother. Feelings come and go, ...

　　　　　　　　　　　　　　　　　　　　　　　　（2015 FIC Bk: HolyCow）

（9）a.　Can you give me a break?　　　　　　　　　　（2015 SPOK ABC）

　　　b.　Can you give me some examples of that?　　　（2015 SPOK CNN）

　実体（モノ）を指す直接目的語はわずかであった。

5.2　行為指示の二重目的語構文— tell の場合

　つぎに表 2 は動詞 tell の行為指示の二重目的語構文の項構造の内訳を示し
ている。この表は少なくとも以下の 3 点を示唆する。第一に，tell が二重目
的語構文で生じる頻度は 2 つの行為指示文間でほぼ等しい（100 例中それぞ
れ 64 件と 66 件）。

　第二に，'Can you tell Oi Od?' 文の間接目的語 (Oi) の 66 例すべてが以下
の例のように 1 人称代名詞である。

（10）a.　Can you tell *me* why you're concerned about that?　（2015 SPOK CNN）

　　　b.　Can you tell *us* how you got interested in this project?

　　　　　　　　　　　　　　　　　　　　　　　　（2015 SPOK NPR）

　　　c.　Can you tell *me* the details of that?　　　　　（2015 SPOK CNN）

なぜ認知言語学にとって語用論は重要か ｜ 183

表 2　行為指示の tell の二重目的語構文と項構造

	命令文	Can you 構文
二重目的語構文	64/100	66/100
Oi: *me/us*	23/64 (35.9 %)	66/66 (100%)
Od: *wh-* 節	13	38
that 節	3	0
to 不定詞	0	0
実名詞 (句)	7	28
Oi: *yourself*	0	0
Oi: 3rd Person	41/64 (64.1%)	0/66 (0%)
Od: *wh-* 節	8	0
that 節	24	0
to 不定詞	6	0
実名詞 (句)	3	0

*(COCA, 2017.8.9)。それぞれの構文の初出 100 例を分類

　対照的に，命令文 ('Tell Oi Od.') では例 (11) のような 3 人称の間接目的
語の頻度が 1 人称代名詞 (例 (12)) のそれを大きく上回る (41/64=64％対
23/64=35.9%)。

(11) a.　Tell *them* what you need to tell them.　　　　　(2015 MAG Esquire)

　　 b.　Tell *people* how you collected aluminum cans to pay your ...

　　　　　　　　　　　　　　　　　　　　　　　(2015 MAG Essence)

　　 c.　Don't tell *them* who you are.　　　　　　　(*Malice*, p. 154)

(12) a.　Tell *me* again who I'll be meeting today.　　(2015 FIC Bk: FirstWife)

　　 b.　Tell *me* what's wrong.　　　　(2015 FIC Bk: Disgrantled Novel)

　第三に，間接目的語と後続する直接目的語 (補節) の間に一定の対応関係
が見られる。命令文，can you 構文共に間接目的語 (Oi) が 1 人称代名詞な
ら直接目的語が wh- 節になる例がもっとも多い (例 (10a, b), (11), (12) を参
照)。一方で，3 人称の間接目的語の例は命令文にしか見られないが，もっ
とも頻度が高い直接目的語パターンは wh- 節ではなく以下のような that 節
であった。

(13) a.　Tell *her* I sent you. She'll treat you well.　(2015 FIC Bk: DeathinSalem)

　　 b.　Tell *Dad* I'm sorry I missed him.　　　　(2015 FIC Bk: TwoRoadsHome)

5.3　行為指示の二重目的語構文についてのまとめと考察

　5.1 節と 5.2 節では，英語の 2 つの行為指示文（命令文と can you 構文）における動詞 give と tell の二重目的語構文に頂点を当て，その項構造を観察した。ここでは観察結果の中の以下の 4 点について簡単な考察を加えたい。

(i)　give の二重目的語構文の生起頻度は命令文より can you 構文がはるかに高い。

(ii)　give と tell 共に can you 構文の二重目的語構文では 1 人称代名詞の間接目的語が圧倒的に多い（それぞれ 97.8% と 100%）。

(iii)　give と tell 共に命令文の二重目的語構文では 1 人称より 3 人称の間接目的語の頻度が上回る。

(iv)　命令文と can you 構文に共通して tell の間接目的語（Oi）が 1 人称代名詞なら wh- 節が後続する例がもっとも多い。3 人称の間接目的語は命令文にしか見られなかったが，その場合の直接目的語は that 節がもっとも多い。

　まず (i) から考えよう。can you 構文が依頼の表現であることは例 (9) からも，また以下の例からも明らかであろう。

(14) a.　Can you give me an aisle seat?　　　　　　　　(2012 SPOK Fox_five)

　　 b.　Can you give me a hand here?　　　　(2011 FIC Bk; KillMeIfYouCan)

　　 c.　Can you give me any more information tonight about that school?

　　　　　　　　　　　　　　　　　　　　　　　　　　　　(2013 SPOK Fox)

　(14a) は自分の好みの席，(14b) は手助け，(14c) は欲しい情報，を得るための発話である。依頼とはふつう話し手の利益のための発話行為である[10]。一方で，give は授与動詞であり間接目的語が 1 人称なら話し手へ何かの授与を

10　むろん話し手と聞き手の相互利益のための発言もある。例えば (14c) は相互利益のためとも解釈できるし，文脈次第では (14a, b) もそのように解釈可能である。

意味する。この点で話し手の利益と結びつきやすい。すると give の二重目的語構文が can you 構文でとりわけ生起頻度が高い主な要因は 'give me/us NP' という項構造と can you 構文の意味の適合性の高さにあると言えるだろう。

つぎに (ii) を考えよう。give が me/us と結びつきやすい現象は上の (i) で説明したとおりである。では tell はどうだろうか。tell は伝達動詞であり授与動詞ではない。しかし Newman は give の比喩用法のひとつと tell の間の意味の類似性を指摘する (Newman 1996: 138)。例えば，give には情報の授与に関する比喩用法がある (He gave her a lecture)。これは tell の用法 (He told her an interesting story.) と共通点が多い。いずれも動作主 (He) から受け手 (her) への情報の移動を意味する。情報の受け手とはモノの受け手の一種である点で，その受け手に利益をもたらしやすい。すると tell me/us という項構造が can you 構文でとりわけ生起頻度が高い主な要因も (give の場合と同様に) 両者間の意味の適合性の高さに求めることができる。

(iii) の give と tell 共に命令文の二重目的語構文では 1 人称より 3 人称の間接目的語の頻度が上回る現象は何を示唆するのだろうか。これは命令文の発話行為 (行為指示) の多様性の反映と言えそうである。上で述べたが can you 構文は依頼表現なので話し手は自分に利益となる行為を聞き手に求めることが多い。しかし命令文は非依頼の行為 (例えば，指示，提案，助言，その他多数) にも幅広く使われる。このため話し手だけではなく他者 (聞き手や第三者) に利益をもたらす発言も多くなる (Takahashi 2012, 高橋 2017)。つまり行為指示の種類の多様性が命令文における 3 人称間接目的語の増加を招くと考えられる。

最後に (iv) の現象には，動詞 tell，二重目的語構文，行為指示文それぞれの意味が関与するのは疑いがない。tell は伝達動詞なので行為指示文では話し手が聞き手に働きかけて (力を行使して) 情報の授与をさせようとする。間接目的語が 1 人称 (つまり Tell me ~/Can you tell me ～) の場合は，図 1 (a) が示すように話し手は聞き手から自分に情報を授与させようとする。話し手はつねに情報の受け手である。

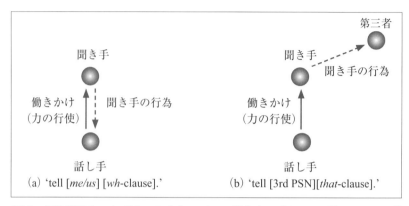

図1 行為指示文の 'tell [*me/us*] [*wh*-clause]' と 'tell [3rd PSN][*that*-clause]' のイメージ・スキーマ（簡略版）

　3人称目的語の場合は事情が異なる。図1（b）が示すように，話し手は情報の受け手ではなく情報の発信者である。情報の受け手は行為指示の発話の場面には存在しないので，話し手は情報の受け手と双方的なやりとりはできない。この点で直接目的語のメッセージが疑問文ではなく一方向的な発話行為，つまり断言・陳述・言明など，が多くなる。that節の頻度が高くなるのはこのためと思われる。

　間接目的語と直接目的語の具現形の間に見られる一定の相関関係は単なる偶然ではない。そこでは発話行為の背後にある認知的・社会語用論的側面が色濃く反映されている[11]。

6.　おわりに

　本章では，認知言語学と語用論の関係史を振り返り，その後，2つの行為指示文における動詞 give と tell の二重目的語構文のふるまいを観察し議論した。これまでの項構造の研究では「使用基盤分析」と呼ばれるものを含め

11　Mukherjee（2005）の ICE-GB に基づく英語の二重目的語構文の使用基盤分析では，tell の二重目的語構文では間接目的語はすべてが名詞句だが直接目的語は that 節がもっとも頻度が高く（30.4%），以下 wh 節（13.7%）と名詞句（13.6%）が続き，to 不定詞は 3.7% となっている。また，tell の二重目的語構文の3分の1は主語が1人称代名詞 'I' だが，間接目的語は圧倒的に人称代名詞が好まれる事実が give と大きく異なると報告している（Murkherjee 2005: 138–139）。

なぜ認知言語学にとって語用論は重要か | 187

発話行為がほとんど考慮されていなかった。本章では，項構造が発話行為に大きな影響を受け，かつ発話行為を色濃く反映すること，を報告した。発話行為を取り入れた項構造研究は（社会）語用論を認知言語学の分析に取り込むための第一歩であり，真の意味の使用基盤主義の実践に近づくものである。このような取り組みは，認知言語学と語用論の新しい開拓領域となることが期待される。

付記

本研究は，学術研究助成基金助成金（基盤研究（C）16K02752，研究課題『英語の間接指令構文の包括的認知言語学的研究』）の助成を受けている。

参照文献

Biber, Douglas, Stig Johansson, Geoffrey Leech, Susan Conrad and Edward Finegan (1999) *Longman grammar of spoken and written English*. Longman.

Bresnan, Joan (2007) Is knowledge of syntax probabilistic? Experiments with the English dative alternation. In: Sam Featherston and Wolfgang Sternefeld (eds.) *Roots: Linguistics in search of its evidential base* (*Studies in generative grammar*), 75–96. Mouton de Gruyter.

Bresnan, Joan, Anna Cueni, Tatiana Nikitina and R. Harald Baayen (2007) Predicting the dative alternation. In: Gerlof Bouma, Irene Kramer, and Joost Zwarts (eds.) *Cognitive foundations of interpretation*, 69–94. Royal Netherlands Academy of Science.

Clark, Billy (1993) Relevance and 'pseudo-imperatives'. *Linguistics and Philosophy* 16: 79–121.

Croft, William (2012) *Verbs: Aspect and clausal structure*. Oxford University Press.

Dąbrowska, Ewa (2016) 'Cognitive Linguistics' seven deadly sins. *Cognitive Linguistics* 27(4): 479–491.

Davies, Mark (2014) *The Corpus of Contemporary American English* (*COCA*): 450+ million words, 1920s–2012. Available online at www.americancorpus.org.

Fillmore, Charles (1970) The grammar of hitting and breaking. In: Roderick A. Jacobs and Peter S. Rosenbaum (eds.) *Readings in English transformational grammar*, 120–133. Ginn.

Fillmore, Charles (1982) Frame semantics. The Linguistic Society of Korea (ed.) *Linguistics in the morning calm*, 111–137. Hanshin Publishing.

Goldberg, Adele E. (1995) *Constructions: A construction grammar approach to argument structure*. The University of Chicago Press.

Goldberg, Adele E (2000) Patient arguments of causative verbs can be omitted: The role of information structure in argument distribution. *Language Sciences* 34: 503–524.

Goldberg, Adele E. (2006) *Constructions at work: The nature of generalization in language*. Oxford University Press.

Green, Georgia（1974）*Semantics and syntactic regularity*. Indiana University Press.

Haiman, John（1980）Dictionaries and encyclopedias. *Lingua* 50: 329–357.

長谷部陽一郎（2013）「ICE-GB を用いた二重目的語構文と to- 与格構文の分析」森雄一・高橋英光（編）『認知言語学 基礎から最前線へ』243–254. くろしお出版.

早瀬尚子（2018）「認知言語学は語用論についてどのように考えているのだろうか？」高橋英光・野村益寛・森雄一（編）, 63–85.

小山哲春・甲田直美・山本雅子（2016）『認知語用論』（認知日本語学講座第 5 巻）くろしお出版.

Lakoff, Robin T.（1971）If's, and's and but's about conjunction. In: Charles J. Fillmore & D. Terence Langendoen（eds.）*Studies in linguistic semantics*, 115–149. Holt, Rinehart and Winston.

Langacker, Ronald W.（1988）A view of linguistic semantics. In: Brygida Rudzka-Ostyn, ed., *Topics in Cognitive Linguistics*, 49–90. John Benjamins.

Langacker, Ronald W.（2016）Working toward a synthesis. *Cognitive Linguistics* 27（4）, 465–477.

Levin, Beth（1993）*English verb classes and alternations: A preliminary investigation*. The University of Chicago Press.

松本曜（2017）「意味論と語用論は近づいたか」日本語用論学会 20 周年特別 シンポジウム『語用論研究の広がり：語用論の関連分野からの提言』

松本曜（2018）「認知言語学の意味観はどこが独自（あるいは独自ではない）のだろうか？」高橋英光・野村益寛・森雄一（編）, 45–59.

Minsky, Marvin（1975）A framework for representing knowledge. In: Patrick H. Winston（ed.）*The psychology of computer vision*, 211–277. McGraw-Hill.

Mukherjee, J.（2005）*English ditransitive verbs: Aspects of theory, description and a usage-based model*. Rodopi.

中村芳久（2002）「認知言語学から見た関連性理論の問題点」『語用論研究』4: 85–102.

Newman, John（1996）Give: *A cognitive linguistic study*. Mouton de Gruyter.

Oehrle, Richard T.（1976）The grammatical status of the English dative alterations. Ph.D. diss., MIT.

Panther, Klaus-Uwe & Linda L. Thornburg（1998）A cognitive approach to inferencing in conversation. *Journal of Pragmatics* 30: 755–769.

Perek, Florent（2015）*Argument structure in usage-based construction grammar*. John Benjamins.

Pinker, Steven（1989）*Learnability and cognition: The acquisition of argument structure*. MIT Press.

Schmid, Hans-Jörg（2016）Why Cognitive Linguistics must embrace the social and pragmatic dimensions of language and how it could do so more seriously. *Cognitive Linguistics* 27（4）: 543–557.

Stefanowitch, Anatol and Stefan Th. Gries（2003）Collostructions: Investigating the interaction of words and constructions. *International Journal of Corpus Linguistics* 8(2): 209–243.

Takahashi, Hidemitsu（2012）*A cognitive linguistic analysis of the English imperative: With special reference to Japanese imperatives*. John Benjamins.

高橋英光（2017）『英語の命令文　神話と現実』くろしお出版.

Takahashi, Hidemitsu（2017）Choosing an expression of directives: An integrated Cognitive Linguistic analysis. 14th ICLC, Tartu, Estonia.

Takahashi, Hidemitsu（2018）Expressions of directive speech acts revisited. *JELS* 35: 308–314.

高橋英光（2018）「認知言語学はどこへ向かうのだろうか？」高橋英光・野村益寛・森雄一（編），223–242.

高橋英光・野村益寛・森雄一（編）(2018)『認知言語学とは何か：あの先生に聞いてみよう』くろしお出版.

寺澤芳雄（編）(2002)『英語学要語辞典』研究社.

Thompson, Sandra A.（1990）Information flow and dative shift in English discourse. In: Jerold A. Edmondson, Crawford Feagin, and Peter Mühlhäusler（eds.）*Development and diversity: Language variation across time and space*, 239–253. Summer Institute of Linguistics and University of Texas as Arlington.

山梨正明（2004）『ことばの認知空間』開拓社.

第 3 章

日本語の語用選好と言語特性
——談話カプセル化を中心に——

加藤重広

キーワード：語用選好，複雑系，前適応，引用，談話カプセル化

1. はじめに

　伝統的な言語学の見方では，「言語」それ自体が自律的な体系であると見なされ，規則知識体系と形態群の知識をもとにして実際の言語運用がおこなわれるとするのが一般であった。このときの文法と運用の関係は，法律と判例の関係にもたとえられ（加藤 2004）るが，システムとしての I-language と使用態の蓄積としての E-language の対比も同じような dichotomy と言ってよく，単純に「文法が先，運用が後」とまとめることができる。しかし，認知言語学の usage-based grammar をはじめとして「運用が先，文法が後」とする考え方も広く受け入れられている。後者は，*Today's pragmatics is tomorrow's grammar.* などと象徴的に表される見方でもある。

　本章では，複雑系，とりわけ複雑適応系の考え方を語用論の立場から取り入れるとどのような枠組みの基盤を確立できるかについて議論したうえで，加藤（2016）でいう統語語用論の立場から選好がどのように言語構造に影響しているか，また，選好の幅を言語特性がどのように決めているかについて，引用現象などの具体例を検討しながら論じる。

　以下，まず第 2 節で語用論と文法論を含む言語研究を概観し，第 3 節で複雑適応系の考え方や成果を言語研究の観点から捉え直して論じる。あわせて予備的議論として統語語用論の考え方と文脈の設定についても簡単に触れる。第 4 節で日本語の音声言語における引用のあり方について「談話カプセル化」という理解を導入して提案をおこなう。第 5 節で結論と課題を述べて論を閉じる。

2. 動的言語観と作用の反転

Saussure(1916)におけるソシュールの方法論[1]はきわめて静的である(加藤 1996)。動き続けるもの(＝言語)の実態をそのままでは観察できないので，特定時における言語状態について，いわば時間の流れを止めて記述することをまずおこない，そのあとで複数の共時態を統合することで通時相を理解するという手順は，全体像が把握しにくい立体を輪切りにすることで断面を正確に記述し，複数の断面をつなぎ合わせる方法に近い。すなわち，共時態に分解してから通時相に再統合するという考え方は，立体を微分し，それを再度積分することで当初の立体の全体像に戻す手順で，微分と積分によって当初の次元に戻すことによく似ている。加えて，生成文法をはじめとする理論的研究も，各段階を構造として記述し，遷移規則を与えるという点で，同様の静態性を有する。

この種の静態的な方法論は 20 世紀の言語研究の主流だった。そして，現在でも伝統的な方法論としてその影響力は大きい。それは，秩序だった手順で，透明性の高い記述・分析がおこなえる可能性があるものの，注意を要する点もある。例えば，上述の微分と積分の比喩は，厳密に言語に適用しにくいところがある。微分された結果の断面の平面図形は，煩瑣さの度合いは異なるものの，一通り方程式で表すことが可能だという点で，単純なものであるが，特定言語の特定時における共時態はその全体を方程式で記述できるようなデータにはなっていないのが普通だろう。つまり，いくつかの共時態を記述して，それらから通時変化を知ることは部分的に可能だとしても，言語の全体像が把握できるとは限らないわけである。また，共時態といっても，実際の言語研究で明らかになる共時態は，データなどの制約から十分に揃わないこともある。ある言語について，2000 年前と 300 年前，10 年前の 3 つの共時態が明らかになっていても，間隔が大きく空いていれば精密に通時相をたどる上では欠落した情報があることになる。

加えて，言語についての記述データを集積しても，それを用いた人間や共

---

[1] ソシュール自身が Saussure(1916) の著者ではないこと，そこにはその構想や思想の一部しか取り込まれておらず，編者等の理解で再構成され，不正確さと齟齬を含むことは承知しているが，それは別稿に譲る。たとえソシュール自身の考えと同一でなくとも，言語学の中ではソシュールの理論として受容され，継承されていることを重視し，本論では区別せずに Saussure(1916) も含めてソシュールの理論として扱う。

同体の状況が不明なままでは明らかにならないこともありうる。語彙の多く
は世界知識と連動しており，世界知識が失われたり不明確になったりすると
誤解や無知に基づく語義変化が生じることもある。「流れに棹さす」の語義
変化や「纜を舫う」の意味解釈の失行などは世界知識の状況の反映である。
また，アリストテレス以来の，フンボルトをはじめとする動的な言語観で
は，決まった手順に従って透明性の高い記述はおこないにくく，20世紀の
言語学から見れば，個々の分析や一般化がわかりにくいと感じられる面があ
ることは否めない。それでも，動的な事象の背後に静的な構造を想定し，そ
れを抽象的な要素に分解することで記述してきた20世紀の言語学が普遍的
で完成された言語研究の方法論であるという保証はない。それらの視点か
ら「科学的な研究ではない」とするのは，枠組みが大きく異なるほかに，言
語の本質を論じる手順に反証可能性や対検証可能性が保証されているわけで
はないからだ。しかし，静的な言語学が記述すべき対象を「言語体系」とし
て，人間から切り離してしまったために，見えなくなった言語の本質があ
り，それを解明する可能性が動的な言語学には拓かれていること，人間の言
語であるがゆえの不均質さや不整合など，静的な言語学では排除してきたも
のを，動的な言語学は除外することなく全体的かつ柔軟に捉えようとする面
があることも考慮すべきだろう。

　パロールとラングが相互作用を及ぼす関係になっていることを想定すれ
ば，必ずしもラングが先にあることにはならないが，研究の枠組みの中で言
語知識なり文法体系なりをより重要な研究対象と位置づけ，その解明を優先
するのであれば，言語研究にあっては言語の体系をまず設定し，その知識や
規則を用いて使用・運用する「現象」と見ることに等しい。そこでは，抽象
的で不可視の「本質」としての言語体系が現実の使用たる「現象」より重要
であり，後者は前者を解明するための材料として利用されることになる。こ
の考え方は，言語体系としてのラングを完成度の高い，精緻な体系と想定す
る方向に流れやすい点も危惧すべきだろう。次節で見るように，複雑系に基
づく枠組みでは，言語体系は，それなりの自律性を有してはいるものの，完
全無欠で，拮抗や齟齬や矛盾のない完璧なものだとは考えにくい。

　そして，ソシュールに始まる静態的な言語学が体系の運用によって使用
が出力される方向性を第一義に想定するのだとすれば，これは生成文法な
どの理論言語学的研究も同様だと見てよいだろう。例えば，Van Valin（2017:

150）は，anti-Saussurean の別のレッテルが usage-based なのだとしている
が，談話などにおける実際の使用から体系が形成されるという方向性とソ
シュール的方法論とを二項対置するのなら，複雑系の言語学も，認知言語学
と同様に反ソシュール的な方法論に含まれることになるだろう。ただし，「体
系から運用へ」と「運用から体系へ」の二項対置と静的か動的かの対立は区
分することができる。方向性の対立でも，談話における構造は想定しても，
ラングに包摂されるような文法構造は想定しない立場もあり，「運用から体系
へ」という方向性のなかでも，さまざまな考え方が見られる[2]。また，体系を
静的あるいは硬直的なものとみなしても全体が静的とは限らないから，よく
理解して批判のための批判にならないように意を用いる必要がある。

3. 言語研究は複雑系と力動性をどう利用するか

近年，複雑系の研究が発展するにつれて，言語を一種の複雑系とみる考
え方が提唱されるようになっている（Ellis and Larsen-Freeman 2010）。例え
ば，The Five Graces Group（2009）は，言語を複雑適応系（Complex Adaptive
System: 以下 CAS と略記）とする研究の立場を宣言しているが，どちらかと
言えば，言語学以外の複雑系研究者がその種の主張をすることが多く，言語
学者が主導して複雑系としての言語を研究することを推進しようとする動き
はそれほど目立っていないように感じられる。むしろ，言語を複雑系として
捉え直す新しい枠組みが完成すれば，かつて構造主義が人文科学の諸分野に
広範な影響を及ぼしたように，人文科学の諸分野にも複雑系の方法論が強い
影響力を及ぼし得るのに，言語学者の動きの鈍さに数理系の研究者がいらだ
ちを覚えているような印象さえある。それでいて，CAS が参考にすべきは
普遍文法が生成子（generator）と操作子（operator）の集合として言語を捉える
ことだとするなど，一方で認知言語学的な方法論と軌を一にする方向性と相
容れない主張も見られ，言語学の現場から見れば違和感を覚えることも多
い。これは，十分に言語学のことを理解しないままに複雑系研究に取り込も
うとしているようにも見え，準備状況に問題なしとはできない。

複雑系の見方は，確かに現実世界での実際の動きや事象がそれらを現出さ

---

[2] Van Valin（2017）は，Hopper（1987），Bybee and Hopper（2001），Thompson（2002）などを
挙げて，extreme functionalism と称している。

せるしくみ・体系を創出すると見る方向性が基盤にあり，運用・使用を基盤としてしくみが成立すると考える認知言語学の方向性とはおおまかに合致している。しかし，認知言語学の方法論を支持することが複雑系の世界観や知見をそのまま取り込んだ言語研究に直結すると考えるのは早計だろう。

　Van Valin (2017) のように，また，本論が議論の対立軸をわかりやすくするために便宜的に依拠している「静的言語学」対「動的言語学」の二項対立をナイーブに設定して，二者択一で雑駁な区分をおこなうなら，動的言語学も複雑系の方法論も認知言語学も同じグループに属するのかもしれない。しかしながら，そこには二区分するだけではこぼれ落ちてしまうさまざまな連続性があり，議論のきっかけとして静的対動的に着目することはよいとしても，その観点だけですべてを二分することはかえって実態から遠ざかりかねないことが危惧される。これを第一の難点とすれば，これまでの一世紀に及ぶ静的な言語学の成果をすべて捨象してまったく新しい動的言語学を一から作り上げることは到底考えられず，成果をそのまま取り入れるにせよ，大きく改変して取り込むにせよ，静的言語学という伝統とのかかわり方を考えるという現実的なプロセスが必要なこと，これが第二の難点だと言えるだろう。

3.1　複雑系の主要概念と言語

　複雑系は，おおむね複雑物理系 (CPS: complex physical system) と CAS の二つに分けるのが一般的であり，言語について主張されているのは主に後者である。CPS は，現象に線型的な特性があるものが対象の多くを占め，複雑な現象であっても一般に偏微分方程式 (PDE) を用いて法則を定式化することができる。従来のニュートン力学において位置や慣性や時間などを変数として状態を決定できる場合を想定すればわかるように，いわば計算可能な（これは，完璧な予測が可能という意味ではない）システムと考えればよい。これに対して，CAS は，適応力を有する主体 (adaptive agent) によって構成されるシステムであり，個々の主体が適応することによって変化が生じ，いわば付加的に連動して変化する事象として紐付けることが困難な変化事象の総体という面があることから，CPS のように線型性を有していたり，PDE などで計算できる性質を持っていたりはしない。もちろん，事象に完全な連動性がない非線形的なものであっても，線形的なものに近似する事象として処理することにより計算する方法は提案されているようだが，人

文科学系や社会科学系では十分な解明はなされておらず，Holland（2014b）は相互作用の記述や分析に一般化できる記法や言語がないことがその主たる原因だとしている。

Mitchell（2011）やHolland（2014a, 2014b）などが挙げる複雑系の特徴には，①自己組織化，②混沌的ふるまい，③脂尾分布的ふるまい，④適応的相互作用などがあるが，示唆に富むものの，言語学が自家薬籠中の物にして活用している段階とはまだ言えない。以下では，この4点について個別に見ておく。

複雑系における自己組織化とは，「全体が一定のパターンをなすしくみは，その集団みずからが自律的に組織をなすこと」を指し，渡り鳥が決まったパターンの群をなしたり，魚がボール状の群をなしたりすることが例としてよく引かれる。鳥類も魚類ももちろん異なる種が群を作るのではなく，同一の種が群をなすのであって，それは種や個の保存の上で重要な意味をもつ行動なのである。例えば，マイワシやカタクチイワシが捕食者に対して防衛的につくるベイトボール（baitball）は，同一の種が被捕食者になるとき捕食者から種や個体を守って保存するための行動である。被捕食者でも，群をつくって行動する種でなければベイトボールは形成せず，一定の条件があるわけだが，ただ特定の個体がリーダーになったり，群を先導したりするわけではなく，いわば集団としての行動様式が定まっているという点が重要なのである。

翻って言語の場合に自己組織化をあてはめられるだろうか。マイワシは個々の個体がいわば独自の意思をもって行動する主体であり，危険を学習すればそれを回避しようとするなど「適応力を有する主体」（adaptive agent）である。ソシュール以来の構造主義的言語観では，言語は自律的（autonomous）な体系（system）だとされてきた。丸山（1981）など体系の議論をしているものもある（ただし，それも言語思想として論じられ，言語学の概念や用語としての厳密化を図る上で明確な貢献があるとは言えない）が，音韻体系と意味体系，あるいは語彙体系，文法体系と何気なく用いる「体系」の意味が一致しているのかどうかについて言語学者が子細に検討した研究があればいいものの，寡聞にして知らない。現在の言語研究は細分化が進んでいるが，音韻体系の「体系」と語彙体系の「体系」の意味や定義が異なっても，それぞれの研究者は自分のテーマのなかで用語法が一貫していて矛盾がなければよく，領域ごとに用語法が異なっていても現実的に困ることはない。とすれば，齟齬があっても気づくことは少なく，ましてや分析や議

論に影響を及ぼすことは生じないだろう。音素のように少ない要素が体系をなしている場合，新しい要素が追加されれば他の要素への影響は大きく，体系そのものに関わるが，一言語の語彙の総体を語彙体系としたとき新しい要素（語彙項目）が追加されても影響を受けるのはごく一部で体系そのものが変わるということはないだろう。もちろん，これは体系の開放性などいくつかの観点を含めて考える必要があるが，「体系」として扱われているものが単に同一の概念で理解できないことには意を用いる必要がある。

　言語について個々の形態素を主体（agent）とすることもできそうだが，形態素が適応性を有して変化するとは考えにくい。これは，音素や意義素あるいは統語規則や構文を想定しても同様であろう。使用者である人間を除外して，記号体系としての言語あるいは Saussure（1916）的な意味での *langue* を CAS と見なすのは妥当とは言えない。ただ，言語接触などで他言語から形態素（語など）を借用したとき新たに加える音素には一定の制約があり，その制約のもとで新たな音韻体系を形成することがある。その点を見れば，自己組織化の力を言語は持っているといえるだろうが，混沌状態から規則や統率性を獲得して自律的に組織形成をおこなうことを自己組織化というのだとすれば，現在われわれが知る自然言語はいずれも自己組織化されたあとの，いわば「完成状態」なので，自己組織化の力を秘めていると想定されるにしても，自己組織化の例として言語をあげることはできない。言語使用者としての人間（言語共同体を構成する個々人）は，適応力を有し，環境の変化や学習によって反応が変化しうるので，adaptive agent であることは明らかである。よって，共同体をなす人間の集団を CAS と見なすことは可能であるが，その集団の用いる言語も CAS だと機械的に結論することはできない。ある集団の用いる言語が単一だとしても [3] その集団の言語が集団の持つ CAS の性質を必ず有するという法則を論証なしに立てることはできないのである。しかし，このことは言語が CAS でないとする結論を意味するわけでもない。

　第二点としての混沌的ふるまい（chaotic behavior）は，初期状態の小さな変化がのちのち大きな系の重大な変化を生み出すことを意味する。気象学者ローレンツによる「バタフライ効果」はブラジルにおける蝶の一羽ばたきが

---

[3]　多くの場合，人間の集団には複数の言語が存在して絶えざる言語接触が生じている。よって，事情はより複層的で複雑になる。

テキサスにおける竜巻を起こすきっかけとなるという寓話でカオス理論を象徴するものだ。言語についても当てはまる可能性はあるが，これまでそのような事例として報告されたものはない。ただしある一人が始めた発音が周囲に伝播し，最終的に当該言語の音韻体系そのものを変えてしまう可能性はあり，それはまさにバタフライ効果に相当する。現実的には，きっかけとなる現象を確認することが困難な点もバタフライ効果の例えと合致する。

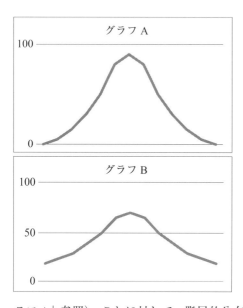

第三の脂尾的分布（fat-tail distribution）は，尾が脂肪で覆われ，脂肪を蓄えるヒツジなどの種（脂尾羊）の尾を思わせる形状の分布曲線をなすのであるが，正規曲線と対比して言及される。正規分布をなす正規曲線は中央値から離れていくに従い，x軸を漸近線とするように左右とも末端部で0に近づくような分布として記述される。このとき通常想定されない事象は，本当にまれで生起確率が0に極めて近いので「まず起こらないこと」と認識される（「グラフA」参照）。これに対して，脂尾的分布とは中央値が最大となり，おおむね左右対称となる分布ではあるが，中央値から最も遠い末端部でも0にはならず，全体の中では最小の値をとるものの，一定の生起確率が見込まれるものである。このような分布をなす場合は，想定されにくい事態もまったく起こらないわけではなく，低い確率ではあるが起こりうることを意味している。例えば，株式市場の暴落や暴騰などは，可能性は低いもののまったく起こらないわけではなく，「あまり起こらない」か「ごくたまに起こる」ようなものとして認識されている。つまりは，まれな事象は正規分布によって予測される以上にずっと多く生じることの生起確率が脂尾的分布をなすと考えればよい。株式市場の大暴落のほかに，生物種の大絶滅（例えば，恐竜の絶滅など）がそれにあたる。この種のことが言語における変化事象に的確にあ

てはまると断言できるデータを持ち合わせていないが，たとえばある言語における語彙が他の言語に全面的に置き換えられるという事態は常識的に考えるとまず起こりえないのだが，これとても，可能性が低いにしてもまったく起こらないわけではないのだとすれば，脂尾的分布として説明できるかもしれない。

　第四点目の「適応的相互関係」と個々の主体は適応力をもって相互に作用しあうわけだが，主体それぞれが判断し，経験をつめばそれが判断や戦略に影響を与えるというもので，同じ事態や条件に出くわしても反応が以前と異なるのは適応的相互関係が成り立っているからである。囚人のジレンマが有名な例として引かれるほか，市場なども適応的相互関係をなしているとされる。この場合も，言語体系を構成する要素を主体 (agent) と考えるには確認すべきことがあり，無条件にそう考えるわけにはいかない。言語使用者としての人間は主体として想定しやすいが，そうすると，言語共同体としての人間の集団が CAS なのであって，言語体系が CAS であるとする見方とはずれてしまう。この点は，次節でも再度触れるが，複雑系としての言語を論じる際にはまず明確にしておくべき点であり，CAS としての言語を設定するには欠けていることも考慮しなければならない (Mislevy and Yin 2009)。

3.2　動的語用論と複雑系

　本節では，筆者がこれまで提唱してきた動的心理語用論の枠組みを簡単に紹介し，複雑系研究との協同の可能性を考える。現在主流とみられる語用論的分析は，発話が完結したのちに発話の展開全体を把握して俯瞰的にとらえるものであり，回顧的な視点も取りうるものである。全体の確定ののち分析をおこなうという点では，分析開始時点ですべてのデータを入手しているということであり，分析者の視点は動かず，分析対象は恣意的に選択することができるという利点を持つ静的な枠組みである。これを加藤 (2009b, 2016, 2017) では「静的語用論」と位置づけ，これに対して，会話参加者の視点あるいは時間軸上同位置の視点から発話を分析する「動的語用論」という枠組みを提唱している。動的語用論は，会話参加者の視点から発話と文脈をとらえ，心理言語学における文理解 (sentence comprehension) のように，発話理解 (utterance comprehension) の心的プロセスを時間軸上の展開として記述することができる。この枠組みは，動的ではあるが，線条的な特性あるいは制

約を重視し，心的過程を記述するという意味で心理的なものである。動的な語用論は，個々の文脈をまず定義して記述をおこなう点で「演繹的文脈」を設定する。この方法では，時間の線条性を重視して記述するため個々の時点における予測能力はあるが，結果から帰納的に遡るわけではないので可視性があるわけではなく（通常の発話者も可視性は持たないが），分析精度も相対的に低くなりうる。それでも文脈の活性化は最大限おこない，解釈の不透明さも含めてリアルな心的過程を記述できる（詳細は，加藤 (2017) 参照）。

　手持ちのさまざまな文脈的情報を素材に妥当と思われる解釈を演繹的に引き出すプロセスにかかわる文脈が演繹的文脈（deductive context）の謂いである。演繹的文脈の下位範疇とは，①形式文脈，②状況文脈，③知識文脈，④二次的文脈の4種であり，それは記憶領域や活性度や共有度などが異なる。

　記憶の区分，心理学における記憶の種別は，James (1890) の一次記憶と二次記憶からはじまり，20世紀半ばから，電気信号の伝達である前者を短期記憶，神経細胞間の接続である後者を長期記憶とする区分が一般化した。その後，短期記憶を短期記憶庫と見る静的なとらえ方を批判して，作業記憶（working memory）と見なす概念が提案され，さらに精密なシステムが示されている（Atkinson and Schifrin 1968, 1971, Salamé and Baddeley 1982, Eysenck 1986などによる）。これらは，言語処理の観点から示唆もあるものの，言語学的分析には全体として合致しない。そのため，加藤 (2009b, 2016, 2017) では，処理記憶・談話記憶・知識記憶に分けることが提案されている。演繹的文脈は，これらの記憶領域と連動する形で，一次文脈（先の①②③）とそれらに推論が関与する二次文脈（④）を立てるが，①②③のような三種類の文脈を想定することは，既に Ariel (1991)，加藤 (2004)，Huang (2007)，Cutting (2007) などにも見られ，特異なものではない。

　①形式文脈とは，言語的に具体化される発話の連続的な蓄積からなる。いわば言語形式によるセリフの全体で，原則として会話参加者が共有していなければならず，命題の形で談話記憶に蓄積できる陳述的記憶である。その意味では形式性・客観性が高いが，談話記憶内に膨大な量を収蔵しておくと自然的抽出が生じる。②状況文脈は，発話の場と時間的に平行して存在する物理的な状況についての会話参加者の認知と解釈に基づく情報の集合である。多くが共有され，容易に共有可能であることが多いが，共有されないものもある。知識文脈とは，セッション開始以前から，会話参加者が持っている知

識のうち，言語知識を除外した世界知識全体にあたるものである。世界知識全体が個人間で完全に一致することはないが，共有度の高いものも少なくない。原則として命題の形で集約されている膨大な知識であるが，あまりにも膨大であるために，すぐに推論や解釈に使えるとは限らない。知識記憶内にあっても活性化されていない情報はすぐには解釈に使えない。

　演繹的文脈の特徴は，個々の会話参加者の文脈の違いを最初から含み置いていることである。もちろん，帰納的文脈でも個人差が排除されるわけではなく，会話参加者の文脈的差異による誤解や失行を説明することは可能だ。ただ，基本的に効率的な解析処理をするので個人間の差異がなく一律に同一の文脈で処理するほうが省力的であり，無駄が少なく，好ましいと考えることになる。CAS は多主体（multi-agent）の環境でそれらの主体が同一でなく，その相互作用に着目することを重視する。複数の主体があっても，ふるまいが同一であれば（個々の主体間に差異がある）多主体を想定する必要はなくなる。すべての帰納的文脈が文脈情報を最小化して効率的に分析する方法をとるとは限らないが，文脈最小化によって分析が単純になるのだとすれば，そのように変化していく可能性は低くない。逆に，演繹的文脈は，多主体のあいだにおける文脈の細かな差異も拾うことで文脈的情報が増えすぎてしまうことが懸念される。「過剰な文脈」が人間的なものだとしても，分析の精度を下げないように意を用いねばならない。

　以下では，選好と言語に関する考え方に若干の補足をする。発信者・話者が受信者・聴者にメッセージを提示・送信する際に，複数の表現方法が候補として想定される場合，発信者・話者は「選択」をおこなうことになる。この選択には一定の偏りが見られることがあり，このとき候補となる表現の間に「選好」（preference）が生じると考える。選好が言語変化の要因となる。

　変化の要因には，環境要因と指向要因がありうる。前者には，できること・できないこと，また，やりやすいこと・やりにくいことが言語の特性として関わる。後者には，伝達や表現上，言語使用者が重要視していること，それによって生じる選好（preference）と頻度（frequency）が重大な意味を持つ。

　進化論のなかに前適応（preadaption）という考え方がある。前適応とは，ある種の機能や能力を担当する器官や形式が他の能力や機能を担当することが可能で，機能的な転用が準備されている状況を指す。本論で取り上げる「前適応」は，遠大な言語進化に関するものではなく，言語の変化やその結

果としての現状についてあてはまるものであり，「前適応」によってある種
の言語変化が説明できると考える。例えば，日本語のある種の構造特性が前
適応となって，新たな運用の発達が可能となり，その運用の偏りが，日本語
の言語的特徴を生み出しているとする見方と言うことができる。

CASとしての言語を想定する場合には，usage-based grammarに近い考
え方をとるが，用法・使用が無制限に機構としての文法を形成すると考え
たり，すべての文法規則が選好と頻度によって慣習化が進み，規則として
固着したと考えたりすることには，慎重である必要があるだろう。運用に
おける選好（pragmatic preference）やその現れとしての頻度（frequency）が，
傾向として強化され，規則的な確定性をなすと考える（Du Bois et al.(ed)
(2003)，Bybee(2006)，Ariel(2008)など）のは，認知言語学的な見方と思わ
れるが，選好を形成する志向性や環境要因としての前適応には，語用論（特
に，加藤.2016.でいう「統語語用論」）からの貢献が可能だと思われる。加
藤（2009a, 2011, 2014）では，日本語の右方主要部の原理が前適応となって生
じたと見られる非節化とモダリティ付加の自由度について指摘している。

4. 談話カプセル化と引用現象

本節では，前節までの議論を踏まえて，日本語の構造に関する語用論的な
選好と前適応が新たに生じさせる引用の新用法について論じる。まず4.1節
で，引用がどのように理解され，議論されてきたかを確認して，4.2節で談
話のカプセル化と本論が呼ぶ日本語での現象について論じる。

4.1 引用に関する先行研究

引用はさまざまな点で論考の対象となるテーマである。一般に，日本語で
は引用内容を「　」で，欧文ではそれぞれの言語における慣習的な引用符で
引用内容を囲み，その始発点と終結点を表示するが，これは表記上の慣習
である。言語学は，音声言語を第一義とするという原則に立つまでもなく，引
用を書きことばの現象としてのみ論じるのはもちろん妥当でない。

しかしながら，これまでの引用現象に関する研究の流れを見ると，書きこ
とばの現象として論じることに重点があった時期も長い。例えば，直接引用
（direct quotation）と間接引用（indirect quotation）は，引用符の有無の違いや，
後者が統語構造として従属節となり，英語などでは時制の一致や代名詞の照

応など文法的な支配が及ぶと説明されてきた。日本語でも代名詞や指示詞の使用には制約があるものの，時制の一致は適用されないのが普通であり，「よ」や「ね」などの終助詞[4]はごく普通の直接引用には現れないが，間接引用と言えない場合にも用いられる例はあり，少しく細かな議論を要する。

Gutzmann and Stei (2011) では，引用符の用法の多様性から，引用符が示すのは，引用符によって囲まれた部分には引用符がないときのようなステレオタイプの推論が適用されないことであり，引用符を MPI[5] とすることを主張している。同論文では先行研究を参考にした上で，引用符の用法，引用の種別として，(a) pure quotation, (b) direct quotation, (c) mixed quotation, (d) scare quotation, (e) emphatic quotation を挙げているが，これらを網羅できる説明として，引用符とは「普通 (＝ステレオタイプの解釈) でないことを標示するものである」といった広範な定義を案出している。引用符の有無に着目すれば，引用符があることで引用符がない場合といかなる差異を生むのかという課題になるので，上記のような定義を措くのもやむを得ないことだろう。本論は，引用符を論じるわけではないが，広範な引用現象を統合的に扱えるように，以下のような定義を措くことにしたい。

(1)　引用とは，テクストにおいて異質な言語形式を混ぜ込むことである。

解釈がデフォルトと異なるという説明も概ね (1) と重なるが，音声的な卓立を反映しているに過ぎない引用符の使い方まで「普通とは解釈が異なる」と説明するのは平仄が合わないように感じられる。

(2)　Y 先生の「わからない」は「だめだ」の意味だってことは知ってるよね？

---

[4]　文末詞あるいは伝達モダリティ助詞としてもよい。寺村 (1982) は，「太郎が知らないよ映画」のように，連体修飾節に終助詞が現れることはできないことを指摘している。「じゃん」も同様だが，「じゃない」は，連体修飾節末尾に現れても非文にならないこともあり，形式だけで一律に決めがたい。

[5]　MPI は minimal pragmatic indicator のアクロニムであり，固有の意味論的意味と関わる (多くは最小対立をなす) 発話内標識のうち，語用論的推論によってうまく機能するものを指すという。

（3）　Y 先生の「わからない」はイントネーションが独特だ。

　例えば，(2)は口頭で言うだけならば，引用符[6]の存在はわからない。つまり，引用符の使用には恣意的な面があり，引用符の議論と引用の分析を区別せずに扱うことには問題がある。(2)(3)の「わからない」はいずれも山田先生による実際の使用（おそらく，発話の一部）を想定しており，typeか token かということでいえば，特定時の特定の発話に限定されないので，type であろう。これに対して，以下のように言えば，これは token になる。

（4）　さっき山田先生がおっしゃった「わからない」は「だめだ」ってことだよね？

　もちろん token の発話のほうが直接的であり，type の発話ではいったん抽象化というか概念化の段階を踏んでいることになる。しかし，形式的区分ではいずれも直接引用に分類される。(2)から(4)までの「わからない」は「ボクぁ，わかんないな」のように，より写像性が高いかたちでも成立する。
　引用の区分のうちよく知られているのは，Recanati(2001)による，open quotation と closed quotation であろう（ここでは，「開放引用」と「閉鎖引用」を訳し，以下，そのように言及する）。開放引用は全体が名詞句として振る舞わず，これまでの引用の研究ではほとんど取り上げられてこなかった。閉鎖引用はこれまでの引用論の中心を占める引用現象であり，その全体が名詞句として振る舞う。閉鎖引用は refer するが，開放引用は illustrate し，depict する。開放引用は真理条件の観点で論じるべきものではなく，語用論的な議論の対象となる（以上は Recanati(2001) と Cappelen & Lepore (2007) による）。
　Recanati(2001)は，開放引用は高度な模倣性や写像性を有するのがその典型で，身振りと発話も究極の区分が難しいとする。Blackwell, Periman and Tree (2015)は，直接引用は身体的直示と強い相関性があることを指摘した。Stec, Huiskes and Redeker (2016)では，マルチモーダルな現象として引

---

[6]　日本語における「　」（かぎかっこ）を引用符として扱うが，それ以外でも表記上同様の機能を有する記号等は引用符と見なすものとする。

用を捉え，①特徴的なイントネーション，②表情，③視線の変化，④体の向きの変化との相関性を調査し，いずれの活性化も伴わないのが2.6%に過ぎないのに対し，2ないし3つの活性化を伴うケースが55.3%を占めるとしている。

　直接引用部は，発話者の特定の発話をその声音や話し方を時には特異性を強調して演技的に模倣することも多く，模倣の対象となるのはなんらかの物理的な音声であったり，音声を伴わない動きですらあったりする。例えば，Recanati(2001)はHorn(1989)が挙げた例を引いているが，ピアノの教師が生徒に"It's not [A] − it's [B]."のように言うとき，[A]と[B]に弾き方を変えた同じ一節の演奏を入れることが可能で，これも一種の引用だとしている。パントマイムの指導者なら[A]と[B]に単なる身体的な動き（ジェスチャー）のみを入れることが可能であろう。となれば，引用される部分は，言語でなくても実演(demonstration)であれば成立することになる。

　整合性について考慮すべきは，Gutzmann and Stei(2011)で(a) pure quotation, (b) direct quotationがRecanati(2001)の言う閉鎖引用に区分され，残りが開放引用に相当するとしている点である。引用の区分については，次節で本論での枠組みを述べるものとして，Recanati(2001)のいう開放引用が語用論的な現象で高度な模倣性を有し，ときに，上記の例の楽器演奏の実演や身体的な動きの実演とも連続性があることを考えると，(b) direct quotationはむしろ開放引用に区分すべきなのではないかということである。Blackwell et al.(2015)でも直接引用が身体的直示と強い相関性を持つとされていることを考えると，直接引用を開放引用の一種と位置づけるほうが結果的に矛盾が少なくなるように見える。ただ，Gutzmann and Stei(2011)と他の「直接引用」の外延が異なるのなら，その差異を明確にすることのほうが重要である。

　先行研究における直接引用は文法研究において間接引用と対比される概念とは異なり，その外延が明確に規定されるような定義が与えられていることは少なく，多くの場合は，例示をもって示されている。ただし，一般的には，特定の発話全体などをそのまま写しとったものが想定されているようである。Sams(2010)では，過去になされた実際の発話に加えて，いわゆる心内文に相当するものや架空の発話・未来において想定される発話や内容も引

用に含めている。日本語の引用辞[7]「と」は，実際の発話（いわゆる直接引用に相当する）でも，意味内容を抽出した発話でも，誰かが心の中で思っているだけの心内文でも，いずれも標示できる点が特異である。英独仏語では，意味内容を抽出した発話は，従属節の標識を伴って主節の統語的な支配を受けるので，いわゆるリアルな発話を記述するかのような直接引用とは明確な異なりがある。しかし，日本語の場合は，両者がより連続的であることのほかに，ナイーブに考えれば（実際の言語形式が外在的には存在しないのだから）間接引用に近いのではないかと考えてしまうかもしれない心内文にも同様の連続性が認められる。つまり，実際には誰かに伝える情報内容を伴っていないのに，まるで発話であるかの心内文が存在するのである。

4.2 引用のカプセル化

本論ではさきに，引用を「異質な言語形式を混ぜ込む」（(1) を参照）こととした。しかし，異質さは単純で均一の特性ではない。ここでは紙幅の都合もあって枠組みの全体像を議論する余裕はないが，本節の議論に関わる範囲で少し言及しておきたい。異質さには，その内容や形式の成立に関わるソース (source)，つまり，情報源や典拠の異質さがある。他者の発話を引用する場合は，発話内容とそれ以外の部分は異質な関係にあると言える。ただし，その異質さは，引用現象の外側に根拠がなければならない。引用する部分と引用される部分という点で異質なので引用が成立すると，循環定義になってしまう。引用現象抜きに，異質さが説明できる必要がある。

（5）　「こんなの無理だろ」と太郎は言った。
（6）　「こんなの無理だろ」と太郎は思った。

例文 (5) では「こんなの無理だろ」は太郎の発話であり，それ以外は全体の発話者による。つまり，通常の直接引用では，ソースの異なる複数の要素が混在しているのである。(6) は，心内文あるいは内言文などと呼ばれるも

---

[7] 統語的な引用の標識の意で用いる。「　」が mpi あるいは表記上の引用の標識であるのに対して，文法的には引用を標示する「と」などの助詞のことで，呼称は補文辞なり，引用助詞でもよい。

のだが，引用部は発話化されていない太郎の判断[8]やそれに付属することであって，それ以外は発話者によるものなので，異なる出自の要素が混在している。つまり，(5)(6)とも引用された部分は，太郎の発話領域なり思考領域なりに本来あるもので，それ以外は発話者の領域にあるものだから，引用をおこなう以前に異質性が認められる。例えば，次の例は引用符を伴っていないが，本来太郎の領域にある判断や発話を持って来て，異質な要素を混在させているので，その点で引用が成立している。

(7) 発注されたスペックの製品を指定期限までに納品するのは無理だと太郎は思った。

(8) 三百頁を超える論文の要旨を千字以内にまとめるのはむりだと太郎は言う。

(9) 花子が「ちぇっ」と言うのは下品だと太郎は思った。

　引用が引用の中にさらに存在することも可能で，(9)は「ちぇっ」は花子の発話の引用で，「花子が「ちぇっ」と言うのは下品だ」は太郎の思考領域の判断からの引用であって，多重引用になっている。引用符の形式を変えるなど，引用中の引用を示すことは可能だが，三重・四重に引用を埋め込んでいくと音声言語としてはわかりにくく，書きことばでも解釈の負担が増す。統語構造としては回帰的な引用埋め込みが可能でも，その解釈は複雑になり，語用論的な負担が増大するため，一般には深い引用の埋め込みは回避される。異質さは，メタ言語的な言及によって生じる場合もある。Gutzmann and Stei(2011)のいう(a)pure quotation は，以下のようなメタ引用である。

(10) 「札幌」は3音節である。

　これは出自の異質さがあるわけでなく，すべて発話者の領域にあると見てよいが，「札幌」という言語形式についてメタ言語的に言及しているのであって，「札幌」以外の部分はメタレベルになっている。加藤(2003)では，

---

[8] ここでいう判断は文の叙述を完成する陳述が成立するものだけでなく，感覚や感情，その経験のほか，感動詞類を含む語のみでもよく，広義の判断にあたる。

これをメタ的言及と呼んでいるが，純粋なメタ言語記述だけでなく，(11)のような書名や題名なども含めている。

(11) 太郎は「吾輩は猫である」を3回読んだ。

　直接引用とメタ引用の共通性は，引用された部分が名詞としての性質を持つことだ。例えば，「吾輩は猫である」は形式上文であるが，それ全体は名詞として扱われるので格助詞を付して使うこともできる。直接引用も同様である。Recanati(2001)は直接引用が名詞化を伴うことに言及があり，加藤(2003)も同様の考えを示している。一方，本論では詳しく扱わないが，混合引用(mixed quotation)は，名詞化を伴うわけではない。

(12) 官房長官は，オリンピックにおけるA選手の活躍について感動的で「国民に勇気を与えてくれた」と述べた。
(13) スポーツ庁長官は「国技」の柔道ではメダルを8個は欲しいと述べている。

　混合引用では，引用部とそれ以外が合わさって1つの文や従属節が形成されるようになっている。(12)においてこのままでは引用部は名詞化していると言えない。(13)の「国技」はGutzmann and Stei (2011)の(d) scare quotation(ここでは注意喚起引用と呼ぶ)に相当する。誤記や誤用，あるいは，疑義がある使い方などがその多くを占めるが，これは(e)emphatic quotation(ここでは強調引用)とひとくくりにすることを本論では考えている。もちろん，注意喚起引用は文脈的に引用する根拠が確認できるのに対して，強調引用は発話者の意図があれば恣意的な判断で使用可能であり，音声的には単に卓立を伴う程度なので，区分できることが多いが，いずれも発話の中で特異であることを示すための運用的引用である点では違いがない。以上，本論では，①直接引用，②メタ引用に，この③運用的引用を加えて大きく三区分する。①直接引用と間接引用は連続性があり，直接引用はリアルな発話の写し取りでパラ言語的情報も伴い，時に非言語形式が対象となることもある。写像性が高いので，フィラーや感動詞を含むことができ，1つの引用が1つの文に収まる必要はない。一方，間接引用は構造的に従属節化で

きるものがその典型であり，パラ言語的要素は通例伴わない。しかし，写像性は離散的な概念ではないので，どこかに単純な境界線は引けないと本論は考える。典型的な直接引用と典型的な間接引用があり，それらは非連続的な関係をなすので明確に区分できるが，中間的なものを排除することはできない。よって，本論では，両者を①直接引用の下位区分とし，写像性を尺度に典型的な直接引用から間接引用に至るいくつかの段階があるものとする。両者の連続性を踏まえた場合でも，写像性の高い直接引用を有標とする考えと写像性を抑制した間接引用を有標とする考えの2つを両極として立てることができる。本論では，広義の直接引用の中の特異なものとして間接引用を位置づけて論じているので，形式上は後者の立場のように見えるが，有標性の議論は別論に譲り，直接引用を広義の上位概念と狭義の下位概念とするかも改めて論じる。

　さて，本論での検討対象は主に①直接引用のうち，特に写像性の高い典型的な直接引用である。

(14)　何言ってんの？　ばっかじゃないの！

　例えば(14)を引用すれば典型的な直接引用になる。(14)が実際の発話の中で用いられるときには，特定のイントネーションや相手を罵倒するような言い方，加えてリアリティを明示するなら表情やジェスチャ・姿勢も伴うのが普通である。言語形式だけで情報を伝えるような形式，例えば，淡々と棒読みするような言い方であることは考えられない。その場合，(14)は特定話者から特定の聞き手にむけた情緒的な発話になり，パトスの発露になる。しかし，この種の罵倒が許される会話の状況は限られており，誰に対しても言えるわけではない。仲のよい友人には(14)のように言うことが可能だとしても，通常は上司に対して面と向かっては言いにくい[9]。これは，文体を調整して，「何を言ってるんですか？　馬鹿じゃないですか！」としても，直接発話として目上の人に用いるのには適さない。しかし，そのように口に出して実際に発話しないにしても，そのように思うことはあり得る。つまり，

---

[9]　もちろん，無条件に職位などの上下関係が支配するとは限らない。会社における上司と部下であっても，同期入社でもともと友人であれば，その関係が優先し，許されるケースもありうる。

心内文である。

　心内文の引用と発話文の引用は，いずれも直接引用にあたる。心内文は個人の認識領域にある判断が原形で，発話そのものが原形となる明確で直接的な引用（発話文の直接引用）とは異なるが，他領域にあるものを引用するわけだからよく似ている。目上の人に対しては (14) のように発話するのは適当ではないが，心内文としては成立する。心内文は，それを言語化して引用しない限り，本人にしかわからないから，コミュニケーション上の問題は生じない。しかし，リアリティのある発話や心情を伝えて，伝達上の効果を利用したいと思うことはあるだろう。

(15)　「何言ってんの？　ばっかじゃないの！」って思ったけど，あとは何も
　　　言わなかったよ。
(16)　「何言ってんの？　ばっかじゃないの！」という感じ。
(17)　「何言ってんの？　ばっかじゃないの！」的な。

　例えば心内文であっても引用辞を使って「思う」といった思考動詞でそれを表すことは (15) のように可能で，そのとき (14) はちょうど直接引用に相当する。リアルな罵倒の要素をパラ言語的に加えることが可能で，複数の文からなっていてもよく，全体として名詞句の扱いを受ける。(16) も引用辞を含んでいるが，「という感じ」として婉曲化することでヘッジ表現となり，直接的な罵倒ではなくなっている。そのときの心情や情緒を叙述している状況になり，叙述のなかに罵倒を包み込むようなかたちになっている。

　引用部のセリフの話し手と実際の話し手の二重性を指摘したものに辻 (1999) がある。辻 (1999) は，他者の発話をリアルなものとして引用しても，「という感じ」などを付すことで真の話者自身の発話と区分する対人的なストラテジーが成立することを指摘している。(15)–(17) は，他者のセリフではなく，話者自身の発話や心内文に相当するものであり，他者の発話ではない。最終的な話者としての冷静な自分とは異なる感情的な話者としての自分を他者相当としてメタ化しているわけだが，話者の二重性という点では同様の対比であろう。本論は，深い従属節が埋め込まれ，主節や主節に近い提携の標識を使えば回帰的に埋め込むことが可能だと考えているので，話者の多重性（ポリフォニー）というべきところであろう。

日本語の語用選好と言語特性 | 211

　聞き手に向かって(14)をそのまま言えば，直截な罵倒であり，感情の発露になるが，それを被引用部として埋め込むことで，感情的なやりとりや情緒的な発話提示を直接おこなうのではなく，引用として階層を変えて提示することで，間接化し，全体の品位が下がることを回避できる。これは，そのままむき出しで扱うべきでないものを容器に密封することに似ているので，本論では，談話カプセル化(discourse encapsulation)と呼ぶことを提案する。もちろん，(14)は(15)–(17)のように談話カプセル化しなくても，(18)のように従属節化して提示することが可能だ。

(18)　私も，この人は何を言っているのだろうかと思ったし，この人は馬鹿
　　　だと思いました。

　つまり，間接話法にすることもできるのに，実際の発話や心情をリアルに提示してそれを展示ケースに封印するような面倒な談話カプセル化を使うことがあり，しかも，それが選好されていると思われるのである。そして，重要なのは，談話カプセル化がなぜ選好されて用いられるかということだ。
　この種の運用が可能なのは，日本語が強い右方主要部性を持ち，引用辞あるいは補文標識が節の後ろに出現することが前適応になっているからである。言語形式には線条性の制約がかかるが，(14)のようなリアルな発話をパラ言語的な要素(話し方・声量・声質・視線・体の向き・ジェスチャ)など伴って提示したあとに封印するほうが，先に封印するよりも伝達効果は高い。左方主要部型の言語で，先に従属節化する標識を示してから，リアルな発話を提示したところで，聞き手は既にリアルな発話は実際には従属節化して構造に取り込まれることを知っている。日本語の場合，リアルの発話は，それが終わってから封印するまで談話カプセル化するのかしないのかわからない。談話カプセル化しなければ，リアルな発話はそのままリアルな罵倒や暴言などの感情の発露になる。種明かしをしてから手品を見せてもそれほど観客は驚かないだろう。しかし，日本語の言語構造の特性は，いわば終わってから種明かしをすることを可能にしており，それが構造解釈や発話解釈が定まらない時間が長いことと関わっている(以上，詳細は加藤(2014)を参照)。
　また，引用の後に「という感じ」「って感じ」「的な」などは，表現上の効果

や談話上の伝達特性をあとから付加することで，提示したり変更したりできる定型表現であり，会話においては非常に便利である。これらは，以前なら「なんてね」「なんちゃって」などを付加するもあり，相手との距離を測りながら発話調整する方略でもあった。このとき，話し手は，引用されたセリフの話し手（演技する話し手）とその後続部を発話する真の話し手（素の自分としての話し手）という2人の人物を使い分けるようにして，語ることができる。直接性を抑制することで，聞き手のポライトネスを守ったり，話し手のポライトネスを保護したりする効果もある。またこれらは文を完結させない形式で，分類上は「言いさし文」「非従属文」と言われるものに相当する。文がもし完結するのが標準で未完結のまま中断するのが特異な事態だとすれば，「〜な感じ」は「〜な感じだ」に，「〜的な」は「〜的だ」にすればよく，その操作は至極容易で単純である。このことは選択的に文を言いさしていることを示しているが，紙幅の都合もあり，別の機会に論じたい。

5.　まとめと課題

　本章では，CAS による言語研究は語用論の知見と認知言語学の知見を協働させつつ発展すべき方向性を示していることを思想的基盤として，日本語の言語特性が生み出す「できること」のうち「容易なこと」が前適応となって，運用上の選好を誘発し，それがある種の特異な表現システムを形成する例として，非節化を挙げ，次いで，「ばっかじゃないのの的な」といった言い方について，リアルの引用を封印して遠隔化し，リアリティと取り扱いやすさの均衡をとる談話カプセル化が日本語で選好されること述べた。

　この種の話し方が好まれるのは，講談や落語など何役も演じ分ける一人語りの話術（ポリフォニー的叙述法）の普及と発達とも無関係ではないように思われるが，別論で触れたい。

参照文献

Ariel, Mira（1990）*Accessing noun-phrase antecedents*. Routledge.

Ariel, Mira（2008）*Pragmatics and grammar*. Oxford University Press.

Atkinson, Richard C. and Richard M. Shiffrin（1968）Human memory: A proposed system and its control process. In: Kenneth W. Spence and Janet T. Spence.（eds）*The psychology of learning and motivation*, Vol.2, 89–195. Academic Press.

Atkinson, Richard C. and Richard M. Shiffrin（1971）The control of short-term memory.

Scientific American 225: 82–90.

Blackwell, Natalia L., Marcus Periman and Jean E. Fox Tree（2015）Quotation as a multimodal construction. *Journal of Pragmatics* 81: 1–7.

Bybee, Joan（2006）From usage to grammar: The mind's response to repetition. *Language* 82（4）: 711–733.

Bybee, Joan and Paul Hopper（eds.）（2001）*Frequency and the emergence of linguistic structure*. John Benjamins.

Cappelen, Herman and Ernie Lepore（2007）*Language turned on itself: The semantics and pragmatics of metalinguistic discourse*. Oxford University Press.

Du Bois, John W, Lorraine E. Kumpf and William J. Ashby（eds.）（2003）*Preferred argument structure: Grammar as architecture for function*. John Benjamins.

Cutting, Joan（2007）*Pragmatics and Discourse*, 2nd edition. Routledge.

Ellis, Nick C. and Diane Larsen-Freeman（eds.）（2009）*Language as a complex adaptive System*. Wiley Blackwell.

Evans, Nicholas（2007）Insubordination and its uses. In: Nikolaeva, Irena（ed.）*Finiteness: Theoretical and empirical foundations*, 366–431. Oxford University Press.

Eysenck, Michael W.（1986）Working memory. In: Gillian Cohen, Michael W. Eysenck and Martin E. Le Voi. *Memory: A cognitive approach*, 1–89. Open University Press.

The "Five Graces Group"（2009）Language is a complex adaptive system: Position paper. *Language Learning* 59: 1–26.［Ellis and Larsen-Freeman（2010）にも再録］

Gazdar, Gerald（1979）*Pragmatics: Implicature, presupposition and logical form*. Academic Press.

Gutzmann, Daniel and Erik Stei（2011）How quotation marks what people do with words. *Journal of Pragmatics* 43: 2650–2663.

Holland, John H.（2014a）*Signals and boundaries: Building blocks for complex adaptive system*. The MIT Press.

Holland, John H.（2014b）*Complexity: A very short introduction*. Oxford University Press.

Hopper, Paul（1987）Emergent Grammar. *Berkeley Linguistics Society Proceedings* 13: 139–157.

Horn, Laurence（1989）*A natural history of negation*. University of Chicago Press.

Huang, Yan（2007）*Pragmatics*. Oxford University Press.

James, William（1890）*The principles of psychology*. Holt.

加藤重広（1996）「言語の体系性」『東京大学言語学論集』16: 351–368.

加藤重広（2004）『日本語語用論のしくみ』研究社.

加藤重広（2009a）「日本語の述部複合構造の境界性と非節化」沈力・趙華敏（編）『漢日理論語言学研究（中日理論言語学論集）』31–37. 北京：学苑出版社.

加藤重広（2009b）「動的文脈論再考」『北海道大学文学研究科紀要』128: 195–223.

加藤重広（2011）「日本語における文法化と節減少」『アジア・アフリカの言語と言語学』5: 33–57. 東京外国語大学アジア・アフリカ言語文化研究所.

加藤重広（2013）『日本語統語特性論』北海道大学出版会.

加藤重広（2014）「複文の単文化と（脱）文法化」 益岡隆志・大島資生・橋本修・堀江薫・前田直子・丸山岳彦（編）『日本語の複文構文の研究』495–520. ひつじ書房.

加藤重広（2016）「統語語用論」加藤重広・滝浦真人（編）『語用論研究法ハンドブック』159–185. ひつじ書房.

加藤重広（2017）「文脈の科学としての語用論」『語用論研究』18: 78–101.

丸山圭三郎（1981）『ソシュールの思想』岩波書店.

Mitchell, Melanie（2011）*Complexity: A guided tour*. Oxford University Press.

Robert J. Mislevy and Chengbin Yin（2009）If language is a complex adaptive system, what is language assessment? In: Ellis, Nick C. and Diane Larsen-Freeman（eds.）（2009）.

Recanati, François（2001）Open quotation. *Mind* 110: 637–687.

Salamé, Pierre. and Baddeley, Alan D.（1982）Disruption of short-term memory by unattended speech: Implications for the structure of working memory. *Journal of Verbal Learning and Verbal Behavior* 21: 150–164.

Sams, Jessie（2010）Quoting the unspoken: An analysis of quotations in spoken discourse. *Journal of Pragmatics* 42: 3147–3160.

白川博之（2009）『「言いさし文」の研究』くろしお出版.

de Saussure, Ferdinand（1916, 1972）*Cours de linguistique générale*. Paris: Payot.

Sperber, Dan and Deirdre Wilson（1995）*Relevance: Communication and cognition*, 2nd edition. Blackwell.

Stec, Kashmiri, Mike Huiskes, and Gisela Redeker（2016）Multimodal quotation: Role shift practices in spoken narratives. *Journal of Pragmatics* 104: 1–17.

寺村秀夫（1982）『日本語のシンタクスと意味 I』くろしお出版.

Thompson, Sandre A.（2002）'Object complement' and conversation: Towards a realistic account. *Studies in Language* 26: 125–164.

辻大介（1999） 「若者語と対人関係：大学生調査の結果から」『東京大学社会情報研究所紀要』57: 17–42.

Van Valin, Jr, Robert D.（2017）Functional linguistics: communicative functions and language structure. In: Aronoff, Mark and Janie Rees-Miller（eds.）*The handbook of linguistics,* 2nd edition, 141–157. Oxford: Blackwell.

第 4 章

提喩論の現在

森　雄一

キーワード：提喩，シネクドキー，アドホック概念構築，自己比喩

1.　はじめに

　本章は，稿者が森 (1998) 以来進めてきた認知言語学的アプローチによる提喩 (シネクドキー) 論の現在地点を提示し，認知言語学外のアプローチとして関連性理論による「アドホック概念構築」と佐藤信夫の「自己比喩」についての議論との関わりを考察する。以下，第 2 節では，提喩の規定をごく簡潔に示す。提喩には類によって種を表す場合と種によって類を表す場合があるのだが，第 3 節ではその非対称性を論じた上で提喩の分類について述べる。第 4 節では，関連性理論による「アドホック概念構築」と提喩との関わりを，第 5 節では自己比喩と提喩の関わりについて考察し，まとめとして第 6 節を付す。

2.　認知能力から見た提喩と換喩の区別

　提喩と換喩 (メトニミー) をどのように位置づけるかということについては伝統的な修辞学においても現代の認知言語学においてもさまざまな考え方がある。この問題に関する諸説は，籾山 (1998) において「隣接関係」，「全体−部分関係」，「類−種関係」の関係という観点から，以下のように手際よく整理されている。

①「隣接関係」・「全体−部分関係」・「類−種関係」による比喩を各々別のものと考える。
②「隣接関係」を換喩，「全体−部分関係」・「類−種関係」を提喩と考える。
③「全体−部分関係」を換喩に含め，「類−種関係」には言及しない。

④「全体−部分関係」を換喩に含め，「類−種関係」を提喩とする。

　ここでいう「類−種関係」は，カテゴリー階層の上下関係と同様なものと考える。例をあげれば，「生命体−動物−人間」のような関係で，カテゴリーの上位側を「類」，下位側を「種」と考えているのである。用語の問題として提喩を考えた場合，上に見たように，さまざまな観点がありえる。しかしながら，ラネカーが「事態把握 (construal) の一面は，ある状況を特定性のどの段階で認識し表現するかということにある。(特定性の段階とは) thing − object − vehicle − car − Dodge − Dodge Colt というつながりのなかでは，各表現がその右側の，より詳細な特徴を持つという意味でそれを具現化する表現に対してスキーマティックな関係にあることである (Langacker 1999: 206, 訳は稿者による)」と述べているような，カテゴリー階層のなかでどの特定性のレベルで事態を把握するのかに関わる認知能力の観点はきわめて重要であると考えられる。この認知能力の独立性を重んじ，ここでは提喩を上述の「類−種関係 (カテゴリー階層の上下関係)」に限定した概念とする考え方を採用する。

　なお，上に用語の問題として提喩を考えた場合，さまざまな観点がありえると述べた。森 (2018) で論じたように，「部分によって全体を表す換喩」と「種によって類を表す提喩」における著しい類似性がある。山梨 (1988) や谷口 (2003) のように，この面を捉えた用語法もありえてよいと考えている[1]。

3.　提喩の非対称性と分類

　本節では，森 (1998)，森 (2003)，Mori (2006) をもとにして提喩の非対称性と分類を論じる。森 (1998) 以来，繰り返してきたことだが，佐藤 (1978) の批判的検討から始める必要がある。

　佐藤の提喩論の眼目は次の論述に見られる。提喩を論じる上で非常に重要な論述であるので，少々長くなるが以下に引用する。

　　　ル・ゲルンは，類のかわりに種の名称をもちいる例として，たとえば，「武器」と言えばすむはずである場合にことさらに「短刀」と言う

---

[1]　ただし，その場合「「部分−全体」の提喩」は換喩のなかの一部となるべきものであり，提喩と換喩の両方に属することになる。

ような例をあげ（たとえば「彼は《武器》を持っていなかった」というような文で，前後の文脈から，あえて武器の種まで言及する必要のないようなときにあえて「彼は《短刀》をもっていなかった」と言う場合を考えてもよかろう），その際，問題となっている武器が実際に短刀であるのならば，それをあえて具体的に短刀と名ざすことは提喩でも何でもない，と言う。表現をいっそう具体化したからといって，そこに文体上の効果はあるかもしれないが，比喩は存在しない。なぜなら比喩（転義）とは，語の意味をずらせてもちいる表現のことであるが，短刀を武器と呼ぼうが短刀と呼ぼうが，どちらにしても語の意味がずれているわけではないからだ，と彼は説くのである。

　逆に種のかわりに類の名称をもちいる場合についても，彼はたとえば，はっきりと「アオサギ」とか「柏」と名ざしてもいいところを故意に「鳥」とか「木」と言うような場合の例をとりあげて，やはりそれは比喩（転義）ではなく，正常な名ざし方に属する現象である，と主張する。たしかに鷺を鷺と呼ぼうが，もっとおおまかに鳥と呼ぼうが，語の意味の通常の適用法であることにかわりはない。

　そして彼は，「正常な名づけかたであるというこの特性を考慮にいれさえすれば，種と類の提喩といういつわりの提喩の問題はもはや生じないのだ」と主張する。［中略］

　しかし，言語表現は決してル・ゲルンにとって都合のいい例ばかりではない。類全体をあらわすのにそれに含まれる種のうち一種だけをもって代表させる表現は，たいてい，語の意味を平常のサイズ以上に無理に拡大する点で，あきらかにことばのあやである。たとえば「人はパンのみによって生きるのではない」と言うとき，あきらかにパンという種は異常に膨張して食物全体という類をあらわしているはずだ。これが比喩でないと言えるだろうか。

　それとは逆に類の名称をもちいて種をあらわす場合は，なるほど意味の守備範囲という点では異常性はありえないように思われる。たとえば，桜という一種の花だけをさして「花見」に行くと言うとき，桜がたしかに花の一種である以上，論理的な異常性はない。とすると，概念の外延的大きさについては，つねに大は小をかねるということになるのか。ル・ゲルンの論旨ではそうなるだろう。杉並区に住んでいる太郎は

杉並区民であろうが，それをいっそう大きな概念で呼びかえて東京都民
と言っても，まちがいはあるまい……。
　とすれば，種を類に，順に呼び変えていって，東京都民のかわりに
日本人，さらにアジア人，さらに人間，それどころか生物と呼んでも，
あいかわらず平常表現であろうか。「太郎がたずねて来た」という文章
を「生物がたずねて来た」と言いかえて，なお平常表現と言えるのか。
語の意味の適用が妥当であるためには，その指向対象が辞書的な意味範
囲におさまっているだけでは不じゅうぶんである。（下線は稿者による）
（佐藤 1978: 153–155）

佐藤の述べるように，通常の言語使用に解消されない「言葉の彩」としての
提喩があることは認められる。しかしながら，上の論述には次のような問題
点がある。

　問題点①
　　　少なくとも，ル・ゲルンのあげた例については，通常の言語使用であ
　　り，提喩でないと佐藤は認めているように読める。そうならば，佐藤
　　があげている提喩の例と提喩でないものの区別はどうしたらよいので
　　あろうか。
　問題点②
　　　下線を附したように，種で類を置き換える場合には，「代表させる」
　　という言葉を用い，類で種を置き換える場合には「呼び変えていく」
　　という言葉を用いている。これはどのような意味を持つのか。

以下，非対称性という観点からこの 2 つの問題点の解消を試みたい。
　まず，佐藤が「呼び変えていく」としたケースの提喩について考える。次
の (1) のようなタクソノミーを想定されたい。

（1）　生命体‒動物 ― 犬 ― プードル ―トイ・プードル
　　　　上位レベル　　基本レベル　　下位レベル

　ここでいう基本レベルとは認知言語学で論じられてきた概念で，タクソノ

ミーの中間レベルに属し，人間にとって優先的に関わりの対象として選ばれるレベル（最も使用頻度が高いレベル／最初に習得されるレベル／単一の語で表現されることが多いレベル）のことである。

このような，タクソノミーをもとに同一指示物を「呼び変えて」いった場合，(2)のような基本レベルに関わる表現は勿論のこと，(3)(4)のような下位レベルに関わる表現も細かい言い方とは意識されるが，通常の表現である。

(2)　そこの犬を見ろ。→通常表現
(3)　そこのプードルを見ろ。→通常表現
(4)　そこのトイ・プードルを見ろ。→通常表現

しかしながら，(5)のように，上位レベルに関わる表現は通常の表現とは言えず，このような表現を無理に用いるところに「言葉の彩」としての提喩が発生する要因となる。

(5)　そこの動物を見ろ。→異常表現

これが実際に提喩として表れたのが(6)のような表現である。この例においては上位レベルにある「生命体」がロナウドを表し，その超人間的な身体能力がこの表現を用いることで強調されている。

(6)　ロナウド・ルイス・ナザリオ・ダ・リマ。二十世紀最後の，そして二十一世紀最初のスーパースターになるであろう生命体のフルネームである。　　　　　　　　　　　　（日本経済新聞 1998 年 5 月 17 日朝刊）

「生命体」という上位カテゴリーの名称を使ってある「人物」を表しているという点で提喩である。この表現を用いることによって，ロナウドの人間としての他の特徴が捨象され，いわば原始的な生命力が強調されて，サッカー選手としての怪物ぶりが強調されている。「生命体」の辞書的な定義は「生命を持った物体」ということにすぎないが，それは強い生命エネルギーを持っているというコノテーションを持つ。ある人物を「生命体」を用いて指示するときに，このコノテーションが喚起される。言い換えるならば，こ

のようなコノテーションを喚起するために，下位レベルの語の代わりに上位レベルの語を使っているので，辞書的な定義だけを考えて (6) の例を扱うことはできない。このような解釈をするためには，関連したフレーム (もしくは百科事典的知識) を使わなければならないのである。(6) のなかで「人」の代わりに「生命体」を使うことにより，指示物の脱人間化が促進され，この文はロナウドが超人であることが含意されている。

（7）（自動車を指して）この機械の調子を見てくれよ。

　(7) は冗談めかした言い回しであるが，ある特質 (この場合は指示物が機械であること) を焦点化し，乗り物としての他の特質を後景化させる修辞的な表現効果が生じている。より詳細に述べれば，(7) は機械は複雑なメカニズムを持っているという，辞書的な定義からは出現しないコノテーションを喚起させている。

　上に示したタクソノミーで，下位レベルを使用しても単に詳細な表現となるだけで彩にはならない。つまり，「呼び変える提喩」は，原則として「類によって種を表す提喩」にのみ成立するのである。以上に見られる考え方は大堀 (2002) の次の論述とほぼ同質のものである。

　　認知のはたらきの上で，基本レベルは特別な役割を果たしている。知識構造は基本レベルを中心に成り立っており，それは対象の認知を行う際，記憶の検索・照合において第一に参照される。いわば「目のつけどころ」となるレベルである。例えば，次のやりとりを考えてみよう。
　　（1）　昨日，カメを近所の川でみつけたよ。
　　「カメ」の代わりに下位の「ゼニガメ」くらいならばコミュニケーションが成り立つだろうが，それより下位では不自然だろうし，上位の「爬虫類」や「動物」ではなおさらである。事前の情報がなく，レベルが特定されていないときにはいったん基本レベルを参照してから，下位レベルについて話題にしたり (例：「それって，どんなカメ？」)，基本レベルで他のカテゴリーとの比較を行う (例：「メダカやカエルだけじゃないんだね」) ことで会話が成立するわけである。　　　　（大堀 2002: 57)

ただし，上の引用で「それより下位では不自然である」とあるが，専門家同士の会話などを想定すれば通常表現として許容されるであろう。それに対し，上位の「爬虫類」や「動物」を使った表現は，わざとぼかすなどのレトリカルな意図を狙うのでなければ許容されないという違いがある。勿論，未知のものを指示する場合には上位レベルの語が使われる。たとえば，「生命体」を用いても次の例は自然な表現である。

（８）　新しい生命体が火星で見つかった。

　また，総称として用いる場合も同様である。

（９）　これらの機械の総額は 245 億円です。

　さきの引用で，佐藤があげた例（「生物がたずねて来た」）は，このような上位レベルに関わり，ル・ゲルンがあげた例（「アオサギ」，「柏」を故意に「鳥」とか「木」と言うような場合の例）は基本レベルや下位レベルに関わると考えられる。つまり，基本レベルを飛び越えて上位レベルの表現を使ったとき「言葉の彩」としての提喩が発生する。それ以外は通常の表現であるが，そのいずれにも，タクソノミーを上下させる操作能力が関わっている。提喩の背後にあるこのような能力をとりあえず提喩能力と呼ぶことにする。「呼び変えていく」場合の言語使用に関しては提喩能力を背景にして彩としての提喩が発生する場合と，通常表現にとどまる場合があると考えるのである。以上のように考えると先にあげた問題点①は解決される。となると「呼び変えていく」場合に提喩が発生するのは，類で種を置き換える場合だけであるが，逆の場合は提喩が想定できないのかというとそうではない。それが，次に述べる「代表させる」ケースの提喩である。たとえば，次の（10）のような例とその背後にある（11）のようなタクソノミーで考えてみる。

（10）　人はパンのみによって生きるにあらず
（11）　食物－パン－食パン

　(2)-(5)でとりあげた事例は，動物でもあり犬でもありプードルでもある

ものであったが故に「呼び変える」タイプと規定することができた。しかしながら，(10) のケースは，あくまでも本来意味されるものは「食物」であり，「パン」はその代表事例として挙げられているにすぎない。また，さらに下位レベルに落として「人は食パンのみによって生きるにあらず」と特定化して表現することもできない。(2)–(5) の事例と (10) のケースの異質性は明らかである。これらをまとめると (12) のように整理でき，提喩にはこのような非対称性があると考えることができる。これがさきにあげた問題点②への解決となる（ただし，類で種を置き換える提喩，種で数を置き換える提喩双方において特殊な事例も存在する。この点は後述する）。

(12) 類で種を置き換える
「呼び変える」提喩（基本レベルを超えて上位に行く場合に成立）
種で類を置き換える
「代表させる」提喩

　ここまで，提喩における非対称性について論じたが，それらはすでにあるタクソノミー（common category）を前提にした議論であった。ここでは，臨時設定タイプの提喩（ad hoc category[2] に関わる提喩）と数の提喩という提喩の特殊事例について非対称性の観点から考えてみたい。まず，(13) にあげた例は，「雪」を通常使用しない上位レベルである「白いもの」に呼び変えた提喩が成立している。このような場合には，単に，「白いもの－雪」というタクソノミーが臨時に設定されているだけであるので，その点では，(6)(7) とは異なるのであるが，類を種で置き換えることが「呼び変える」提喩として成立するという点では (6)(7) と同じであろう。

(13) 　堅田の浮御堂に辿り着いた時は夕方で，その日一日時折思い出したように舞っていた白いものが，その頃から本調子になって間断なく濃い密度で空間を埋め始めた。　　　　　　（井上　靖『比良のシャクナゲ』）

　次に類で種を置き換える臨時設定タイプの提喩には多門 (2000) でとりあ

2　Barsalou (1983) 参照。

提喩論の現在 | 223

げられた (14) の例があげられる。これらは,「冬彦さん」「マスオさん」に
よって[マザーコンプレックスの強い男性][妻方の両親と同居する夫]をそ
れぞれ置き換えたものであるが,臨時に作られたカテゴリーのなかでの代表
項を使っているという点で「代表させる」提喩になっていると考えられる。

(10)　人はパンのみによって生きるにあらず
(14) a.　私の周りは冬彦さんばかりだ。
　　　b.　夫婦共働きもマスオさん増加の原因である。　　（多門 2000: 107）

　このように,臨時設定タイプの提喩 (ad hoc category に関わる提喩) も,前
節でとりあげた通常あるタクソノミーを利用した提喩 (common category に
関する提喩) と同様の非対称性を示すと言えるのである。
　次に森 (1998) で論じた「数の提喩」について述べる。たとえば,長らく
訪れていない店があったとしよう。その店に久しぶりに訪れたときに「百年
ぶりだね」のように誇張して言うのは提喩である。この場合,「多数」とい
う類のかわりに「百年」という種を使っており,また,それは通常の言語表
現とはいえない。同様のことは「少数」という類の代わりに何らかの数を
あてはめる場合においても成立する。たとえば,「あんなチームの試合なん
て 5 人しか見に来ないよ」という表現は,プロ野球の試合のことについて
も提喩としてなら成立する。少ないということを具体的に「5」と言う数で
誇張しているわけで,本当に 5 人程度だと話者は思っているわけではない
(ただし,この表現は,草野球の試合についてなら十分通常表現として成立
する。) つまり,このタイプの提喩においては幾らくらいが少数の提喩にな
り,幾らくらいが多数の提喩になるとは状況によって決まるのである。
　以上にみたものは,類のかわりに種を用いるというものであった。逆は成
り立つのであろうか。これは,たとえば,「5 万人位の観客」と数がわかっ
ていて「多数の観客」と言いかえるような場合だろう。しかしながら,これ
は通常の言語表現にすぎない。具体的な数を「多数」「少数」とそれに類する
言葉に言いかえても「言葉の彩」は発生せず,通常の言語表現にすぎない
のである。よって,このタイプの提喩は,「呼び変える」提喩の一種で類に
よって種を置き換える場合は成り立つが逆は成立しないとまとめることがで
きるのである。

以上，論じてきた提喩の他に，カテゴリー全体の名称で，その下位に属するものを表すという提喩で，日常の言語の中に見られるものとしては，「今日は天気だ」という表現で「今日は良い天気だ」という意味を表したり，"He has a temperature." という表現で「彼は高熱がある」という意味を表すというような，カテゴリー名で，所属メンバーのうちプラス方向の意味を持ったものを表すようなものがある。これは Mori (2006) で特定化タイプの提喩と呼んだもので，上述の提喩が修辞的な効果を持つのに対し，言語の経済性から用いられるものであり，通常表現に近い性質を持つ。ただし，これらは元の意味からの意味変化を起こしていると捉えられるので通常の言語使用とは区別し，提喩の特殊なタイプと考える。このタイプと機能的に近接したものとして，所属メンバーのうち顕在化しやすいものを指し示すものもある。提喩の例としてよく取り上げられる「鳥（＝にわとり）肉」や「花（＝サクラ）見」，「今日は飲む（＝酒を飲む）のをやめておこう。」などがこの類である。

最後に本章での「呼び変える」提喩の説明（類によって種を置き換える場合は成立するが逆は成立しない）への反例となりうる非常に特殊な事例をあげておこう（森 2008）。上に述べた「数の提喩」に関わるものである。

(15)　六時四十分，バスに乗った。各停留所で二人，三人と客が増え，終点の近鉄藤井寺駅前では十七人がバスから降りた。四十二段の階段を上がり，自動改札を抜ける。
　　　六時五十八分，阿倍野橋行きの始発準急に乗った。五両編成の最後尾の車両がいちばん空いている。シートに腰を下ろして乗客を数えると，二十八人いた。制服の高校生二人が扉のそばに立ち，あとの二十六人は座っている。［中略］七時十五分，終点の阿倍野橋駅に着いた。下を向いて足許だけを見ながらＪＲ天王寺駅まで歩き，環状線に乗り換える。一台の車両に吊革が百五十二本，中吊り広告が二十八枚。新今宮から芦原橋，大正駅へいたる沿線の情景は瞼に焼きついている。　　　　　　　　　　　　　　（黒川博行『カウント・プラン』）

これはあるすぐれた短編ミステリの一場面である。これを読む我々はかすかな違和感を持つ。普通ならそこまで細かく述べる必要のない数が言及されているからである。「すなおに」概数で表現すればいいところを細かい描写

を与えることによって違和感をもたらしている。この小説では，最終的には
この事態を語っている人物の特異性を説明することによってミステリ的な決
着をもたらすのだが，この部分では読者に対して通常表現とは異なるという
印象を与えることに成功している，効果的な言葉の彩になっているといえる
だろう。

4. アドホック概念構築

　関連性理論において発話において伝達される想定は，表意と推意に分けら
れ，これはそれぞれ発話の明示的意味と非明示的意味に相当する。現在の関
連性理論では，表意確定のプロセスとして次の4つを想定している。

　　・曖昧性除去
　　・飽和
　　・アドホック概念構築
　　・自由拡充

「曖昧性除去」は，2つ以上の意味のいずれかを確定するもので，たとえば
「「警察の犬」という句は《警察犬》とも《警察の密偵》とも解しうる。これも
曖昧性除去の対象となる」（今井・西山 2012）。「飽和」は，「彼はあの女が
嫌いだ」の「あの女」が誰であるかを明らかにするように，直示している
ものを明らかにするプロセスである。「アドホック概念構築」（ad hoc concept
construction）は，「関連性の原則に一致する表意を得るために，語彙概念が
文脈に合うように語用論的に調整されたその場限りのアドホック概念が，
コード化されている概念に取って代わると考えるのが妥当な場合がある。こ
のような表意形式にかかわるプロセスをアドホック概念形成（ad hoc concept
construction）という」（東森・吉村 2003: 38）。「自由拡充」は，言語形式に
支配されないものが補充される場合で，「私は朝食を食べました。」に「今
日，私は朝食を食べました」と概念構成を付け加える場合である。
　以下，「アドホック概念構築」について Carston（2002）の記述を軸に，日
本語を題材とした優れた解説書である今井・西山（2012）の事例を追加しな
がら説明する。
　「アドホック概念構築」は，「絞り込み」と「拡大」のパターンがある

(Carston 2002)。「絞り込み」は次のように図示できる。
　Lは語彙的概念の外延を示し，C*は絞り込まれたアドホック概念の外延を表す（Carston（2002）を元に改変）。

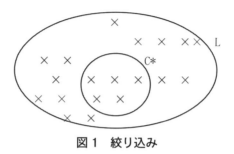

図1　絞り込み

(16)　I want to meet some bachelors.　　　　　　　（Carston 2002: 324）

　(16)の例が，話し手が結婚して子どもを持ちたいということをはっきり述べたという文脈なら，Lは未婚の男性で，C*は結婚できる適格性を持った男性である。今井・西山(2012)で取り上げられている日本語の例も示そう。

(17) a.　誰か独身の男(ひと)を紹介してよ
　　 b.　今日は飲むのをやめておこう。　　　　　（今井・西山 2012: 65）

　(17a)は上の(16)と同様の説明になる。(17b)は，Lが液体を摂取することで，C*は飲酒することになる。この例は「類によって種を表す提喩」であり特定化タイプとして第3節で述べたものに入る。
　ただし，「飲む」は国語辞典によっては語義を分けて記述し多義語として認定している場合もある。

　　①液体を口からのどを通して体内へ流し入れる。また，固形物をかまずに体内に送り込む。②特に酒を体内に入れる。飲酒する。
　　　　　　　　　　　　　　　　　（『明鏡国語辞典　第二版』大修館書店）

　このように多義語としてとらえた場合は，アドホック概念構築というより曖

味性除去として判断されうるものである。

　拡張において，L は語彙的概念の外延を示し，C* は拡張されたアドホック概念の外延を表す。Carston (2002) は 3 タイプに分けて説明している。一つずつ見ていこう（図は Carston (2002) を元に改変）。

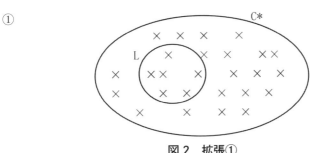

図2　拡張①

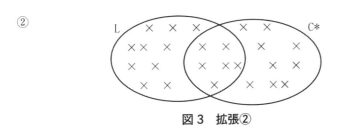

図3　拡張②

　①は，C* が L を含みこむタイプで，「種が類を表す提喩」と対応している。また，②はその変種である。Carston (2002) は次のような例で説明する。

(18)　There is a rectangle of lawn at the back.
　　　（裏には四角形の芝生がある）　　　　　　　　（Carston 2002: 328）

　コード化された概念 rectangle は (18) の例では緩く使われている。アドホック概念が，厳密な長方形から外れる他の形に加え，厳密な長方形をすべて含むのなら①の図式で捉えられる。しかしながら，芝生には相応しくないが厳密な長方形の存在（例えば，2 辺が 100m で，2 辺が数センチの長方形）を考えると②の図式が正確であるとされる。

再び，今井・西山 (2012) の例で考えてみよう。

(19) a. あいつは百万遍言って聞かせても競馬をやめない。
　　 b. この塩焼き，生だぜ。　　　　　　　　（今井・西山 2012: 65–66）

　(19a) の例は，数の提喩にあたるもので，「多数」の意味を表す。「百万遍」のコード的意味がLを，「多数」の意味がC*を表し，C*がLをなかに含み込む。(19b) の例も「生」の「加熱していない」というコード的意味がLで，「加熱が不十分な」という意味がC*を表す。両者とも①の図式でとらえられる。
　LとC*が重ならない場合もある。

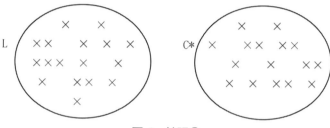

図4　拡張③

(20)　Bob is a magician.　　　　　　　　　　　　（Carston 2002: 351）

　測量技師であるボブが，2, 3の古い缶詰から同居人のために非常においしい食事をあっという間に作ったとき，「魔術師」のコード的な意味をLとするとボブを喩えたこの場合の意味C*は明らかに含みこまれない。
　今井・西山 (2012) のあげる次のような隠喩の例が該当しよう。

(21) a. あの男はコウモリだ。
　　 b. 彼女はカメレオンだ。
　　 c. あいつは放送局だからな。
　　 d. 野党は首相の失言を爪を研ぎながら待ちかまえている。
　　 e. あいつは心臓に毛が生えているんだ。　　（今井・西山 2012: 66）

以上に見たように，アドホック概念構築の「絞り込み」と「拡大」の①は通常の使用域を縮小したり拡大したりして使用することなので，提喩と関わる。

「絞り込み」で見た次の事例は，「類によって種で表す」提喩の特定化タイプに関わるものであった。ただし，前述したように曖昧性除去と考えられる可能性がある。

(22)　今日は飲むのをやめておこう。

むしろ，この図式は次のような例の方が適切であろう。

(23)　走れる選手を見つけてほしい。

この場合，「走る能力がある」という通常の意味がLにあたり，「そのジャンルのスポーツ選手として速く走る能力がある」という臨時的な意味がC*にあたる。第3節で取り上げた次のような「類で種を表す提喩」はどうであろうか。

(24)　ロナウド・ルイス・ナザリオ・ダ・リマ。二十世紀最後の，そして二十一世紀最初のスーパースターになるであろう生命体のフルネームである。　　　　　　　　　　　　　　　　　　　　　　　　　　　(=(6))

この場合，「生命体」の通常の意味が図1のLにあたるのに対し，C*は「サッカー選手であるロナウド」，あるいは「人間」にあたると図式的には言えるかもしれない。しかしながら，この提喩のもたらす表現効果はこの図式をあてはめるだけでは全く説明できない。

拡大の①は次のような提喩の例に適用できる。

(25)　人はパンのみによって生きるにあらず　　　　　　　　　(=(10))
(26) a.　私の周りは冬彦さんばかりだ。
　　 b.　夫婦共働きもマスオさん増加の原因である。　　　　　(=(14))

(25)の例では，「パン」の通常の意味が図2のLにあたり，食物全体に拡

大したものが C* にあたる。(26a)(26b) は，ある特定の人物である「冬彦さ
ん」「マスオさん」が L にあたり，「マザーコンプレックスを持った男性」「妻
方の両親と同居する男性」といったものが C* にあたる。この場合，図式的
にはあてはまるだろうが，他の種のなかでこれらが選ばれたのは代表的な事
物・人物であることという視点が全く欠けている。アドホック概念構築は，
関連性理論という枠組みのなかで，明示的意味が発生するプロセスを説明し
ており，認知言語学と補完的になっていることは認めなければならない。し
かしながら，そこでは統一性についてが重視されており，隠喩も提喩も近似
的な表現も一緒に扱われている。提喩と隠喩の区別は，図式的には見られる
が，認知能力の観点からは扱われていない。また，提喩の非対称的な性質が
捨象されてしまっている，提喩の表現効果への関心が薄いなどの物足りなさ
が残る。「関連性理論が人間の普遍的な推論パターンを抽象的なレベルで捉
える一方，認知意味論ではもう少し具体的なレベルで人間が具体的に行う主
な推論の型を複数取り出して，そのメカニズムに関わる認知領域やフレー
ム的知識を明らかにしようとしている」と早瀬 (2018: 78) で述べられている
が，その「具体的なレベル」での議論を本章第 3 節では提喩に関して提示し
てきたと考えるものである。

　ところで，アドホック概念構築は次のような現象も視野に入れている。

(27)　　Kato: He was upset but he wasn't upset.　　　　　(Carston 2002: 324)

　Carston (2002) では，この例文について次のような説明がなされている。

　　この発話は表面上矛盾しているようにみえるが，妻が殺害された日の
　　O.J. シンプソンの精神状態について問われた証人という文脈では，彼は
　　ある種取り乱した精神状態ではあったが別の（もっと激しい，たとえば
　　人を殺しかねないような）精神状態ではなかったことを伝えたものと理
　　解される。語 upset は二つの異なった動揺の仕方を表現しているとして
　　理解され，少なくともひとつ，いや，おそらく二つとも，より一般的な
　　語彙概念である UPSET（[動揺した]を語用論的に強化することが関与し
　　ている。
　　　　　　　　　　(Carston 2002: 324，引用は邦訳 (p. 481) による)

この場合，2つの upset は，どちらが元というわけではないという捉え方がされている。これは，森(2007)で論じた「拡縮反復」という現象の一例としても考えられる。拡縮反復とは，次の(28)の「空想」のように，一つの文のなかで，同じ語が微妙に意味を変えて用いられている現象を指す。その場合には，基本的にその語で指すカテゴリーが伸び縮みするということからこのような名称で呼ばれている。(27)の upset の例はともに通常の意味から縮んで特殊な意味で用いられていると解釈されるが，(28)の空想は個別の空想と空想らしい空想という次元の異なった捉え方がなされている。

(28) この空想は，全然空想だから，彼には莫迦々々しく，また面白かったのだ。　　　　　　　　　　　　（尾崎一雄『美しい墓地からの眺め』）

拡縮反復は，佐藤(1986)において自己比喩という言語現象の一形態と捉えられ提喩との密接な関係も示唆されている。次節では，自己比喩を提喩論の観点から考えてみたい。

5. 自己比喩

森(2016)では自己比喩を(28)のような拡縮反復以外にも次のような現象にあてはまるとしている。

自己下位語関係
(29) a. あの川にはもう水₁が流れていない。
　　 b. 水₂が飲みたい。

(29b)の「水₂」は「飲料水」に限定される。(29a)の「水₁」の下位概念となろう。その場合，以下のような階層構造となる。

図5　「水」の階層構造

このような自己下位語関係はタクソノミーの上下に同じ概念が出現し，ど

ちらが元であるとは決められないという観点からは森（2016）で述べたように自己比喩と捉えられる。

制限的コープラ文，拡張的コープラ文
(30) a. 人間は動物₁にすぎない。（制限的コープラ文）
　　 b. 人間は単なる動物₁ではない。（拡張的コープラ文）

図6　「動物」の階層構造

　(30a)の「動物」は，「動物₂」を気にかけながらの「動物₁」，「うっかりすると「動物₂」に引きずられそうな概念を，用心しながら「動物₁」に限定している」（佐藤1986: 251）。「動物₁」と「動物₂」の間で意味が「弾性的な振動状態のままで実現されている」のである。稿者なりに言い換えるならば，「人間」と「動物₂」は，勿論，異なるものと理解した上で，その近さを意識すること（「うっかりすると「動物₂」に引きずられる」こと）が「人間は動物₁にすぎない」という表現の背後にあるということになるまた，(30b)の「動物」は「おなじ弾性的概念がむしろ反対の方向へ引きつけられようとしている」というので，「動物₂」から遠ざかっていくことが示されていると考えることができる。これらもタクソノミーの上下に同じ概念が出現し，どちらが元であるとは決められないという観点からは自己比喩と捉えられる。

　自己比喩の規定については，佐藤（1986）において繰り返し言及されている。たとえば，次のような記述を見てみよう。

　　用語＝概念たちは，繰り返しもちいられるその都度，いわば期待される
　　みずからの寸法に対する微妙な比喩，微妙な転義としてもちいられるほ
　　かはない，と言いかえてみてもいい。意味の弾性現象を，《自己比喩》あ
　　るいは《自己転義》と呼ぶこともできそうである。　　　（佐藤 1986: 243）

　また，自己比喩は，佐藤（1986）において，自己提喩と言い換えられている

ところからもわかるように比喩のなかでも隠喩や換喩ではなく提喩と深く関わる現象であることが示唆されている。また，自己比喩の一種である拡縮反復に関しては，次のような叙述からもわかるように，比喩のなかでも隠喩や換喩ではなく提喩と深く関わる現象であるとされている。

> 語の意味の微妙な伸縮ないし拡大＝縮小が，古来のレトリックにおいて《提喩》という名称のもとに注目を集めてきた現象にきわめて近いことは申し述べるまでもない。 　　　　　　　　　　　　　　　　（佐藤 1986: 287）

さらに，佐藤（1986）では，拡縮反復について「まだ（類と種の）提喩とは呼びにくい閾におけるかすかな提喩，しかも同一の語に対する自己提喩の現象であることがわかる」と述べられており，佐藤・佐々木・松尾（2006）においては，肯定の場合（トートロジーの場合）・否定の場合（オクシモロンの場合）ともに，単純な提喩とは説明できないとされている。このように，微妙な言い回しで，提喩との関係が言及されている。

　すでに第3節で述べたように，我々には言葉のタクソノミーを上下させて，物事を示す（認識する）「提喩能力」があり，その能力のもとで通常の言語から逸脱したときに彩としての「提喩」が生じるのである（森（2001b）参照）。このような提喩観をもとに，上の自己比喩についてみると次のようになろう。拡縮反復，自己下位語関係，制限的コープラ文，拡張的コープラ文のいずれの場合も，タクソノミー上の上下関係が成り立っている2つの項が同一の語で表示されている。「能力としての提喩」を背景に，2項の間を同じ語が上下移動しているということができるだろう。しかしながら，その場合，タクソノミーは臨時に形成されたものであり，この2項のどちらかが通常表現，どちらかが異常表現になるというものではないので，「彩としての提喩」が成立する基準をみたさない。また，この場合，全体のカテゴリーを一つの項で代表させているともいえない。したがって，自己比喩は，「彩としての提喩」とはいえないが，「能力しての提喩」の反映された表現と考えられるであろう。

6. おわりに
　以上，本章では認知言語学的な観点からの提喩論の現在地点を提示すると

ともに関連性理論における「アドホック概念」と佐藤信夫の「自己比喩」についての議論との関わりを考察した。提喩は多面的に論じるべき魅力的な題材であり，他の語用論理論やレトリック論者の扱いにおいても興味深い取扱がなされている。本章においては論じられなかった，それらの論との関わりを考察することが今後の課題である。

参照文献

Barsalou, Lawrence W. (1983) Ad hoc categories. *Memory and Cognition* 11 (3): 211–227.

Carston, Robyn (2002) *Thoughts and utterances: The pragmatics of explicit communication.* Blackwell. ［内田聖二・西山佑司・武内道子・山崎英一・松井智子 (訳)『思考と発話　明示的伝達の語用論』研究社］

早瀬尚介 (2018)「認知言語学は語用論についてどのように考えているのであろうか」高橋英光・野村益寛・森雄一 (編)『認知言語学とは何か：あの先生に聞いてみよう』63–85. くろしお出版.

東森勲・吉村あき子 (2003)『関連性理論の新展開：認知とコミュニケーション』研究社.

今井邦彦・西山佑司 (2012)『ことばの意味とはなんだろう：意味論と語用論の役割』岩波書店.

Lakoff, George and Mark Johnson (1980) *Metaphors we live by.* The University of Chicago Press. ［渡部昇一・楠瀬淳三・下谷和幸 (訳)『レトリックと人生』大修館書店.］

Langacker, Ronald W. (1999) *Grammar and Conceptualization.* Mouton de Gruyter.

籾山洋介 (1998)「換喩（メトニミー）と提喩（シネクドキー）：諸説の整理・検討」『名古屋大学日本語・日本文化論集』6: 59–81.

森雄一 (1998)「提喩についての一考察」『明海日本語』4: 49–57.

森雄一 (2001a)「提喩および「全体－部分」「部分－全体」の換喩における非対称性について」『日本認知言語学会論文集』1: 12–22.

森雄一 (2001b)「能力としての比喩，彩としての比喩」『成蹊国文』34: 90–100.

森雄一 (2002)「提喩研究の新展開：非対称性を中心に」『表現研究』76: 15–22.

森雄一 (2004)「問題群としてのレトリック」成蹊大学文学部学会 (編)『レトリック連環』61–83. 風間書房.

森雄一 (2005)「提喩」多門靖容・半沢幹一 (編)『ケーススタディ日本語の表現』132–137. おうふう.

森雄一 (2006)「国語辞典と比喩現象」『成蹊大学文学部紀要』41: 119–131.

Mori, Yuichi (2006) Synecdoche: Toward a new classification.『日本認知言語学会論文集』6: 561–564.

森雄一 (2007)「「拡縮反復」小考」『成蹊國文』40: 140–146.

森雄一 (2008)「隠しつつ見せることについて」成蹊大学文学部学会 (編)『ミステリーが生まれる』161–181. 風間書房.

森雄一 (2011)「隠喩と提喩の境界事例について」『成蹊國文』44: 140–153.

森雄一 (2012)『学びのエクササイズ　レトリック』ひつじ書房.

森雄一 (2016)「自己比喩をめぐって」『成蹊大学文学部紀要』51: 87–97.

森雄一 (2018)「「全体‐部分」「類‐種」の意味論と修辞論」『日本エドワード・サピア協会研究年報』32: 1–13.

大堀壽夫 (2002)『認知言語学』東京大学出版会.

佐藤信夫 (1978)『レトリック感覚』講談社.

佐藤信夫 (1981)『レトリック認識』講談社.

佐藤信夫 (1986)『意味の弾性』岩波書店.

佐藤信夫 (1987)『レトリックの消息』白水社.

瀬戸賢一 (1986)『レトリックの宇宙』海鳴社.

瀬戸賢一 (1997)『認識のレトリック』海鳴社.

Seto, Ken-ichi (1999) Distinguishing metonymy from synecdoche. In Klaus-Uwe Panther, Günter Radden (eds.) *Metonymy in Language and Thought*, 91–120. John Benjamin.

瀬戸賢一・巻下吉夫 (1997)『文化と発想とレトリック』研究社.

Sperber, Dan and Deirdre Wilson (1986, 1995[2]) *Relevance: Communication and cognition.* Blackwell.

高橋英光・森雄一 (2013)『認知言語学　基礎から最前線へ』くろしお出版.

谷口一美 (2003)『認知意味論の新展開：メタファーとメトニミー』研究社.

多門靖容 (2000)「変異・複合タイプ比喩をめぐって」『愛知学院大学文学部紀要』29: 103–116.

Ungerer, Friedrich and Hans-Jörg Schmid (1996) *An introduction to cognitive linguistics.* Longman.［池上嘉彦ほか (訳) (1998)『認知言語学入門』紀伊國屋書店 .］

山梨正明 (1988)『比喩と理解』東京大学出版会.

第 4 部

言語変化と認知言語学

第 1 章

認知言語学と歴史語用論の交流を探る
── MUST の主観的義務用法の成立過程をめぐって──

眞田敬介

キーワード：MUST，義務，願望，主観性と主観化，古英語 motan

1．はじめに

　認知言語学と歴史語用論は，いずれも，言語を実際の言語使用やコミュニケーションなどとの関わりから考察する。しかし筆者の知る限り，具体的な現象を通して双方を交流させる試みは多くはない[1]。そこで本章では，認知言語学と歴史語用論の交流が言語変化研究にどのような貢献を果たし得るかを検討する。具体例として，第 3 節で導入するが，英語の根源的法助動詞 MUST（以下，MUST）[2] の主観的義務[3]用法──話し手（S）が義務の源となり，誰か（Y）がある事態（A）を実現することを S が望んでいる場合に用いられる義務用法──がどのようにして成立したかを扱う。英語法助動詞の通時的研究は小野（1969），Goossens（1987），Traugott（1989），Sweetser（1990: 3 章），Kaita（2015）など数多い。しかし，MUST の主観的義務用法の成立過程を扱う研究は Sanada（2013）以外ほぼない。

　以下，第 2 節で認知言語学と歴史語用論を概観し，両者の接点を Traugott（1989 など）の主観化に見出す。第 3 節では MUST の主観的義務用法と客観的義務用法を概観し，本章における主観性・主観化の定義を示す。第 4

---

[1]　Nerlich（2010）はメタファーとメトニミーを歴史語用論と認知言語学の双方から考察しているが，両理論の交流を積極的に試みたものではないと見受けられる。

[2]　大文字表記の MUST は，古英語 motan，中英語 mo(o)t，初期近代英語以降の must の上位範疇を指すものとする。それぞれ（及びその具体例）を指す場合は小文字表記とする。

[3]　「義務」や "obligation" の意味を「道徳的」「法律的」観点から定義する辞書もあるが，法助動詞研究ではそのような限定をせず広く「しなければならないこと」と捉えることが多い（Lyons 1977: 824–825, Coates 1983 など）。本章も後者に従う。

節では本章のデータ源を概説する。第5節では，本章で主に分析する古英語[4]motan の意味と用法を概観する。その後第6節で motan のデータに基づき，MUST の主観的義務用法の成立過程を議論する。第7節はまとめである。

2. 認知言語学と歴史語用論の概観

2.1 認知言語学と言語変化研究

認知言語学は，言語を「世界を〈意味〉として捉える認知の営みを可能にする記号の体系」(野村 2014: iii) と考え，「言語のあり方を，人間にもともと備わっている感覚，知覚，注意，記憶，推論などの認知能力の観点から説明」(ibid.: 179) する。また，言語の意味を考察するのに言語内的意味のみならず言語外的意味(＝百科事典的意味)の考慮も不可欠であるという百科事典的意味観(Haiman 1980, Langacker 1987: 4.2 節など) を採り，理想化認知モデル (Lakoff 1987) などと呼ばれる知識構造が言語の意味や使用を説明する上で有効であることを示してきた。このような認知言語学が言語変化研究にどのような役割を果たしてきたかを，「認知能力」「記号的文法観」「使用依拠モデル」の3点から以下で概観する。

まず，「認知能力」は様々な言語現象の動機づけとなる。例えば，モノを比較し類似性を知覚するという認知能力はメタファー(例，「彼は研究者の卵だ」)の，ある際立ったモノを経由して別の隣接したモノを把握する参照点能力はメトニミー(例，「今晩は鍋を食べよう」)の，それぞれ動機付けとなる。メタファーやメトニミーは意味変化の説明に大きな力を発揮する。例えば，Sweestser(1990: 3 章) は英語法助動詞の根源的用法から認識的用法への発達にメタファーを適用し，Brinton(1988: 3 章・5 章) は英語のアスペクト表現(例，*stop*, *use up*) が元々空間を表していた語から発達したことを説明するのにメトニミーを援用している。

次に「記号的文法観」とは，Langacker(1987: 1.1 節) らの認知文法が採る文法観である。この言語観の下では，語彙はもちろん文法も意味を持つ記号が単位であり，さらに両者は必ずしも明確に二分化できず，言語単位の複雑度が(語，文などで)異なるもので構成される連続体と見なされる。そのよ

---

[4] 本章における英語の年代区分は Brinton and Arnovick(2016: 490) に基づき以下の通りとする。古英語(500–1100)，中英語(1100–1500)，初期近代英語(1500–1700)，後期近代英語(1700–1900)，現代英語(1900–)。

うな見方を支持する現象の1つに，より語彙的な要素からより文法的な要素
へ，及び文法的な要素から更に文法的な要素への変化を扱う「文法化」があ
る (Hopper and Traugott 2003 など)。例えば be going to V は，元は「V する
ために移動中である」を意味し，本動詞 go の進行形を含む構文であった。
しかし，「V するために移動中である」ことから「後に V するだろう」とい
う未来の予測が含意される。このような推論が契機となって未来の意味へと
変化し，より文法的な項目である準助動詞へと変化した (この統語範疇の変
化は gonna という縮約に見て取れる)。このような文法化の仕組みを捉える
には，語彙と文法が連続体を成すと見る理論の方が好都合である [5]。

　最後に「使用依拠モデル」とは，上述したような記号体系としての言語
構造が実際の場面 (談話など) での使用に動機づけられるという考え方であ
る (Langacker 1987: 46 など)。このモデルは，Bybee (2007) などが言語変化
研究にも適用しており，言語表現の新しい用法が使用頻度を増すことで定着
し，その表現の言語的意味となっていく様を多くの現象を通して論じてい
る。例えば，英語法助動詞 can の元である古英語の本動詞 cunnan は，不定
詞補部を取ると「(ある動作主が) ～する方法を知っている」という意味を表
した。しかし cunnan の使用頻度が増すにつれて，動作主の能力以外の意味
(状況可能など) も表すようになった。また，不定詞補部に来る動詞の種類
も増え，動作主の意思が典型的には関わらない動詞 (例，know) を取れるよ
うになった (Bybee 2007: 339–348)。

2.2　歴史語用論

　歴史語用論は，過去における言語の使用，その使用の通時的発達，そし
て言語変化一般に対する語用論的説明を追究する分野である。遅くとも
Jucker ed. (1995) を機に関連する研究が多く公表され，2000 年から *Journal
of Historical Pragmatics* が年 2 回発刊されている。日本でも歴史語用論の書
籍が出版されている (高田・椎名・小野寺 (編) 2011, 金水・高田・椎名 (編)
2014, 高田・小野寺・青木 (編) 2018)。このように，この 20 年以上注目を
浴びている歴史語用論を，本節では「分析対象データの性質」「研究アプロー
チ」の 2 点から概観する。

---

[5]　文法化が認知言語学においてなぜ重要な現象と見なされるかは，古賀 (2016: 424) と大
橋 (2018) を参照。

まず，歴史語用論の扱うデータは，主に話し言葉，あるいはそれに近いと判断できるもの（例えば，録音・録画された会話などの音声資料を文字化したもの）である。このようなデータ観は古い時代の言語分析への適用が困難であったが，この問題を克服するために歴史語用論は，書き言葉にも（会議の記録などのような）何らかの理由で発話を記録したものなどを話し言葉に近いものと位置づけ（Rissanen 1986: 98），そのようなテキストも研究対象とするという方針を立てた。

次に，歴史語用論は次の2つの研究アプローチを採る。第一の「語用論的フィロロジー」は，「歴史的テキストのコンテクスト―すなわち送り手・受け手の社会関係，人間関係，テキストとその時代の社会状況との関わり，テキストの目的など―を描く」（小野寺 2006: 76）。第二の「通時的語用論」は，「言語形式・機能と用法が同一言語の異なる時期でどう違うかを見る」（ibid.）。通時的語用論はさらに，ある言語形式がどのような言語機能を表すようになったのかを研究する「形式から機能へのマッピング」と，逆に，ある言語機能がどのような言語形式によって表されるようになったのかを研究する「機能から形式へのマッピング」に分けられる。

2.3 認知言語学と歴史語用論の交流地点としての主観化

歴史語用論と認知言語学には扱う現象に重なりが見られ，その中に文法化と主観化がある。これらは，通時的語用論の中の「形式から機能へのマッピング」の研究に位置付けられ，メタファーやメトニミーが関わるとする認知言語学的研究もある。以下は本章に大きく関わる主観化の先行研究を概観し，そこに両理論の交流地点を探る。

主観化は研究者により定義が大きく異なるが，本章では Lyons（1977: 739）による主観性の定義―「話し手が発話をすると同時に，自分の発言している内容に対するコメントを述べたり態度を述べたりする」こと―に依拠した Traugott（1989）の定義を採用する。

Traugott（ibid.: 34–35）は主観化の考察に際し，意味変化に見られる意味論的・語用論的傾向を次の通り示した（翻訳は籾山・深田 2003: 128–129 に負う）。

第1の意味的・語用論的傾向：外界の事態に基づく意味から言語主体の評価や知覚，認識などの内的状態を反映した意味へ

第2の意味的・語用論的傾向：外界の事態あるいは内的状況に基づく意味からテキスト内の関係を表す意味へ

第3の意味的・語用論的傾向：ある状態に対する話者の主観的な信条や態度などを中心に表す意味へ

このうち第3の傾向が主観化に当たる。例えば，英語法助動詞の根源的用法から認識的用法への意味変化には，ある命題内容に対する話者の蓋然性の判断が関わる（Traugott 1989: 3.4 節。cf. Sweetser 1990: 3 章）。また，同時性を表す while が譲歩も表すようになるが，これは，2つの事態が同時に起こることを話し手が驚きを持って捉える時に成立した意味であり（Traugott and König 1991: 211），この「驚き」が話し手の主観的な信念・態度にあたる。

　ここでの主観化には語用論的推論が関わり（Traugott and Dasher 2002: 1.3.2 節），その推論にはメトニミーが関わると考えられている（Traugott and König 1991: 209–212, Traugott and Dasher 2002: 2.3.2 節・2.3.4 節，籾山・深田 2003: 128 など）[6]。ここに歴史語用論と認知言語学の交流する場所を見出せる。Traugott and König（1991: 4 節）はここでのメトニミーとして，言語的意味と，その語が使われている状況に関わる推論から得られる語用論的意味の間に見られる隣接関係を想定している。具体例として英語 siþþan の意味変化を見よう（ibid.）。siþþan は2つの出来事の時間関係「〜以来」を表すが，出来事 A の後に出来事 B が起きたということから，場合によっては，A と B の間に因果関係を見出すことができる（A が原因で B が結果を表す）。ここに，siþþan の言語的意味「A 以来 B」と，語用論的意味「A なので B」の間に隣接関係が見られるというのが Traugott and König の考えである。籾山・深田（2003: 128）も，「元の意味の表す事態をそれと日常的に共起・連続する事態と関連づけるというメトニミーという能力があるからこそ，語用論的推論を行うことができる」と述べている。さらに，Traugott and Dasher（2002: 97）では，主観化を「話し手／書き手の伝達行為，特に話し手／書き手の態度」を連想させること，と位置付けている。こうした主観化にメトニミーが関わるという考えは興味深い。しかし両者の関わりを具体的現象の分析を通して検討する余地はまだ大きいと思われる。

6　第1と第2の傾向にはメタファーが関わる（Traugott and König 1991: 207–209）。

3. MUST の義務用法における主観性と主観化

本節では，本章で注目する MUST の主観的義務用法を導入し，MUST に関わる主観性と主観化の内容を示す。

MUST はしばしば，根源的用法の have to（以下 have to）と比較される（Quirk, Greenbaum, Leech and Svartvik. 1985，柏野 2002 など）[7]。

（ 1 ）a. You *must* be back by ten o'clock.

（10 時までに戻らないといけません）

b. You *have to* be back by ten o'clock.

（10 時までに戻らないといけません）

（Quirk et al. 1985: 225–226. イタリックは原著）

MUST は典型的に話し手が権威を行使していることを示し，（1a）は "I require you to be back ..." と書き換えられる（ibid.: 225）。一方，have to は話し手が権威を持つという含意を持たず（ibid.: 226）「外的要因による義務」（柏野 2002: 125）を表す傾向にある。このように，何が義務の源になるかという点で MUST と have to は区別され，前者が「主観的義務」を，後者が「客観的義務」を表すとされる。ただしこの区分は典型的なものであり，絶対的なものではない（Sanada 2009: 4 章）。

（1）に見られる区分は，Traugott and Dasher（2002: 125）による根源的法助動詞の主観性―「話し手が義務の源になっている場合，その義務付けは主観的である」―と軸を一にする。しかしこの定義は「話し手が義務の源になる」とはどういうことかに触れていない。この点での精緻化に向けて Sanada（2009: 4 章）は，発話行為論（Searle 1979 など）や認知意味論（Lakoff 1987 など）に基づき，話し手が義務の源になる際は「話し手の願望」が伴うものであると主張した[8]。（1a）であれば，（文脈にもよるが）話し手が聞き手に 10 時までに戻ってほしいと思っている，と考えるのである。これに基づき，本章では MUST の主観的義務用法と客観的義務用法を次の通り定義

---

[7] 本章の例のイタリックは，特に断り書きのない限り，全て本章の筆者による。

[8] この「話し手の願望」は指令的発話行為の誠実性条件に対応する（Searle 1979: 14）。

認知言語学と歴史語用論の交流を探る ｜ 245

する[9]。

（2）a. MUST の主観的義務用法：
話し手（S）が義務の源となり，誰か（Y）がある事態（A）を実現することをSが望んでいる。

b. MUST の客観的義務用法：
S 以外の人間あるいは外部の状況が義務の源となる際に用いられる。その際，SはYがAを実現することを望んでいないか関心を寄せていない。それでも，外部の状況などを勘案した結果，YがAを実現することが必要だと見なしている。

（2）に基づき本章では，MUST の表す義務が（2b）に加え（2a）も表すようになっていくことを「MUST の主観化」と呼ぶ。では，いかにして MUST が主観化していったのだろうか。Traugott and Dasher（2002: 97）に基づき換言するならば，（2b）を表していた MUST がどのようにして話し手の願望を連想させ，（2a）を表すようになったのであろうか。第 6 節で議論する。

4. データ源

本章の扱うデータは，歴史語用論で分析されるデータの性質（2.2 節）を念頭に置き，口語的性質をある程度でも持つとされるものとした。

古英語のデータは韻文（詩）から *Dictionary of Old English Corpus* を用いて収集した。具体的には，*Anglo-Saxon Poetic Records*（Krapp and Dobbie eds., 1931–53）に所収の全作品，及びその詩集に収集されていない *Instructions for Christians*（Rosier 1964）から収集した。これらの古英詩がある程度でも口語的性質を持つと考えたのは，「現存している古英語の詩で完全に口承により伝達されたものはないものの，どの詩も程度の差はあれ，口承文学の性質が見られる」（Fulk and Cain 2013: 31）ためである。

中英語のデータは，「カンタベリー物語」から収集した（Benson ed. 2008）。この物語は，カンタベリー大聖堂への巡礼者たちが一人ひとり自分の持つ逸

---

[9] （2）は Sanada（2013: 71）に掲載の定義に義務の源への言及を追記し，和訳する際に文言を一部修正したものである。

話などを他の巡礼者に話すという設定である。これを踏まえ，カンタベリー物語も口語的性質をある程度でも持つものとみなす。

初期近代英語はシェイクスピア作品から，後期近代英語以降は小説や新聞などから，主にセリフを抜きだしたものをデータとした（Sanada 2009）。

5. 古英語 motan の意味・用法の概観

本章は，MUST の主観的義務用法の成立過程を議論するにあたり，古英語 motan の用例観察と分析（第 6 節）に依拠する。古英語の辞書の 1 つである Bosworth（1898）は，motan の辞書的意味を "to be allowed, may" と "to be obliged, must" の大きく 2 つとしている。本節では，(i) 本章は motan の意味・用法をどう分類するか，(ii) 義務用法を本章がどのように特定したか，(iii) 義務用法自体がどのようにして成立したか，を概観する。

5.1 motan の意味・用法の分類

Bosworth の他にも motan の意味・用法を扱う研究は少なからずある（小野 1969, Solo 1977, Goossens 1987, Van Herreweghe 2000, Kaita 2015 など）が，まずは Bosworth による motan の辞書的意味に従い次の 2 つの用法を立てる（より詳細な意味・用法の分析は稿を改めたい）。用例数も併せて載せる。

（3）a.　義務：40 例

　　　b.　許可：270 例

以下，(3a, b) それぞれをもう少し詳しく見ていこう。まず，(3a) には否定文に出てくる「〜してはならない」という禁止の用例も含める[10]。そうした禁止の用例は 30 例あり，残る 10 例が肯定文で生起している。この 40 例中，先ほど (2a) で導入した主観的義務用法が 3 例で，残る 37 例が (2b) で導入した客観的義務用法であった。次に，(3b) は広義の許可とし，何らかの権威による狭義の許可と，何らかの状況や能力による可能も含める（後者は，状況や能力が許可をする，とメタファーに基づいて捉えることもできよ

---

[10]　この扱いは，現代英語の辞書では禁止の must が義務の must の一種として扱われるのが普通であることによる。一方，Goossens (1987) は「禁止」を「許可の否定」と捉え，「許可」に含めている。

認知言語学と歴史語用論の交流を探る | 247

う）。(3a, b) の用例をそれぞれ (4a, b) に挙げる[11]。

(4) a. Me sendon to þe   sæmen snelle,
          me sent   to thee seamen bold

          heton   ðe secgan þæt þu *most* sendan raðe
          commanded   you say   that you "must" send   quickly

          beagas wið   gebeorge;
          ring   in-return-for protection

          （恐れを知らぬ海賊たちは我を汝に送り，防衛と引換えに宝環を急
          ぎ送る<u>べき</u>（…）ことを汝に述べよと命じた）[12]

                                          (*The Battle of Maldon*: 29–31a)

     b. *moste*   on ecnisse æfter   lybban,
         "must"   on eternity afterwards exist

         wesan on worulde,   se þæs wæstmes onbat,
         exist in world   he who fruits   ate

         （その実を食べた者は未来永劫にその後生き長らえ現世に在る<u>こと
         ができた</u>）   (*Genesis B*: 469–470)

　　また，(3b) の用例の中には，「人間がある事態の実現を望んでいること
が，構文や文脈などで表される」ものが 66 例ある。このような用法を本章
では「願望」用法と呼ぶことにする[13]。具体例を (5) に挙げよう。

(5)   Ūþe   ic swīþor,
                  wished   I rather

         þæt ðū hine selfne gesēon *mōste*,
         that you him self   see   "must"

---

[11]　以下，古英語の実例に付す現代英語のグロスは筆者による。motan のグロスは Van
Herreweghe (2000) に倣い，motan の意味・用法に関わらず "must" に統一する。

[12]　古英語の実例の和訳は特記無き限り羽染 (1985, 1992) に負うが，引用した原文の内容
に応じ，和訳の一部を省略することがある。また，motan の訳の箇所に下線を施す。

[13]　主観的義務 (2a) は確かに話し手が「事態の実現を望む」という要素を持つが，それに
加えて「義務の源となる」という要素もあり，後者の要素を重視して義務用法に分類する。

fēond on frætewum   fyl-wērigne!

fiend in decorated-armours   fall-weary

（貴方が彼自らを，殺されている飾られた武具つけた敵を眺められる
ことをむしろ願ったのです）   （*Beowulf*: 960b-962a）

　次節で議論する通り，この用法が主観的義務用法の成立に大きな役割を果
たすと本章では考える。

5.2 motan の義務用法を特定した基準

　次に，本章がどのようにして義務用法を特定したかを記しておく。Goossens
（1987: 232–233）によると，motan 文が権威を持つ側が課す許可を表す場
合，その文の事態（state of affairs）は「権威に直面する人にとって（望まし
い，好ましいなど）何らかの点で肯定的に捉えられる事態」を表す。一方，
motan 文が権威を持つ側（例えば王や神）により課される義務を表す際，そ
の文の命題内容は「権威に直面する人（典型的には motan 文の主語となる人
間）にとって（難しい，望ましくないなど）何らかの点で否定的に捉えられる
事態」を表す。本章ではこの後者の命題内容を，権威を持つ側による義務だ
けでなく，話し手の外部の状況によりせざるを得ないことを表す義務にも拡
大して適用する。すなわち，motan 文の命題内容が「権威や状況に直面する
人（典型的には motan 文の主語となる人間）にとって（難しい，望ましくない
など）何らかの点で否定的に捉えられる事態」を表す場合，それを（3a）の用
例と見なす。

5.3 motan の義務用法の派生に関わる文脈

　最後に，義務用法自体がどのように派生したのかについても概説してお
く。5.1 節で挙げた先行研究の多くは，許可・可能（3b）から義務（3a）への
派生を議論している[14]。本章ではその派生の橋渡しとなる文脈として次の 2
種類を認める（cf. Narrog 2012: 6.1.1 節）。

　1 つ目は，許可の否定が禁止を含意するという考え方である（Visser 1963–73:

---

[14]　Kaita（2015: 67）は，motan が義務を表すと解釈できる場合に願望が関わる可能性を指
摘しているが，願望が義務の解釈を生み出す過程を十分に考察していない。

認知言語学と歴史語用論の交流を探る | 249

1797, Traugott and Dasher 2002: 124, Kaita 2015: 176 など）。「〜することを許可しない」というのは「〜することを禁止する」ということであり「〜しないことを義務付ける」という解釈もできる[15]。2つ目は，5.2 節で言及したmotan 文の命題内容の違いに基づく派生である（cf. Goossens 1987）。何らかの点で肯定的な事態の実現が（神や王などの）権威や状況により働きかけられれば，その権威や状況に直面する人はそれを実現しても良いと捉えることができる。一方，何らかの点で否定的な事態の実現が働きかけられれば，その権威や状況に直面する人は権威や状況の働きかけを受け入れざるを得なくなり，従ってその事態の実現を強いられたと考えることができる。もともとあった「許可用法」のうち，「肯定的に捉えられる」という箇所が不問に付され，「否定的に捉えられる」へと拡張した結果，「義務用法」ができた，と言うこともできよう。

　なお，本節で言及した先行研究は，主観的義務（2a）と客観的義務（2b）の区分を導入しておらず，その2つの義務のうちどちらが先行したかにも言及していない。この問題に対する本章の立場は 6.2 節で述べる。

6. 主観的義務用法の成立過程―古英語 motan の分析から―

　本節では第5節の内容を踏まえ，MUST の主観的義務用法の成立過程を，古英語 motan の分析を通して探る。以下，motan の義務用法（3a）を観察し（6.1 節），客観的義務用法（2b）が主観的義務用法（2a）に先行していた可能性，及び後者の用法が定着していく過程を，使用頻度に基づき指摘する（6.2 節）。その上で，主観的義務用法の成立過程を，motan が表す義務・願望に関わる百科事典的知識を主に視野に入れつつ検討する（6.3 節）。

6.1　motan の義務用法の観察

　客観的義務用法（2b）は 40 例中 37 例観察された。例として（6）を見よう。

---

[15]　先行研究では指摘されていないが，筆者が集めた義務用法の用例についていえば，肯定文より否定文に生起する頻度が高い（全 40 例中 30 例が否定文に生起している）。とはいえ，残る 10 例は肯定文で生起しているので，肯定文の用例も視野に入れた派生経路―次に示す2つ目の経路―を仮定することも可能であろう。

(6)a. Me sendon to þe sæmen snelle,
me sent to thee seamen bold

heton ðe secgan þæt þu *most* sendan raðe
commanded you say that you "must" send quickly

beagas wið gebeorge;
ring in-return-for protection

(恐れを知らぬ海賊たちは我を汝に送り，防衛と引換えに宝環を急ぎ送る<u>べき</u>（…）ことを汝に述べよと命じた) 　　　　(＝(4a))

b. 　　　　 lond-rihtes *mot*
　　　　 right-to-own-land "must"

þære mægburge monna æghwylc
their family person every

idel hweorfan, syððan æðelingas
devoid-of wander, since noble-men

feorran gefricgean fleam eowerne,
from-afar learn flight your

domleasan dæd
inglorious action

(生まれ貴い人々が汝らの逃亡，恥辱となる行いを遠方から耳にしてからは，その一族の民はすべて土地の権利を奪われてさまよわ<u>ねばならぬ</u>) 　　　　(*Beowulf* 2886b–2890a)

(6a, b) での義務は話し手以外の人間によって課されている。(6a) では「恐れを知らぬ海賊たち」によって（話し手を通して）課されたもので，(6b) では「生まれ貴い人たち」によって課されたものと解釈できる。
　一方，残る 3 例が (7) に挙げた主観的義務用法である[16]。

(7)a. Þu scealt eac yfelne ege an forlætan,
You shall also evil fear only abandon

---

[16] (7) の motan は全て否定文に生起しているが，理由は不明である。

woruldearfoða,　　　ne *most*　ðu　wesan　for　ðæm

on-earthly-misery,　　not "must" you　become for　it

ealles　　to　ormod,

entirely　　too　hopeless

（汝は憂き世の悩みに対する誤った恐れを捨て去るべきだ。またそ
のために悲観しすぎ<u>てはならぬ</u>）（*The Meters of Boethius*: 5.28–30a）

b.　Ne　*mot*　ænig　heora　awiht onsundran

not　 "must" anyone　his　　at-all　privately

habban ænlepig,　ac　sceal eal wesan

have　　alone,　　but　shall all　become

munucum　gemæne,　　þæt heom metod leanað.

with-monk　associated,　 that them creator rewards

（誰一人，自分のものを私的に所有<u>してはならぬ</u>。むしろ，創造主
が彼らに貸し与えるものは全て修道僧の共有の財産なのである）[17]

（*Instructions for Christians* 114–116）

c.　Ne　magon hie　ond ne　*moton*　　 ofer　mine est

not　can　 they and not "must"　　over　my　　favor

þinne lichoman,　　lehtrum scyldige,

thy　　body　　　vice　　guilty

deaðe　gedælan,

death　 distribute

（罪を犯した彼らには，（…）わが意に反して汝の身体を死に引き渡
すことは出来ないし<u>叶わない</u>）　　　（*Andreas*: 1215–1217a）

(7a–c) はいずれも，話し手が自らの知識・権限・職業等に照らし合わせ
て，主語の指示対象に義務を課す側となる。また，話し手は，命題内容の実
現を願望しながら義務を課している。(7a) では賢者が聞き手 Boethius を救
いたいと考えている。(7b) では説教者 (S) が，共有の財産を私物化してもら
いたくない，と考えている。(7c) では神 (S) が Andreas（聞き手）を，罪を犯

17　本文は Rosier（1964: 14）に負う。和訳は Jones（2012: 145）による現代英語訳に基づき
筆者が施した。

した人々による攻撃から保護したいと考えている。

この主観的義務用法でも，（Goossens が言うように）権威に直面する側にとって A は何らかの理由で否定的と捉えられるものであることに注意されたい。(7a–c) の motan 文の主語の人間は，A せずにはいられない (7a) あるいは A したい (7b, c) 中，A することを禁止されている。従って，これらの人間にとって A をしないことが難しいと捉えられるであろう。

なお，(7) では義務を課す側が課される側よりも社会的に明らかに上であることは，次節以降の議論において重要な共通点として指摘しておきたい。

6.2　主観的義務用法の成立と定着―使用頻度の観点から―

前節で見たように，motan の客観的義務用法の方が主観的義務用法より用例数が多かったが，本章では，前者の用法から後者の用法が生じたと考える[18]。その後，古英語期にわずか 3 例（motan の義務用法全 40 例中 7.5%）ではあるが観察された主観的義務用法が，時代が進むにつれて使用頻度を増し定着に至ったと考えたい。これは認知言語学が採る使用依拠モデル (2.1 節) に基づく考え方である。

Sanada(2013) の観察によると，中英語期から初期近代英語期以降に移るにつれ，主観的義務用法の使用頻度が増す。表 1 を見よう。

表 1　中英語から現代英語の MUST における主観的・客観的義務用法の頻度

(Sanada(2013) の表 1 〜 4 に基づく)

	主観的義務	客観的義務	合計	χ^2
中英語の mo(o)t	81 (45.5%)	97 (54.5%)	178 (100.0%)	1.438 (n.s.)
初期近代英語の must	212 (76.5%)	65 (23.5%)	277 (100.0%)	78.010
後期近代英語の must	91 (69.5%)	40 (30.5%)	131 (100.0%)	19.855
現代英語の must	185 (85.6%)	31 (14.4%)	216 (100.0%)	109.796

---

[18]　論理的には，主観的義務用法が先に生じ，後に客観的義務用法が派生した可能性も想定できる。しかしそうすると，主観的義務用法が客観的義務用法に比べ，頻度が高い時期があったが一旦頻度が下がり，再び上がった，という仮定をすることになる。筆者の知る限り，通時的研究でそのような使用頻度の変遷を報告した研究は見当たらないし，筆者の持つデータにもそのような仮定を支持する証拠はない。従って，冒頭に挙げた可能性は想定しない。

認知言語学と歴史語用論の交流を探る | 253

時代ごとに合計数がばらついているが，motan から mo(o)t を経て must に
変化するにつれて，主観的義務用法の割合が増していることが示される。
mo(o)t と must から主観的義務用法の例を 1 つずつ載せておく。

（8）a.　［魔術師（S）は召使（聞き手）に命じ，恋について悩んでいる
　　　　　Aurelius（Y）に夕食を出させた］
　　　　　Thise amorous folk somtyme *moote* han hir reste.
　　　　　（こういった恋をしている人たちは時に休息をとらなければならな
　　　　　<u>い</u>ものだ）[19]　　　　　　（*Canterbury Tales, The Franklin's Tale*: 1218）
　　　b.　［Orlando（Y であり聞き手）は今まさに話をしている相手が実は男装
　　　　　している Rosalind（S）と気づいていない］
　　　　　Nay, you *must* call me Rosalind.
　　　　　（いや，ロザリンドと呼んでくださ<u>らなければ</u>）[20]
　　　　　　　　　　　　　　　　　　　　　　　　（*As You Like It*: 3.2.422）

ここで指摘しておきたいのは，motan の例（7）で見られたのとは異なり，（8）
における義務を課す側と課される側の関係が必ずしも社会的に明確な上下関
係に基づかない点である。（8a）では義務を課す手品師と課される Aurelius の
間に社会的な上下関係があるかは不明である。（8b）では義務を課す側と課
される側が恋人同士であるから，そこに社会的な上下関係があるとは言い難
い。このように義務を課す側と課される側が明確な社会的上下関係に必ずし
も基づかなくなったことは，MUST の主観的義務用法が定着するにつれ，そ
の使用環境の幅が広がったことの 1 つの現れと言えるかもしれない。

6.3　主観的義務用法の成立過程─認知言語学的観点からの考察─

　最後に，客観的義務（2b）を表していた motan が主観的義務（2a）を表すよ
うになる際，どのようにして話し手の願望を連想させるに至ったのかを考察
する。以下では，「義務」に関する百科事典的知識を整理し，それを本節の
説明に援用していく。

---

[19]　「完訳カンタベリー物語（中）」（桝井迪夫訳。岩波文庫）の p. 270 から引用した。

[20]　小田島雄志氏による和訳を「シェイクスピア大全」（新潮社（編））から引用した。

まず，(2a) では話し手が（ある事態 A を実現させる際の）義務の源になるという点から議論を始めよう。それでは，どうして話し手が義務の源になれるのだろうか。理由は複数あり得るが，ここでは，話し手が自らにとって A が必要だというのを知っているからというのを挙げたい。例えば，医者が患者に毎食後薬を飲むようにと義務を課す源になれるのは，「患者がその薬を飲む必要がある」ことを医者が知っているからである。上述の医者が，薬を飲む必要のない健康な人に薬を飲むよう義務を課すのは通常あり得ない。必要でないことの実現を誰かに働きかけることは明らかに不適切であろう。

　しかし，この知識は客観的義務用法にも備わっており（(2b) の「外部の状況などを勘案した結果，Y が A を実現することが必要だと見なしている」に注意），この知識を出すだけでは主観的義務用法への派生の説明にならない。

　そこで次に考えたいのが，なぜ話し手は A の実現を必要だと思っているのかという問題である。そうした必要に至る理由はいくつかありうるが，「A が実現しないと話し手にとって不利益になるのを知っているから」，そして「話し手が A の実現を望んでいるから」を挙げることができる。このうち，後者がここまで問題にしてきた「話し手の願望」に相当する。例えば，カナダでの在外研修を控えた私が，カナダ政府が就労ビザを発給すること（これが A に相当）の実現を必要としているとしよう。それが必要な理由はというと，ビザがないと在外研修に出られないという不利益を被るし，在外研修に出るために就労ビザを欲しいと思っている―すなわち A の実現を求めている―からである。このように考えると，客観的義務用法 (2b) にもあった「必要」という要素から，主観的義務用法 (2a) において重要な「話し手の願望」という要素への連想がしやすくなる[21]。

　このような連想が，motan で慣習的に使われていたと思われる別の用法により促進された可能性を指摘したい。その用法とは，ある事態の実現を話し手が望んでいる（ただしここで話し手はその事態の実現を働きかけるわけではない）ことを表す「主観的願望用法」である（願望用法全 66 例の内 46 例にあたる[22]）。この用法と（すでに一定程度の頻度で使われていた）客観的義

---

[21]　話し手が A の実現を必要と考えたからといって，常にその実現を求めるとは限らない。あくまで，必要から話し手の願望への連想が動機づけられるに留まると言えよう。

[22]　残り 20 例は，話し手以外の人間が願望する「客観的願望用法」である。

認知言語学と歴史語用論の交流を探る | 255

務方法が合わさって，主観的義務用法ができた，というのが以下の議論の全体像である。

まず，主観的願望用法の具体例を見よう。

(9) a.　　　　　　　　　Ūþe　　ic swīþor,
　　　　　　　　　　　　wished　I　rather

　　　þæt　ðū　hine selfne　　　gesēon *mōste*,
　　　that　you　him self　　　　see　"must"

　　　fēond　on frætewum　　　　fyl-wērigne!
　　　fiend　in decorated-armours　fall-weary

　　　（貴方が彼自らを，殺されている飾られた武具つけた敵を<u>眺められ
　　　る</u>ことをむしろ願ったのです）　　　　　　　　　　　（= (5)）

　　b.　Nū　ic āh,　milde Metod,　　mǣste þearfe
　　　　now　I have　kind Maker　　utmost need

　　　　þæt　þū　mīnum gāste　　gōdes geunne,
　　　　that　you　to-my soul　　favour should-grant

　　　　þæt　mīn sawul tō ðē　　sīðian *mote*
　　　　that　my soul　to you　　travel "must"

　　　　on　þīn geweald,　　þēoden engla,
　　　　into　your dominion　Lord　of-angels

　　　　mid　friþe ferian.
　　　　with　peace journey

　　　　（慈悲ぶかい造り主よ，あなたが私の魂に天国の喜びを与え，私の
　　　　魂があなたの許へ旅し，天使らの主よ，恙なくあなたの力の中へ旅
　　　　立つことが今や私にはとても必要です）

　　　　　　　　　　　　　　　　（*The Battle of Maldon*: 175–179a) [23]

---

[23]　(9b) の和訳に motan に相当する箇所が見つからないので，どこにも下線を施さなかった。「必要です」は上述の *ic āh … mǣste þearfe þæt* という構文の和訳の一部であり，motan の和訳ではない。なお，「必要です」という和訳があるにも拘らず，(9b) の motan を義務用法ではなく主観的願望用法に分類したのは，話し手ビルフトノスが聞き手の造り主に対し，そちらに行きたいとの望みを述べているという文脈を踏まえたためである。

ここで話し手がmotan 文の表す事態の実現を望んでいると言えるのは，
(9a) は *uþe ic ... þæt* (wished I ... that)，(9b) は *ic āh ... mǣste þearfe þæt* (I
have ... utmost need that) という構文による。なお，(9) ではいずれも，願望
を持っていることを述べる話し手の方が聞き手よりも力が弱いことに注意
されたい。(9a) の話し手はベーオウルフであるのに対し聞き手はフロース
ガール王である。(9b) では話し手はビルフトノスであるのに対し聞き手が
造り主である。この点で (9) のような主観的願望用法と主観的義務用法は異
なる (後述)。

　(9) の直前で言及した通り，このような主観的願望用法は 46 例見つかっ
た。5.1 節の (3a) に挙げた客観的義務 (2b) 37 例より若干多いが，両者の使
用頻度の差は大きくないと言って良いだろう。これは，motan が客観的義務
を表すという言語知識と同様に，主観的願望を表すという言語知識をある程
度でも備えていたことを示唆する。ここに，客観的義務用法と主観的願望用
法が合わさる余地が生まれ，その合わさった知識の総体の中で「必要」から
「話し手の願望」へのメトニミーによる連想 (2.3 節) が促進され，それが主
観的義務用法の成立に貢献したと考えられる。

　ただし，話し手が A の実現を必要と思いかつ望むだけで，話し手が義務
を課す源になれるとは限らない。例えば，上述の就労ビザの例において，私
がカナダ政府にビザ発給を義務付けることは通常は不可能であろう。ビザ発
給を決める権限はカナダ政府にあり，私はカナダ政府よりも力が弱いから
である。すなわち，話し手が義務を課す源となるためには，A の実現を必要
かつ望ましいと思い，さらに自らが義務を課す相手よりも何らかの点で力が
強くなければならないということになる。実際，主観的義務を表すとした
motan の実例 (6) では，共通して，義務を課す側 ((7) の話し手に相当) が課
される側よりも社会的に明らかに上であった。(7a) では，話し手である賢
者の方が Boethius よりも知識を持っている点で力が上と言える。同様の理
由で，(7b) の話し手である説教者は，説教を受ける聞き手よりも力が上で
ある。(7c) の話し手である神が聞き手 Andreas より力が上なのは明らかで
あろう。

　このようにして，話し手が A の実現を必要と思い，かつ望み，さらに話
し手が聞き手より力が明らかに上である (7) のような場面で，motan が主観
的義務を表すようになった。その後，(6.2 節で見た通り) そうした用法が繰

り返し使用されることで使用場面を広げつつ定着した，と考える。

本節を終える前に，これまでの議論において，次の2つの点で認知言語学の考え方が活用されていることを簡潔に指摘しておく。第1に，motan の言語的意味に閉じることなく「なぜ話し手が義務の源になれるのか」「なぜ話し手が A の実現を必要とするのか」などの，「義務」に関わる百科事典的知識を援用した。第2に，その知識の総体における「必要」から「話し手の願望」へのメトニミーによる連想を，主観的義務用法成立の重要なメカニズムとした。以上，本節は主観化とメトニミーの関わりを具体的現象の分析を通して検討する1つの研究事例を提示した。

7.　おわりに

本章は，言語観や分析方法を共有する歴史語用論と認知言語学の交流を試みた。その交流の場所の1つに，Traugott（1989 など）による主観化を据えた上で，MUST の客観的義務用法から主観的義務用法が成立した過程を考察した。認知言語学が採る百科事典的意味観に基づき，motan の言語的に意味に関わる義務に備わる知識を整理し，「必要」から「話し手の願望」へのメトニミーによる連想によって主観的義務用法の成立が促されたと主張した。同時に，そのメトニミーには motan の主観的願望用法が貢献している可能性も指摘した。

本章は，motan の主観的義務用法の成立に関わる語用論的推論のメカニズムを認知言語学的観点から明確化することを試みたもので，これを認知言語学と歴史語用論の交流の成果の1つと位置づけたい。

付記

本章は，成蹊大学アジア太平洋研究センター共同研究プロジェクト「認知言語学の新領域開拓研究」主催シンポジウム「認知言語学の内と外から言語変化を捉え直す」（2016 年 8 月 12 日，成蹊大学）における口頭発表の原稿に大幅な増補改訂を施したものである。発表の場やその前後で貴重なコメントをくださった方々に感謝したい。特に，本シンポジウムを企画して下さった森雄一先生，本章の草稿に対し建設的な批判と懇切丁寧な助言を下さった Laurel J. Brinton 先生，西村義樹先生，長谷川明香氏に記して感謝申し上げる。無論，本章に残る不備は全て筆者一人のものである。なお，本章には筆者の勤務先（札幌学院大学）の長期在外研修（2016 年 10 月 1 日〜 2017 年 9 月 29 日，ブリティッシュコロンビア大学）の成果の一部も含まれている。

参照文献

Benson, Larry D.(ed.)(2008) *The riverside Chaucer*. 3rd ed. Oxford University Press.

Bosworth, Joseph (1898) *An Anglo-Saxon dictionary based on the manuscript collections of Joseph Bosworth* (edited and enlarged by T. Northcote Toller). Clarendon Press.

Brinton, Laurel J. (1988) *The development of English aspectual systems: Aspectualizers and post-verbal particles*. Cambridge University Press

Brinton, Laurel J., and Leslie K. Arnovick (2016) *The English language: A linguistic history*. 3rd ed. Oxford University Press.

Bybee, Joan (2007) *Frequency of use and the organization of language*. Oxford University Press.

Coates, Jennifer (1983) *The semantics of the modal auxiliaries*. Croom Helm.

Fulk, R. D., and Christpher M. Cain (2013) *A history of Old English literature*. 2nd ed. Wiley-Blackwell.

Goossens, Louis (1987) Modal tracks: The case of *magan* and *motan*. In: Simon-Vandenbergen, Anne-Marie (ed.) *Studies in honour of René Derolez*, 216–236. Rijksuniversiteit, Seminarie voor Engelse en Oud-Germaanse Taalkunde.

Haiman, John (1980) Dictionaries and encyclopedias. *Lingua* 50: 329–357.

羽染竹一 (1985)『古英詩大観：頭韻詩の手法による』原書房.

羽染竹一 (1992)『続・古英詩大観：頭韻詩の手法による』原書房.

Hopper, Paul J. and Elizabeth Closs Traugott (2003) *Grammaticalization*. 2nd ed. Cambridge University Press.

Jones, Christopher A.(ed. and translated)(2012) *Old English shorter poems*, Volume I, *Religious and Didactic*. Harvard University Press.

Jucker, Andreas H.(ed.)(1995) *Historical pragmatics: Pragmatic developments in the history of English*. John Benjamins.

Kaita, Kousuke (2015) *Modal auxiliaries from Late Old to Early Middle English: With special reference to* āgan, sculan, *and* mōtan. Herbert Utz Verlag.

柏野健次 (2002)『英語助動詞の語法』研究社.

金水敏・高田博行・椎名美智 (編) (2014)『歴史語用論の世界：文法化・待遇表現・発話行為』ひつじ書房.

古賀裕章 (2016)「句の包摂現象と文法化：青木論文が文法化に示唆するもの」藤田耕司・西村義樹 (編)『日英対照　文法と語彙への統合的アプローチ：生成文法・認知言語学と日本語学』423–430. 開拓社.

Krapp, George Philip, and Elliott Van Kirk Dobbie (eds.)(1936–53) *Anglo-Saxon poetic records*. 6 Volumes. Columbia University Press.

Lakoff, George (1987) *Women, fire, and dangerous things: What categories reveal about the mind*. The University of Chicago Press.

Langacker, Ronald W. (1987) *Foundations of cognitive grammar* Volume I. *Theoretical prerequisites*. Stanford University Press.

Lyons, John（1977）*Semantics* 2. Cambridge University Press.

籾山洋介・深田智（2003）「第3章　意味の拡張」松本曜（編）『認知意味論』73–134. 大修館書店.

Narrog, Heiko（2012）*Modality, subjectivity, and semantic change: A cross-linguistic Perspective*. Oxford University Press.

Nerlich, Brigette（2010）Metaphor and metonymy. In: Jucker, Andreas H., and Irma Taavitsainen, eds., *Historical pragmatics*, 193–215. De Gruyter Mouton.

野村益寛（2014）『ファンダメンタル認知言語学』ひつじ書房.

小野茂（1969）『英語法助動詞の発達』研究社.

小野寺典子（2006）「歴史語用論の成立と射程」『語用論研究』8, 69–82.

大橋浩（2018）「文法化はなぜ認知言語学の問題になるのだろうか？」高橋英光・野村 益寛・森雄一（編）『認知言語学とは何か：あの先生に聞いてみよう』113–131. く ろしお出版.

Quirk, Randolph, Sidney Greenbaum, Geoffrey Leech and Jan Svartvik（1985）*A comprehensive grammar of the English language*. Longman.

Rissanen, Matti（1986）Variation and the study of English historical syntax. In: Sankoff, David（ed.）*Diversity and diachrony*. John Benjamins, 97–109.

Rosier, James K.（1964）Instructions for Christians. *Anglia* 82: 4–22.

Sanada, Keisuke（2009）*English root modals* must *and* have to*: A cognitive linguistic analysis*. Unpublished doctoral dissertation. Hokkaido University.

Sanada, Keisuke（2013）A closer look at subjectification in the grammaticalization of English modals: From the main verb *mo(o)t* to the root modal *must*. In: Ritsuko Kikusawa and Lawrence A. Reid（eds.）*Historical linguistics 2011: Selected papers from the 20th International Conference on Historical Linguistics, Osaka, 25–30 July 2011*, 67–82. John Benjamins.

Searle, John R.（1979）*Expression and meaning: Studies in the theory of speech acts*. Cambridge University Press.

Solo, Harry Jay（1977）The meaning of *motan: A secondary denotation of necessity in Old English? *Neuphilologische Mitteilungen* 78（3）: 215–232.

Sweetser, Eve E.（1990）*From etymology to pragmatics: Metaphorical and cultural aspects of semantic structure*. Cambridge University Press.

高田博行・椎名美智・小野寺典子（編）（2011）『歴史語用論入門：過去のコミュニケー ションを復元する』大修館書店.

高田博行・小野寺典子・青木博史（編）（2018）『歴史語用論の方法』ひつじ書房.

Traugott, Elizabeth Closs（1989）On the rise of epistemic meanings in English: An example of subjectification in semantic change. *Language* 65: 31–55.

Traugott, Elizabeth Closs, and Richard B. Dasher（2002）*Regularity in semantic change*. Cambridge University Press.

Traugott, Elizabeth Closs, and Ekkehard König（1991）The semantics-pragmatics of grammaticalization revisited. In: Elizabeth Closs Traugott and Bernd Heine (eds.) *Approaches to grammaticalization*, Volume I., 189–218. John Benjamins.

Van Herreweghe, Mieke (2000) **Motan* in the Anglo-Saxon Poetic Records. *Belgian Journal of Linguistics* 14: 207–239.

Visser, F. Th. (1963–73) *An historical syntax of the English language*, 4 volumes. E.J. Brill.

コーパス

Dictionary of Old English Corpus. http://tapor.library.utoronto.ca/doecorpus/

第2章

譲歩からトピックシフトへ
——使用基盤による分析——
大橋　浩

キーワード：譲歩，トピックシフト，談話標識，使用基盤，文法化

1.　はじめに

　本章では，言語に対する認知的アプローチ[1]が，文法化の分析に非常に親和性が高く有効であることを述べ，文法化の事例研究を示したい。

　以下，第2節では認知的アプローチの基盤をなす言語観によると文法化の諸側面を自然に捉えられることを概説する。第3節以下では文法化の事例研究として譲歩の意味を持つ英語の表現が談話標識としての機能を発達させている例を論じる。まず第3節では先行研究を概観し，譲歩からの拡張例には興味深い共通点が見られることを示す。第4節では英語の having said that という表現を取り上げ，プロトタイプ的な譲歩の意味以外に，トピックシフトという談話標識的用法を持つことをコーパスからの用例をもとに示し，この発達の動機づけと言語変化研究における意味合いを述べる。第5節はまとめと課題である。

2.　認知的アプローチと文法化

　語が本来持っていた語彙的な意味から次第に文法的な意味を持つようになる変化，また文法的意味からさらに別の文法的意味を持つようになる変化を文法化とよぶ (Hopper and Traugott 2003 など)。1980年代以降文法化研究は活況を呈してきたが，その中には認知的分析も多く，認知的アプローチは文法化研究への適用を通して理論的，実証的有効性を示してきたといえよう。

---

[1]　言語分析において人間の一般的な認知能力を重視するアプローチを本章では包括的に認知的アプローチとよぶ。

その背景には認知的アプローチが依って立つ基盤となる言語観と文法化や文法化に付随する現象との間に高い親和性があることがあげられる。以下3点について簡単にふれておきたい[2]。

1点目は，認知的アプローチでは人間の言語能力と一般的認知能力が密接な関係にあると考える点にある。文法化分析に用いられてきた一般的認知能力としては，（語用論的）推論，カテゴリー化能力，メタファーの基盤にある類似点に基づく類推，メトニミーの基盤にある参照点能力などがあげられる。例として英語の助動詞 be going to の文法化をとりあげよう。Hopper and Traugott（2003）によると be going to は（1）のようなプロセスを経て助動詞へと文法化したと考えられる。

（ 1 ）a.　John [is going] [to visit Mary].
　　　b.　John [is going to] [visit Mary].
　　　c.　John [is going to] [like Mary].

（1a）のように空間移動を表す go の進行形に目的を表す to 不定詞が後続すると，「目的は未来に実現するだろう」という語用論的推論が生じる。このような文脈で be going to VP の形式が繰り返し使われるうちに「未来に実現する」という推論は be going to が表すと理解され，（1b）のように be going to が助動詞として再分析される。再分析された be going to には空間移動の意味はないので，他の助動詞同様，後続する動詞の意味には特に制限がないという類推が働き，（1c）のように本来の意味では共起しなかった動詞が使われるようになる。このように，語用論的推論が新たな意味として定着した時点で文法化が完成したといえる。この場合の文法化は，助動詞という文法カテゴリーに属する語との類推から be going to を助動詞にカテゴリー化することといえる。カテゴリー化は類似性に基づいて事物を分類する能力であり，言語にとってもっとも基本的な能力といえる（Lakoff 1987: 5）。

　語彙的意味から文法的意味への変化は具体的意味から抽象的意味への変化と見ることができ，その点で前者を起点領域，後者を目標領域とするメタファー的写像と見ることができる。文法化の研究にはメタファーをその動

---

[2]　本節の解説は大橋（2018a）に基づくものである。

機づけと考えた分析も見られる (Heine, Claudi, and Hünnemeyer 1991, Heine 1993 など)[3]。メトニミーは，メタファーなど他の要因と関連して文法化に関与することが多いといわれる。それだけでなく，ある形式 (F) が持つ意味 (M1) から語用論的推論 (M2) が生じ，その意味が定着することが文法化であることを考えると，M1 と結びついた F によって，M1 に近い，いわば隣接した意味である M2 を表すようになる文法化のプロセスはメトニミーによる変化として捉えることも可能であろう。

　認知的アプローチの基盤をなす言語観の 2 点目として，使用基盤 (usage-based) という考え方があげられる (Langacker 2000, Bybee 2010 など)。

> A usage-based model is one in which the speaker's linguistic system is fundamentally grounded in 'usage events': instances of a speaker's producing and understanding language.　　　　　　　　（Kemmer and Barlow 2000: viii）

すなわち，言語体系は個々の話し手による言語使用という経験に基盤を持ち，ことばは抽象的規則によってトップダウン的に構造を与えられるのではなく，次に示すように，繰り返し使用されることによって，ひとまとまりのユニットとして立ち現れてくると考えるのである。

> Because the system is largely an experience-driven one, frequency of instances is a prime factor in its structure and operation. (...) Higher frequency of a unit or pattern results in a greater degree of what Langacker terms **entrenchment**, i.e. cognitive routinization, which affects the processing of the unit.　　　　　　　　（Kemmer and Barlow 2000: x）

高頻度で使用されることで言語ユニットが定着すると考えることにより，以下に述べる，文法化の漸次性，品詞のプロトタイプ性，文法化の一方向性などを自然に捉えることができる。

　(1) の例で示したように，文法化では，語用論的推論が繰り返されること

---

[3]　ただし，特定の語や構文の文法化については (1) のように個別のミクロ的な分析が必要である。また，Bybee, Perkins, and Pagliuca (1994) のように，時制，相，モダリティに関する調査でメタファー的写像が見られなかったという報告もある。

により再分析が生じ，類推によって新しい意味の使用範囲が拡大するというプロセスが漸次的に進行する。このプロセスは上に述べた使用基盤による言語ユニットの定着プロセスそのものといえる。

　また，文法化が進行中の語は，新しいカテゴリーの特徴をすべて有しているとは限らない。例えば be going to は全体で未来の意味を表す助動詞であるが，否定文や疑問文の作り方は「行く」という意味を表す動詞 go の進行形と同じである[4]。このように，ある品詞に属する語のその品詞への帰属度，つまり，その品詞らしさは均一でないことが多いが，カテゴリーを均質的で離散的なものと考えると，この事実を適切に捉えることは難しいだろう。一方認知的アプローチでは，カテゴリーを，中心に典型例があり，そのまわりに周辺例が段階的に広がっていると考えるので，各品詞に属する語に中心的なものとそうでないものがあることを自然に捉えることができる。

　さらに，文法化は一定の方向に起こる極めて強い傾向を持つといわれる（Givón 1979, Lehmann 1995 [1982], Hopper and Traugott 2013 など）。意味の面では，語彙的な意味を持つ語が文法的な機能を持つように，また，文法的な機能を持つ語はさらに別の文法的機能を発達させるという方向性が見られる。例えば will, can, may などの助動詞は一般動詞からの文法化であり，定冠詞の the は指示代名詞 that からの文法化である。一方，形態面・統語面では，独立した要素から拘束的な要素へという方向性が見られる。使用基盤の立場では，文法化は言語表現が繰り返し使用されることで進行すると考える。繰り返されることによって複数の要素からなる言語表現はチャンク化する。チャンク化し，ひとまとまりで処理されるようになると，個々の要素の語彙的意味は希薄化し，並行して音韻的独立性も減少する。助動詞の be going to や have to，数量詞の a lot of などにこの音韻的縮小が起こっていることは，しばしば gonna, hafta, lotta という表記が使われることによって示唆される。このように，繰り返しにより文法化が推進されると考えると意味的な希薄化，形式面での縮小化という方向性を自然に捉えることができる（Bybee 2010 など）。

　認知的アプローチの基盤となる言語観の 3 点目は，言語の基本単位を，意

---

[4]　助動詞というカテゴリーのプロトタイプ性については Bolinger (1980: 297), Quirk et al. (1985: 137), Krug (2000: 44) などを参照されたい。

味と形式が一体化した記号体としての「構文」(construction) と考えることである (Goldberg 1995, Langacker 2005 など)。英語を例にとると，interested の -ed/[ɪd] という過去を表す屈折接辞，unlikely の un-/[ən] や -ly/[li] のような拘束形態素から，interested, unlikely のような語，be interested in といった句のような具体的なものだけでなく，un+X+ly のような語形成規則，さらには受け身構文や二重目的語構文といったより抽象度の高いものまですべて構文と考えられる。

　言語の基本単位が構文であるとすると，言語に起こる変化はすべて構文で起こることになり，Traugott and Trousdale (2013) のように，文法化や語彙化を含め，言語変化を構文における変化として包括的に捉える研究も見られる。この立場では，例えば，be going to の文法化は，目的達成のために移動中であれば，その目的は実現するだろうという語用論的推論から始まるので，単に go の進行形と to が結びついたものとして語レベルで考えるのではなく，移動中であることを表す [be going] という構文と，目的を表す [to V] という構文の間で生じたと考えることになる。

　以上，認知的アプローチの基盤をなす 3 つの言語観が，文法化とそれに伴って生じる現象を自然に捉えることができることを概観した。

3. 譲歩への変化と譲歩からの変化

　本節では，第 4 節で論じる having said that という表現における譲歩からトピックシフトへという意味変化の研究的背景について簡単にふれておきたい[5]。

　意味変化や文法化の研究において，語や句が譲歩の意味を持つようになる変化はしばしば論じられており，譲歩の発達にはいくつかのパターンが見られることが指摘されている。例えば König (1985: 10–11) は譲歩の意味を発達させた表現を次のように分類している。

（2）　i.　universal quantifiers, free-choice quantifiers, and factual, emphatic particles: *although, albeit, for all, all the same, however, anyway*

　　　ii.　conditional (*if*) or temporal (*when*) connectives and/or additive focus

---

5　本節の内容は大橋 (2015) に基づくものであり，詳細はそちらを参照されたい。

particles: *even though, even so*

   iii. remarkable co-occurrence or co-existence of two facts: *nevertheless, nonetheless, notwithstanding, just the same, regardless, still, yet*

   iv. 'obstinacy, spite, contempt' i.e., notions originally only applicable to human agents or experiencers: *in spite of, despite*

  Hilpert (2013: 169) は基本的に König と同じ分類を行っているが，加えて，「困難な状況の存在を認める表現 (expressions that acknowledge the existence of an adverse situation)」として動詞 admit や grant から派生した admitting, granting をあげている。

  一方で譲歩からの意味変化に関する研究はあまり見られない。数少ない例として Tabor and Traugott (1998: 255) は，anyway が (3a) のような「いずれにしても」という譲歩の意味から，(3b) のような中断したトピックを再開する合図としての談話標識用法を発達させた例を論じている。

(3) a. In one instance a resterilizing service returned a pacemaker to Walton labeled "Not For Human Implant," but he sold it *anyway* and it was implanted in a patient.

    b. So uhm – *anyway* just think about this offer.

  また，Hilpert (2013: 193) は譲歩を表す副詞節が挿入的に使われて，断定を和らげるヘッジ (hedge) として機能する例をあげている (イタリック体は筆者)。

(4) a. Power, *although important*, is not everything.

    b. *Though small*, the collection is considered the best of its kind.

    c. The year 1960 in Canada, *if disappointing*, was not all that bad.

    d. This defensive strategy, *while clever*, wasn't necessary.

  譲歩から談話標識やヘッジという意味機能が発達したことは，意味変化の方向性を考える上で大変興味深い。譲歩表現は，ある命題をいったん受け入れる譲歩節と，それと対立する内容を述べる主節を結びつけるという，ふた

つの節の意味関係を規定する機能を持つという点で，文をそのスコープとする。一方，談話標識やヘッジ表現は，発話の意図や発話内容に対する話者の態度を聞き手に向けて伝えるという意味で，そのスコープは対人関係という文を越えた領域へ拡大しているのである。Tabor and Trougott(1998) は，(3) で見た anyway の変化をスコープ拡張の例としてあげているが，同じように譲歩の意味から，対人関係を表す談話標識的用法を発達させている having said that について考察しよう。

4. Having said that における意味変化

大橋 (2013) で示したように，having said that は，主に having said that ＋主節 という形で使われ，「とは言え」という譲歩の意味を表す。一方，コーパスによる実例を調査すると，主節が話題を転換するために使われる例があり，その場合，having said that は話題転換—トピックシフト—を合図する談話標識的な機能を持っていると思われる。大橋 (2013) では現代アメリカ英語のコーパスである The Corpus of Contemporary American English（以下，COCA）を利用して having said that の構文的特徴や関連構文との関係を論じたが，その後，当時の調査では漏れている例があることが判明した。本章では改めて採集したデータに基づきこの表現が持つ構文的特徴，プロトタイプ的な譲歩用法とそこから逸脱していく用法，さらにトピックシフトマーカーとしての機能を具体的に示す。

4.1 構文的特徴

having said that はいわゆる分詞構文由来の表現であるが，実際の用法は非常に限定されており，かなり構文化[6]が進んでいると考えることができる。以下，今回の調査で COCA から収集した 934 例について見ていこう[7]。

意味としては，「譲歩」の意味でほぼ定着しているといえる。主な辞書の解説を見よう。

---

[6] Traugott and Trousdale (2013: 22) にしたがって，「新たな意味と新たな形式の組み合わせである記号体がつくられること」を構文化 (constructionalization) とよぶ。

[7] http://corpus.byu.edu/coca/ で 2016 年 8 月 5 日に収集した例を対象に分析を行った。

（5）a.　even so, nevertheless　　　　　　　　　　　　　　　　　　（OED）

　b.　*The diet can make you slim without exercise. Having said that, however,*
　　　exercise is important too. (used to say that something is true in spite of
　　　what you have just said)　　　　　　　　　　　　　　　　（LDOCE[6]）

　c.　*I sometimes get worried in this job. Having said that, I enjoy doing it,*
　　　it's a challenge. (used to introduce an opinion that makes what you have
　　　just said seem less strong)　　　　　　　　　　　　　　　（OALD[9]）

OED は譲歩の意味を持つ他の表現でパラフレーズしている。LDOCE[6] と OALD[9] はいずれもこの表現が話者自身による直前の発言に言及することを明言している。実例を観察すると，圧倒的多数の例で「話者による直前の発言を受け入れる」という「譲歩」の意味で使われており，この意味での慣習化がかなり進んでいることがわかる[8]。

　that が話者による直前の発言を指すので，分詞節の意味上の主語は必然的に話者になるが，譲歩の意味の場合，主節主語は話者とは限らない。その意味で having said that 文はいわゆる懸垂分詞（dangling participle）構文といえる[9]。一般に，分詞構文の分詞節と主節の間には何らかの点で意味的な一貫性が要求される（Givón 1990: 838）。having said that 文では，その一貫性は，that の指示対象である先行発言と主節が何らかの点で対立する，ということにあるといえよう。そしてその一貫性が守られている限り主節の形式には特に制約がなく，したがって主語の一致も要請されないと考えることができるだろう。Quirk et al.（1985: 623）はこの構文の主節主語について，通常は分詞節の意味上の主語と一致しなければならないが，譲歩の意味が定着してい

---

[8]　少数ながら「そう言うと」という継起的な意味で使われている例がある。以下に 1 例をあげる。
　（i）GRAY: Yes. How does it feel now *having said that*? Do you feel a little lighter?
　　　CASTILLO: Yes, and relaxed!
なお，Brinton（2017: 193）は，having said that について，継起的な意味も時々見かけるが，通常は譲歩の意味で使われるとして，[period] *having said that* [comma] で COCA を検索した結果をランダムに収集した 100 例を観察したところ 94%が譲歩であったと報告している。

[9]　懸垂分詞構文の特徴については早瀬（2009）や Hayase（2011）などに始まる早瀬尚子氏の一連の体系的な研究を，また，懸垂構文の談話標識化については早瀬（2017）などを参照されたい。

るので，一致しない例が多く見られる，と述べているが，私見と軌を一にする観察だと思われる[10]。

形式面の特徴としては，まず，慣用化して定着している動詞は say のみである。tell, speak, talk など他の発話動詞にはこの用法は見られない。

次に that と系列的関係にある代用表現や代名詞としては，まず，so や it が考えられる。COCA によると so との共起はなく，it との共起は (6) の3例があり，(6a) は譲歩，(6b, c) は継起的意味を表している[11]。

（6）a. (...) But *having said it*, and once that is clear, I think we and he may have to take account of how quickly things are changing

 b. He prefers to give a speech and then walk away, as though *having said it*, he's done it.

 c. For some reason, Eddie Zanduce responds to this: "I don't see people. It's not what I do. I can't afford it." *Having said it*, he immediately regrets how true it sounds to him. (...)

分詞構文としての用例はこの3例だけなので，(6a) が慣用化しているとは考えられない。

一方，that の代わりに this が使われた分詞構文の例は47あり，そのうち，(7) のように譲歩を表すものが36例，(8) のように継起性を表すものが11例ある。

（7）a. The point here is that the frequency with which different types of words are used in a language can change with age. *Having said this*, it is important to emphasize that such words are the exception rather than the rule: (...)

 b. Several investigators are now studying this and we ought to be in a

---

[10] Although the latter (*having said that*, 筆者) normally obeys the subject-attachment rule (...), the disjunct has become so stereotyped that one often finds examples like:

 Having said that, the economy seems unlikely to show marked improvement for some time.

（Quirk et al. 1985: 625）

[11] 以下，例文中の該当箇所はイタリック体で示す。

better position to know the answers in a few years. *Having said this*, there are some new studies that bear on related issues, (...)

(8) a. "You explain it yourself, you who designed a horse to be cast in bronze but couldn't cast it and abandoned it in shame." And *having said this*, he turned his back on them and left.

b. Without taking her hand away from me, she said, "This is a good daughter. Now I can go without worry." *Having said this*, she withdrew her hand and made a very loud belching noise as if something stuck inside her had been pushed out.

having said that がほぼ完全に譲歩の意味で使われていることに比較すると，having said this では意味と形式の一体化がそれほど見られないようである。後述するように，having said that には，that said, that being said という関連構文があり，これらの構文にもそれぞれ this said, this being said という表現がある。これらの関連構文の関係をどのように捉えるかは今後の課題である[12]。

　having said that にはさらに強調形にあたる having said all that という形がある。COCA にも 48 例観察され，いずれも譲歩の意味で使われている。

(9)　I don't agree with those things, but *having said all that*, there are some things he said that we can work together on.

　COCA のデータに関する以上の観察からは having said that が現代アメリカ英語においては譲歩を表す構文として定着していることが確認された。

4.2　生起位置

　having said that が譲歩の意味を定着させていることはその生起位置に反映している。表 1 は COCA における having said that と主節の相対的位置を示している。

---

[12] Brinton (2017) はこれらと that/this having been said を that said の異形 (variants) と捉え，これらの構文における，時間的・継起的意味から譲歩への通時的変化を論じている。

譲歩からトピックシフトへ | 271

表1 COCA における having said that の位置

文頭（主節の前）	924 (98.9%)
文中	8 (0.9%)
文末（主節の後）	2 (0.2%)
計	934 (100%)

(10–11) はそれぞれ文中，文末に現れている例である。

(10) a. I must say — *having said that* — I think he's been an extraordinarily loyal, good vice president.

   b. Let me ask you, though, *having said that*, whether or not you ever get tired of being asked about your father?

(11) a. It's a very good CD, *having said that*, and you would be happy to know it does not come with a razor.

   b. But I don't care about the politics of it, *having said that*.

(10) では主節中に，(11) では主節の後に挿入的に使われているが，それら以外の圧倒的多数の例では主節に先行している。これは「直前の話し手自身の発言をいったん受け入れて，それと対立する内容を述べる」という，譲歩の having said that を含む文が持つ複合的な心的プロセスの自然な反映であるといえる[13]。

大橋 (2013) でも述べたが，英語の分詞構文の包括的研究である Kortmann (1991) の調査では，譲歩を表す分詞節の位置は，49 例中，主節の前が 20，主節中が 7，主節の後が 22 と，主節との前後で明確な差がない。そもそも，譲歩を表す分詞節は全体の 3% と非常に少数であるが，その位置は主節との意味関係や先行部分及び後続部分との談話的関係によって決まると推測される。この分布面での特徴と比較すると having said that を含む文が譲歩文としてかなり凍結化していることが浮き彫りになる。

主節に先行する例には，(12) に見られるように，文頭の接続詞や副詞に後続するものがある。

---

[13] 譲歩文の複合的な認知構造や間主観性については Verhagen (2005) を，会話で譲歩文が発話される際のプロセスについては Couper-Kuhlen and Thompson (2000) を参照されたい。

(12) "(...) I think his job was sometimes very good. *But having said that*, sooner or later, he has to leave and do something else."

表 2 はそのような例の出現数を示している。

表2　COCA における having said that に先行する要素

but	now	and	however	(al)though	so	well	名前・肩書
222	91	24	21	15	10	9	3
anyway	yet	all right	yes	no	just	you know	on the other hand
2	1	1	1	1	1	1	1

but, however, (al)though, anyway, yet, no, on the other hand などは having said that の譲歩としての意味を補強する働きをしていると考えることができる。これらと共起している例は 264 あり，総数 934 の約 28% を占める。Kortmann (1991) は，分詞節が対比や譲歩の意味を表す場合，接続詞と共起する例が約 30%，副詞と共起する例まで含めると約 40% と，同時性や時間的前後関係を表す場合などに比べて際立って多いことを報告している。それは，一般に，時や条件などの意味に比べると，対比や譲歩関係を認定するためにはより多くの情報が必要とされるため，その関係を合図する必要があると話し手が考える場合が多いことの反映であるとされている (Kortmann 1991: 196–197)。

　さらに興味深いのは now に後続する例が 91 見られることである。now には談話標識として話題を転換する用法がある (Aijmer 2002, 松尾・廣瀬・西川 2015)。譲歩文は先行する発話から予測される内容とは何らかの点で対立する内容を表すことを考えると，これらの例では，大枠の話題自体は維持しつつ，会話の内容を新たな次元へ移行させることを合図する談話標識的機能もあわせ持っているといえよう。

4.3　譲歩からトピックシフトへ

　前の 2 つの節で見たように，having said that 文はほぼ譲歩構文として定着している。4.1 節で述べたように，having said that 文では，that の指示対象である先行発言と主節が何らかの点で対立する，という意味構造を持っている

譲歩からトピックシフトへ | 273

と考えられる。辞書から引用した (5b, c) などは，その対立が直接的である
という意味で，譲歩構文としてのプロトタイプ的な例といえるだろう。

(5) b.　*The diet can make you slim without exercise. Having said that, however,*
　　　　exercise is important too.
　　　 c.　*I sometimes get worried in this job. Having said that, I enjoy doing it,*
　　　　it's a challenge.

　しかし実際の用例を見てみるとプロトタイプ的な対立関係が表明されてい
る例はむしろ少数であり，主節の表す内容は様々である。例えば次の例を見
よう。

(13) a.　And many women like relationship movies because it helps them make
　　　　sense of their own life. *Having said that*, there are lots of men that enjoy
　　　　relationship movies.
　　　 b.　But there are a lot more important stories than the Monica Lewinsky
　　　　investigation. *Having said that*, the presidency was on the line. It was a
　　　　very important story which we could not ignore and we didn't.

(13a) の主節では，先行発話から生じる「多くの男性は人間関係を扱った映画
は好まない」という語用論的推論に対立する内容が述べられている。(13b)
では直前の発言から「Monica Lewinsky の捜査についての話は重要でない」と
いう語用論的推論が生じるが，それと対立する内容は主節ではなく後続文
（「それは非常に重要で，無視できなかったし，無視しなかった。」）で述べられ
ており，主節ではその理由（「大統領の地位が危機に瀕していた。」）が述べら
れている。したがって (13) の例では，対立関係にある言明に関連していると
いう点で直前の発話と主節の間に一貫性はあるものの，その関係はプロトタ
イプ的例に比べるとやや間接的になっている。さらに次のような例もある。

(14) a.　But the bottom line is, if you want to be a better driver, you must
　　　　practice with your driver. *Having said that*, what if you hit so many balls
　　　　with your driver that it became as comfortable to you as a 6-iron?

b. I loathe the emphasis on competition. *Having said that*, who is going to win the Oscar?

(14a) はゴルフについての発言であるが，前文の「ドライバーをもっと上手く使えるようになりたければ」という想定に，「練習を重ねた結果ドライバーが6番アイアンと同じくらい上手に使えるようになったら」という新たな想定を加えて，その結果どうなるかに注意を向けている。(14b) はアカデミー賞についての発言であるが，「競争の厳しさを強調するのは嫌いだ」と言っておきがらその最たるものであるアカデミー賞の受賞者の予想に注意を向けている。(14) の having said that 文では，それまでと同一の話題について，話の流れをやや違う方向へ展開させる機能を果たしているといえる。

次の例では，新たに展開される話題とそれまでの話題との開きが (14) の例よりも大きいように思われる。

(15)　I once had a friend who was a cameraman tell me that when he has that camera on his shoulder and he's looking through the lens, he almost feels as though he's watching a movie, he doesn't feel as though he's there. *Having said that now*, let me just ask you, did you have that same sense?

戦場の取材体験という大枠の話題は一貫しているが，その中で，友人のカメラマンの体験から，聞き手の体験へと話題の転換―トピックシフト―が起きている。先行発言と主節の対立があまり感じられず，それに伴い，having said that の「譲歩」の意味がかなり希薄化しているように思われ，譲歩を表す even so でパラフレーズすると不自然になる。

(15)'　?? (...) Even so, let me just ask you, did you have that same sense?

次の例でも主節はトピックシフトに使われている。

(16) a.　Ms. KELLEY: Sam, everything in the book is corroborated and it's corroborated by at least two sources. There are chapter notes in the back of the book that tell the reader exactly where the information came from

譲歩からトピックシフトへ | 275

and how it was arrived at.

DONALDSON: Okay. *Having said that*, Kitty, let's look at some of the things that you have said in your book and see if, in fact, you have two sources and if you can corroborate it.

b. Ms. REILLY: (...) I would urge students to, whenever they can, to please walk with someone, but that isn't always possible.

SONYA: *Having said that*, let me go to Dana and ask that same question.

これまでの例とはさらに異なり，having said that が受け入れる対象は話し手自身の先行発話ではなく，聞き手による発話である。この意味で(16)の例は，「話者自身の発話と対立する内容を述べる」という典型的な譲歩構文としての用法から逸脱していると考えられる。主節はトピックシフトを表しているので having said that の譲歩の意味は(15)同様希薄化しており，even so でパラフレーズすると不自然になる。

(16) 'a. ??Even so, Kitty, let's look at some of the things that you have said in your book (...)

b. ??Even so, let me go to Dana and ask that same question.

次の例の主節では聞き手の発言を終了させるという談話機能が明白である。

(17) SONYA: OK. *Having said that*, let me just stop you.

(15–17)の例では主節がトピックシフトの機能を果たしており，一方，having said that からは譲歩の意味が希薄化し，トピックシフトを合図する談話標識的機能を発達させているように思われる。その傍証となるのが，次の例である。

(18) CLANCY: All right. *Having said that*. And I think we have got some agreement, gentlemen, between both of you about what this signal is from the U.S. Secretary of State, people having encouraged this process, this interaction if you will.

（18）では having said that が単独で使われている。後続文はそれまでの議論を要約しており，その導入の働きをしている。having said that 文のプロトタイプである譲歩文では伝達の中心が主節であることを考えると，その主節を欠いた（18）のような用法は，having said that 自身に特定の機能があることを示唆している。この場合，その機能は（15–17）で見たトピックシフトを合図する談話標識的機能であると考えられる。

　今回の調査では本節で取り上げた having said that 構文がトピックシフトとしての機能を担っていると解釈できる例が25例観察された[14]。現代アメリカ英語では少なくともある程度定着している用法であると思われる。

4.4　関連構文における変化

　4.1節でふれたように，having said that には that said と that being said という関連構文がある。

（19）a.　Stanlee Gatti is a fine florist. *That said*, he is in no way qualified to be the chairman of the Visual Arts Committee.

　　　b.　The teacher should never, ever hit a student. *That being said*, she can do it in self-defense.

（19）に見られるようにこれらも主節を伴って譲歩の意味を表す。COCA で使用状況を調査したところ，that said については大橋（2018b）で述べたように，出現数が1,890，そのうち2例を除き譲歩の意味で使われていた。また，that being said は，出現数が285で全ての例が譲歩の意味で使われていた[15]。したがって that said も that being said も譲歩の意味で構文化していると思われる。興味深いことに，どちらの構文にもトピックシフトマーカーとしての用法が確認された。

---

[14]　例文（14）のような譲歩とトピックシフトの中間にある用例は区別が難しいため，譲歩の例に含めた。

[15]　that said は2017年5月21日に，that being said は同年7月16日に検索したデータを分析したものである。なお，that said の強調形である all that said，that all said や with を主要部とする with that said などは考察の対象外とした。

譲歩からトピックシフトへ | 277

(20) a. Ballesteros, the European captain, sniffed. "My team played with their hearts," he said. "That's why they won." *That said*, let's examine what appear to be a few basic differences between the Europeans and the Americans in this biennial team competition.

b. I do not see why anybody in their right mind should be against in letting people be what they want to be. *That being said*, my question is this. Why is it, though, that transgendered girls never actually bring themselves out until you are on the date with them or until afterwards.

いずれの例でも主節は話し手の先行発話と対立する内容を述べるのではなく，話題を新しいものへ転換する機能を果たしており，それに伴い that said や that being said の譲歩の意味は希薄化している。それは，even so でパラフレーズすると不自然な文となることから示唆される。

(20)' a. ??(...) *Even so*, let's examine what appear to be a few basic differences (...)

b. ??(...) *Even so*, my question is this.

次の例ではトピックを転換することが明示的に述べられている。

(21) a. We anticipate that we will be able to start housing refugees in the camp within the next 10 days. *That said*, questions.

b. ROCHELLE: All right. (...) Who do you believe?

Ms. BARDSLEY: Well, *that said*, you know, I'd like to address that. I think that's an excellent point.

(21a) では「では，質問。」と聞き手から質問を受ける形で話題を転換している。(21b) では話し手自身ではなく聞き手からの質問を受けて，その内容に話題を転換している。

(22) (...). But know, too, that what has happened here today is extraordinary; so much so that it draws me out at a time when no other, certainly no other of an alien race, may expect to see me. *That being said*, let us end our sparring.

ここでは「議論するのはやめよう。」と話題の終了を提案している。

このように，that said と that being said はいずれもプロトタイプとしての譲歩構文に加えてトピックシフトのために用いられることが明らかになった。したがってこれらの構文は共通のスキーマからの異なる具現形という関係にあると考えられるだろう。

4.5　動機づけ

トピックシフト機能の発達には，譲歩構文としての構文的特徴によるところが大きいと思われる。4.1 節で述べたように having said that 文の譲歩構文としてのプロトタイプ的スキーマは，having said that で話し手の先行発言を受け，主節でそれと対立する内容を述べることであるが，その対立の度合いはさまざまである。(14) の例文では that が指す先行発言との対立度は低く，(14a) の主節では条件節が新たな想定を設定し，(14b) の主節は疑問文で，聞き手の意見を求めている。どちらの場合も，主節の意味機能は先行する having said that 節との対立関係の表明というよりも，後続する談話におけるトピックの方向づけという談話的な機能が強く感じられる。それが明示的に現れたのが (15) ～ (18) のトピックシフトの用法であるといえる。

大橋 (2018b) でもふれたが，このような拡張は「対立・対比」を表す表現には共通に見られるようである。例えば松尾・廣瀬・西川 (2015: 186) は but について次のように述べている。

> この語は (…)but に先行する部分と後続する部分との意味的「対比」を表す (…)．さらに，論理的な意味的「対比」を直接表すのではなく，but に先行する部分で述べられる内容から想起される推論と矛盾する内容を but 以下で述べる「想定・期待の否認」を表す用法が生じた．先行部分から導き出される想定には，文脈からの推論，but 以下の陳述の前提となる事柄，その他様々な発話行為に関する条件などがある．
>
> 発展的に，but が独立的に文頭に生じ，談話標識として幅広く用いられる．(…)．
>
> より大きな単位の発話や談話と関連し，話題の転換や展開を合図して，話題の再方向付けの標識として機能する (…)．

「話題の転換や展開を合図」する用法として次の例があげられている（イタリック体は原文）。

（23） *But* now to the main question.

　この拡張はまさに 4.3 節で示した having said that の用法の広がりと重なっている。そしてこの広がりが「譲歩」を含め，対立・対比を表す構文の特徴であるとすると，トピックシフトマーカーへの拡張が自然に動機づけられるといえよう。

4.6　理論的意味合い

　以上のように考えると，譲歩を含めた対立を表す表現からトピックシフトマーカーという談話標識的機能が発達することがごく自然に捉えられるだろう。この考え方が正しければ，同様の現象が他の言語でも起こりうると思われる。この点の検証は今後の課題としなければならない。

　談話標識への変化を文法化に含めるかどうかについては考えが分かれることかもしれないが，その機能が手続き的であり，文と文の接続関係や対人関係の管理である点から現在では文法化の例として広く受け入れられている（Traugott and Trousdale 2013: 108）。この考えに従えば，having said that は，主節でトピックシフトを行う合図をするという談話標識へ文法化しているといえる。そしてそのスコープは文から後続談話へと広がっているので，文法化では要素の関与するスコープが拡大するという主張（Himmelmann 2004 など）を支持する例となる。

　また，having said that の生起位置が，文の中核部分をなす主節の左周辺部（Left Periphery，以下，LP）であると考えると，LP に生じる要素は先行部分とのつながりを持つという主張（Beeching and Detges 2014: 11）を裏付ける例であるといえる。さらに，この位置でトピックシフトマーカー用法が発達したことは，「これから起こる話し手の行為を知らせる機能」（小野寺 2014）としての談話標識機能と LP との密接な関係を示す例だといえる。一方で，Beeching and Detges は，LP は主観的意味と，右周辺部（以下，RP）は間主観的意味とそれぞれ結びつく傾向が強いと主張する。プロトタイプ的な having said that 文は，先行発言が聞き手に好ましくない反応を引き起こした

り，聞き手から批判を受ける可能性があることを話し手が察知し，先手を打って発言の強さを緩和するという機能がある。聞き手の心的状態への注意や配慮を明示的に表しているという点で強い間主観性を持つといえるので，この点では Beeching and Detges の主張とは相容れないことになるだろう[16]。LP でのトピックシフトマーカーとしての用法をどのように捉えるかについては今後の課題としたい。

　新しい形式と意味の定着を構文化（constructionalization），構文化の前あるいは後に見られる，形式と意味のどちらか一方の変化を構文変化（constructional change）として区別した Traugott and Trousdale（2013）の枠組みに従えば，譲歩構文としての定着は構文化，トピックシフトマーカーとしての談話標識化は構文変化と捉えることができるだろう。

5.　おわりに

　コーパスの用例に反映した実際の使用状況を調査することにより，having said that が譲歩の意味でほぼ構文化している一方で，プロトタイプ的でない例からトピックシフトを合図する談話標識としての機能を発達させていることを実証的に示した。

　having said that が譲歩の意味を定着させたプロセスと，そこからトピックシフトが発達したプロセスについては通時的データで十分に論証されているとはいえない[17]。1810 年代から 2000 年代にわたる約 4 億語のアメリカ英語コーパスである The Corpus of Historical American English（以下，COHA）では，例文（15）〜（18）のように明らかなトピックシフトの用例は見られなかった[18]。したがって，トピックシフトの意味が通時的に漸次的に発達したものか，あるいは，譲歩の意味の定着と同時期に使われ始めたのかについてはより多くのデータを収集して調査する必要があるだろう。

---

[16]　Traugott（2014: 86）も surely と no doubt の周辺部における特徴を比較し，（間）主観性は LP や RP といった文中位置よりも，構文の内在的意味と直接的な文脈の方により関係があるようだと述べている。

[17]　Brinton は COHA などのコーパスからの用例に基づいて having said that と関連構文における時間的・継起的意味から譲歩への通時的変化を示しているが，本論で述べたトピックシフトマーカーとしての用法への言及はない。

[18]　http://corpus.byu.edu/coha/ で 2017 年 7 月 18 日に収集した例を対象に分析を行った。

付記

本章は，JSPS 科研費 JP19K00686 の助成を受けた研究を含んでいる。

参照文献

Aijmer, Karin（2002）*English discourse particles: Evidence from a corpus.* John Benjamins.

Beeching, Kate and Ulrich Detges（2014）Introduction. In: Kate Beeching and Ulrich Detges（eds.）*Discourse functions at the left and right periphery: Crosslinguistic investigations of language use and language change*, 1–23. Brill.

Bolinger, Dwight（1980）*Wanna* and the gradience of auxiliaries. In: Gunter Brettschneider and Christian Lehmann（eds.）*Wege zur Universalienforschung: Sprachwissenshaftliche Beigräge zum 60. Geburtstag von Hansjakob Seiler*, 292–299. Narr.

Brinton, Laurel J.（2017）Section 7.2 The "That said" construction. In: *The evolution of pragmatic markers in English: Pathways to change*, 192–206. Cambridge University Press.

Bybee, Joan（2010）*Language, usage and cognition.* Cambridge University Press.

Bybee, Joan, Revere Perkins, and William Pagliuca（1994）*The evolution of grammar: Tense, aspect, and modality in languages of the world.* University of Chicago Press.

Couper-Kuhlen, Elizabeth and Sandra A. Thompson（2000）Concessive patterns in discourse. In: Elizabeth Couper-Kuhlen and Bernd Kortmann（eds.）*Cause-condition-concession: Cognitive and discourse perspectives*, 381–410. Mouton de Gruyter.

Givón, Talmy（1979）*On understanding grammar.* Academic Press.

Givón, Talmy（1990）*Syntax,* vol. II. John Benjamins.

Goldberg, Adele E.（1995）*Constructions: A construction grammar approach to argument structure.* Chicago University Press.

早瀬尚子（2009）「懸垂分詞構文を動機づける「内」の視点」坪本篤朗・早瀬尚子・和田尚明（編）『「内」と「外」の言語学』55–97. 開拓社.

Hayase, Naoko（2011）The cognitive motivation for the use of dangling participles in English. In: Günter Radden and Klaus-Uwe Panther（eds.）*Motivation in grammar and the lexicon: Cognitive, communicative, perceptual and socio-cultural factors*, 89–106. John Benjamins.

早瀬尚子（2017）「分詞表現の談話標識化とその条件」早瀬尚子・天野みどり（編）『構文の意味と拡がり』43–64. くろしお出版.

Heine, Bernd（1993）*Auxiliaries: Cognitive forces and grammaticalization.* Oxford University Press.

Heine, Bernd, Ulrike Claudi, and Friederike Hünnemeyer（1991）*Grammaticalization: A conceptual framework.* University of Chicago Press.

Hilpert, Martin（2013）*Constructional change in English: Developments in allomorphy, word formation and syntax.* Cambridge University Press.

Himmelmann, Nikolaus P.（2004）Lexicalization and grammaticalization: Opposite or orthogonal? In: Walter Bisang, Nikolaus P. Himmelmann, and Björn Wiemer (eds.) *What makes grammaticalization? A look from its fringes and its components*, 21–42. Mouton de Gruyter.

Hopper, Paul J. and Elizabeth Closs Traugott (2003) *Grammaticalization,* 2nd ed. Cambridge University Press.

Kemmer, Suzanne and Michael Barlow (2000) Introduction: A usage-based conception of language. In: Michael Barlow and Suzanne Kemmer (eds.) *Usage based models of language*, vii-xxviii. CSLI Publications.

König, Ekkehard (1985) On the history of concessive connectives in English: Diachronic and synchronic evidence. *Lingua* 66: 1–19.

Kortmann, Bernd (1991) *Free adjuncts and absolutes in English: Problems of control and interpretation*. Routledge.

Kortmann, Bernd (1995) Adverbial participial clauses in English. In: Martin Haspelmath and Ekkehard König (eds.) *Converbs in cross-linguistic perspective: Structure and meaning of adverbial verb forms – adverbial participles, gerunds –*, 189–237. Mouton de Gruyter.

Krug, Manfred G. (2000) *Emerging English modals: A corpus-based study of grammaticalization*. Mouton de Gruyter.

Langacker, Ronald W. (2000) A dynamic usage-based model. In: Michael Barlow and Suzanne Kemmer eds., *Usage based models of language*. CSLI Publications, 1–63.

Langacker, Ronald W. (2005) Construction grammars: Cognitive, radical, and less so. In: Francisco J. Ruiz de Mendoza lbáñez and M. Sandra Peña Cervel (eds.), *Cognitive linguistics: Internal dynamics and interdisciplinary interaction*, 101–159. Mouton de Gruyter.

Lakoff, George (1987) *Women, fire and dangerous things: What categories reveal about the mind.* The University of Chicago Press.

Lehmann, Christian (1995) *Thoughts on grammaticalization*. Munich: LINCOM EUROPA (2nd revised ed. of *Thoughts on grammaticalization*: *A programmatic sketch.* 1982).

大橋浩 (2013)「Having said that をめぐる覚え書き」大橋浩・田中公介・西岡宣明・宗正佳啓 (編)『言語学からの眺望 2013』12–27. 九州大学出版会.

大橋浩 (2015)「譲歩への変化と譲歩からの変化」『日本認知言語学会論文集』15, 18–30.

大橋浩 (2018a)「第 6 章 文法化はなぜ認知言語学の問題になるのだろうか？」高橋英光・森雄一・野村益寛 (編)『認知言語学とは何か：あの先生に聞いてみよう』113–131. くろしお出版.

大橋浩 (2018b)「That said について」中村芳久先生退官記念論文集編集委員会 (編)『ことばのパースペクティブ』319–330. 開拓社.

小野寺典子 (2014)「談話標識の文法化をめぐる議論と『周辺部』という考え方」金水敏・高田博行・椎名美智 (編)『歴史語用論の世界』3–27. ひつじ書房.

松尾文子・廣瀬浩三・西川眞由美（編著）（2015）『英語談話標識辞典』研究社.

Norde, Muriel（2009）*Degrammaticalization.* Oxford University Press.

Quirk, Randolph, Sidney Greenbaum, Geoffrey Leech, and Jan Svartvik（1985）*A comprehensive grammar of the English language.* Longman.

Tabor, Whitney and Elizabeth Closs Traugott（1998）Structural scope expansion and grammaticalization. In: Anna Giacalone Ramat and Paul J. Hopper,（eds.）*The limits of grammaticalization*, 229–272. John Benjamins.

Traugott, Elizabeth Closs（2014）On the function of the epistemic adverbs *surely* and *no doubt* at the left and right peripheries of the clause. In: Kate Beeching and Ulrich Detges（eds.）*Discourse functions at the left and right periphery: Crosslinguistic investigations of language use and language change*, 72–91. Brill.

Traugott, Elizabeth Closs and Graeme Trousdale（2013）*Constructionalization and constructional changes.* Oxford University Press.

Verhagen, Arie（2005）*Constructions of intersubjectivity: Discourse, syntax, and cognition.* Oxford University Press.

コーパス

The Corpus of Contemporary American English（http://corpus.byu.edu/coca/）

The Corpus of Historical American English（http://corpus.byu.edu/coha/）

辞書

Longman Dictionary of Contemporary English. 6th ed.（LDOCE⁶）（2014）, Pearson Educational Limited.

Oxford Advanced Learner's Dictionary. 9th ed.（OALD⁹）（2015）, Oxford University Press.

The Oxford English Dictionary.（OED）4th ed. on CD-ROM, Oxford University Press. Oxford.

第 3 章

ノダ文の通時態と共時態

野村剛史

キーワード：ソシュール，通時態，共時態，ノダ文，ナリ文

1. はじめに

　以下では，いわゆるノダ文を素材として，通時態と共時態の関係を考えてゆくこととする。ノダ文の通時態を考えるということは，いわゆる連体ナリ（以下ナリ文とも）について考えることでもある。第 2 節では，これまでの「ノダ文」研究の代表的なものをしめす。第 3 節では，ソシュールの「共時態と通時態の峻別」という考え方を検討する。第 4 節では，ナリ文とノダ文について基本事項を述べる。第 5 節では，中古のナリ文についてやや詳しく検討する。第 6 節，第 7 節では，通時態の共時態に対する優位性と，その困難性について指摘する。

2. ノダ文についての説明

　ノダ文についての説明をうまく行うことは，なかなか難しい。いま，ノダ文についての現代の代表的な説明をざっと眺めてゆく。詳しくは，原著で確認されたい。

①山口佳也　「「のだ」の文のとらえ方」(1975)。『「のだ」の文とその仲間』(2005) 所収。
　「外で音がするのは雨が降っているのだ」のような「〜のは〜のだ」型をノダ文の原型とみなす。「〜のは〜のだ」型は，「同一関係や区分けを表す「A は B だ」という構造の文にほかならない」とされる。
②田野村忠温　『現代日本語の文法Ⅰ「のだ」の意味と用法』(1989)。
　ノダは「背後の事情」を表す，とする。

③奥田靖雄　「説明（その1）」『ことばの科学4』(1990)。

　ノダは「説明」を表す，とする。

④野田春美　『の（だ）の機能』(1997)。

　「スコープのノダ」を指摘した。②，③で「事情，説明」とされるノダは，「ムードのノダ」と言われる。

⑤菊地康人　「「のだ（んです）」の本質」(2000)『東京大学留学生センター紀要』10号。

　共有されている知識・状況に関連する，未共有の知識（付加的な情報）を補う，とする。

⑥石黒圭　「「のだ」の中核的機能と派生的機能」(2003)『一橋大学留学生センター紀要』。

　話し手，聞き手いずれかの既有の不十分な認識が発話時に充分になることを示す，とする。

⑦名嶋義直　『ノダの意味・機能　関連性理論の観点から』(2007)

　「関連性の見込み」を「聞き手から見た解釈として」「意図的，かつ，意図明示的に」「聞き手に対して提示する」，とする。

⑧井島正博　「文末ノダ文の構造と機能」(2012)　『国語と国文学』89–11号

　ノダ文の本質的意味は「発話時における話し手の信念」（ギャップ埋め），とする。

⑨野村剛史　「ノダ文の文法記述」(2012)　『国語と国文学』89–11号

　「事情」と「命令・意志」「強調」とを別起源のものとする。

　上記にはノダ文についてのいわゆる「説明」用法に加えて，「命令・意志」「強調」用法などに触れる（それらを統一的に説明する）ものと触れないものがある。また，近年の⑤〜⑧は，ノダ文の意義を述べない「いきなり語用論」の傾向があるように見える。

　さて，以上はそれぞれ相応に「なるほど」と思わせるところがある。「いきなり語用論」は，どういう場合にどのような目的でノダ文を使用するのかいきなり述べてしまうので分かりにくいところがあるけれど，その説明には納得の行く点も多い。

　しかしながら，なぜこのように説明が乱立するのか。それぞれが信念をもって記述を進めてゆくわけであるが，それではその記述は一体何によって

保証されるのであろうか。また，これらのノダ文についての説明は，現代という「共時態」のノダ文の説明に終始しているのだが，一方ノダ文には用法上の広がりが認められるので，実質的には「中心（原型）→派生」という説明の仕方がとられることが多い。ところが，実際には何が中心的用法で何が派生的用法かなかなか決定できない。そこで中心をめぐって説明が乱立するのである。また「中心－派生」型説明に対して，すべてを「統一的に」説明するという方法がとられることもある。もともと統一的な説明が良い説明であると考えられてきたためでもあろうが，事柄を統一的（一般的，抽象的）に説明しようとすると，どうも記述が強引になったり希薄になったり，時には用法の一部を無視したりする傾向があるようである。

　そればかりではない。重大な問題として，何が説明を正当化するのか，その検証の方法は大抵，検討されることなく放置されてきたように見える。そこにはいわゆる反証理論の悪影響もあるのかも知れない。

　検証は，個々の事例を幾つ積み上げても切りがない。反証事例が明瞭である強い仮説を作り上げることが出来れば，（実際に反証されない限り）その仮説は良い仮説であると，反証理論は考える。すると，実際には帰納も検証も重視されないことになりがちである。しかし，簡単に反証できる理論などはじめから問題にならない上に，反証に対しては常に「言い訳」が用意されているから，決定的反証によって大きな枠組み自体が変化したことなど，まず無いのである。その結果，「言いっ放し」の傾向が生じている。そして「通時態と共時態の峻別」理論が，以上のような問題点を一層助長したように思われる。

3. 共時態と通時態

　周知のように，言語における「共時態と通時態」の峻別は，フェルディナン・ド・ソシュールに始まる。以下は，『講義』邦訳1972版，第Ⅰ編第3章「静態言語学と進化言語学」による。

　　　言語事象を研究してまずおどろくことは，話手にとっては，時間におけるそれらの継起は存在しないということである：眼のまえにあるのは状態である。それゆえ，この状態を理解しようとおもう言語学者は，それをうみだしたものを一掃し，通時態を無視すべきである。

将棋の勝負では，与えられた随意の位置は，それに先立つ位置から解放されているという妙な性質がある；そこへどの道をとおって達しようが，ぜんぜんかまわない。勝負を始めから観戦してきたものも，火急の情勢をのぞきにきたやじうまに比し，いささかの特典ももたない。

そのときの位置を記述するためには，10秒前におこったことを想い浮かべる必要は毛頭ない。このことはそっくり言語にもあてはまり，通時的なものと　共時的なものとの根本的区別を裏書きする。言は一つの言語状態しか扱わず，状態と状態のあいだに入り込む変化は，それじたいとしてはそこに居坐ることはできない。

こまの移動は，以前の均衡状態とも以後の均衡状態ともぜんぜん別個の事実である。生じた変化はこれら二つの状態のいずれにも属さない。ところで，重要なのは状態のみである。

二つの観点－共時論的と通時論的－の対立は絶対的であって，妥協を許さない。

共時態は一つの眺望しか知らない，すなわち話手のそれである。その方法は彼らの証言を集めることにつきる。

母語の話者は，通常その言語の前状態，言い換えれば歴史を全く知らない。歴史を全く知らなくても，十分当該言語のネイティブたり得る。

私は，このようなソシュールの指摘は，多くの点でもっともと思う[1]。特に「母語の話者は，通常その言語の前状態，言い換えれば歴史を全く知らない」という点は，確実である。「歴史を全く知らない」人々が集まって，彼らの母語を形成している。その彼らが「十分当該言語のネイティブたり得る」人々なのである。ネイティブの直感は，ある意味絶対的である。共時態とは，そのようなネイティブの直感の寄せ集めであろう。ならば，その直感を我々は十分当てにすることが出来るはずである。

ところが，実際の言語に即して考えると，「誤った回帰」（誤った一般化）が生ずることがある。訪えば，「話す：話される」というペアからさらに「話せる（話さ + eru）」という可能の形式が生じる。するとさらに，「食べ

---

[1] 近年『一般言語学講義』のソシュールは，本来のソシュールではない，との指摘が目立つ。ソシュール論としては興味深いが，言語学的には『一般言語学講義』のソシュールをソシュールとして構わないと思う。

る：食べられる」というペアから「食べれる（食べら + eru）」という可能の形式が生じる。「食べら + eru」を「話さ + eru」と同様に扱ってはいけないのであるが，そのように一般化してしまうのである。これは直感の自然な結果であるけれど，頼りにならない直感ということになろう。いやそれはそのまま記述すれば良いということになるかも知れないが，すると一つの共時態に「食べられる」と表現する話者と「食べれる」と表現する話者という二通りの話者が存在することになる。なぜ二通りの話者が存在するか，共時態からは説明出来なくなってしまう。

さらには，ネイティブはもとより，次のような言語学者の直感もまことに当てにならない。以下の話はノダ文に直結している。

　　a　外で音がするのは雨が降っているのだ。

aはノダ文の原型的例示（①から取ったもの）である。この例文はうまく行っている。それだけ直感が優れているのかも知れない。

　　b　「洪水になったね」「上流で大雨が降ったんだよ」

bはかく言う著者が愛用していたノダの例文であるが，このような例文を使っている限り，永遠にノダ文の「説明」はうまく行かない。なぜうまく行かないか，後に述べようと思う。

例えば，「おく」という動詞には「a 物理的に何かの上に対象物を移動させて据える」（机の上に本をおく）のような意味・用法と「b 自然に放置する，放っておく」のような二つの大きなパターンがある。これは，物理的・具体的意味が基本義で，そこから「b」が派生したように見える。共時態としては「a」からの派生として「b」を示すことになる。しかし「露がおく」のような言い方を考えると，案外「b」が基本であって，そこから「a」を説明した方が良いようにも思える。また「意義素」のような基本義を考えると，「b」の方が「おく」全体の意味をよく覆っているようにも思える。或いはより「抽象的」な「意義素」がそこに見出されるかも知れない。だが深刻なことに，何が良い記述かを教えてくれる基準が見当たらない[2]。

また語の基本義に関して，以上よりも一層複雑に「a」「b」「c」「d」「e」の五つのパターンがあり，そこに次のような意味の連鎖が認められるとする。

---

[2]　語の意義記述におけるソシュール（注 1 のソシュール）批判が多く現れているようである。篠木れい子 2006「語彙（理論・現代）」（『日本語の研究』2–3）参照。

まず，aとbとには共通の特徴が認められ，それを（ ）で繋がっているとして表すものとする。bとcとは｛ ｝で繋がっている。cとdとは「 」で繋がっている。それとは別にcとeとは〈 〉で繋がっている。図式化すると意味の連鎖は次のようになる。

$$(\quad a \quad \{ \quad b \quad) \quad \ulcorner \quad c \quad \} \quad d \quad \urcorner$$
$$\langle \quad c \quad , \quad e \quad \rangle$$

　このような意味の連鎖が考えられるとき，語義の記述はどのようであるべきか。aから始めて，「a→b→c→……」のような連鎖として記述される可能性がある。bが中心的であるようなので「a←b→c→……」のような記述が適切かも知れない。また，「c」が中心に置かれるべきであるかも知れない。そもそも「→」で示すから根元の方が根源的なように感じられるわけで，順序などは認められないのかも知れない。さらにまた，全体を覆う「意義素」がそこには認められるべきなのかも知れない。以上のどれが「良い記述」かを評価する基準を，共時態は結局持つことが出来ないのである。先のノダ文についても事情は同様で，共時態の記述は何が記述の中心に置かれるべきか，何がその形式の原型であるのか，決定することは原理的に困難である。しかしながら，私たちは事柄の通時態を考慮することによって，その困難を突破することが可能である。もっとも原理的に可能であっても実際的解決が困難であることもあるのだが，以下ではまず，決定がしばしば可能なわけを，具体的に述べてみたいと思う。

4. ナリ文とノダ文

　古代日本語における「活用語連体形＋ナリ」という述語形式を持った文は，「連体ナリ」文と呼ばれている。古代の連体形は準体用法を持つので，以下では「準体ナリ」とも言う。これは古代の「名詞＋ナリ」の文，更には現代語の「名詞＋ダ」や「連体形＋ノダ」文に，大体次の図式で対応する（ダでデアル，デス，ジャなどを代表させる）。

[図式 1]

現代	名詞＋ダ	連体形＋ノダ
	これは犬だ。	外で音がするのは雨が降っているのだ。
古代	名詞＋ナリ	連体形＋ナリ
	これは犬なり。	右近の司の宿直奏の声聞こゆるは，丑にな
		りぬるなり。（現代語訳は p. 294）

上例のように現代語のノダ文と古代語のナリ文は，かなりよく重なっている。このよく重なっているナリ文とノダ文を素材として，共時態と通時態の関係を改めて考え直してみたいと思う。

まず特に説明無しで述べるが，現代語のノダ文の原型は次のようであると筆者は考える。これは第 1 節の山口説とほぼ同じである（野村 2015 など参照）。

[図式 2]

ある（一つの）事態

↗　　　↖

外で音がするのは，雨が降っているのだ。
（解釈 A）　　　　（解釈 B）

この図式の「解釈 A」は，「ある（一つの）事態」に対する言語的解釈（判断）である。その「ある事態」は，「〜のは〜のだ」という文構造によって，「雨が降っている」という「解釈 B」と同等であることが示されている。すなわち「外で音がするのは，雨が降っているのだ」は，名詞述語文（名詞＋ダ）としての「チョモランマはエベレストだ」や，金星についての「ヘスペラスはフォスフォラスである」[3]のようなパターンに該当する。

「チョモランマ，エベレスト，ヘスペラス，フォスフォラス」などは固有名である。固有名はその指示対象と直接に繋がっているように考えられがちだが，本章はそのようには考えない。例えば「チョモランマ」と「エベレスト」，「ヘスペラス」と「フォスフォラス」などは，それぞれ或る固有の個体

---

[3] 「ヘスペラス」を「宵の明星」と，「フォスフォラス」を「明けの明星」と訳する（記す）ことがあるけれど，それでは「ヘスペラス，フォスフォラス」それぞれが固有名である事がはっきりしなくなってしまう。

に対する解釈である。それ故「チョモランマはエベレストだ」は，完全な同一性文「AはAだ」とは異なって，認識上の価値がある。個体「チョモランマ」は一文の主部・主題であるが，「チョモランマ」と解釈されたある個体は，「エベレスト」という個体と解釈されるという内容を，「チョモランマはエベレストだ」は表しているということである。「チョモランマはエベレストだ」によって，我々の認識は前進する。

それと同じ様なことがノダ文やナリ文にも言えるのである。次はナリ文の原型である。

［図式3］

ある事態

右近の司の宿直奏の声聞こゆるは，丑になりぬるなり
　　　　（解釈A）　　　　　　　　（解釈B）

　［図式2］［図式3］は，次のような事柄を示している。［図式3］で説明する。ここに「ある事態」が生じている。それは「右近の司の宿直奏の声聞こゆる」と解釈される事態である。［図式3］文は既に見た固有名の場合と同じく同一性文であるから，「右近の司の宿直奏の声聞こゆる」という主部事態は，「（時が）丑になりぬる」という述部事態へと，新たに解釈されるということになる。［図式2］のノダ文の場合も同様である。もっとも次の点で，ナリ文・ノダ文には固有名の場合との異なりが見出される。固有名「A＝B」の場合は，「A」と「B」が同一であるという点が，とにもかくにも価値のある情報である。固有名「A」「B」自体を考えてみると，その内容には価値の差が無い（情報間の新旧格差はあるだろうが，以下問題にしない）。AとBとは対等であり，だから「AはBである」はただちに「BはAである」に交換可能である。一方，［図式2，3］のノダ文・ナリ文では，主部「外で音がする」（ノダ文），「右近の司の宿直奏の声聞こゆる」（ナリ文）と述部「雨が降っている」（ノダ文），「丑になりぬる」（ナリ文）とでは，述部側に我々にとってより価値のある知識（情報）が示されることが通常である。より価値のある知識とは，より知りがたい知識と言い換えても良い。そこでノダ文・ナリ文では，しばしば主部側に表面的・感覚的・知覚的な事態解釈が表れ，

述部側に内奥的・裏面的（事情的）な事態解釈が示される。そこで，主部と述部は一般的には交換が不可能である。しかし，何がより価値のある知識であるかは，言語主体・文脈により様々であろうから，簡単には決定できないケースも多い。

　さて，このナリ文とノダ文の関係を考えるに，一般に我々はノダ文にはよく馴れており一方ナリ文には直感の働きにくいところも多いと思われるので，以下，中古のナリ文の特徴（文法的振る舞い）を簡単に示してみたいと思う。

5.　中古ナリ文の振る舞い

　まず『源氏物語』で代表させて，中古ナリ文について幾つかの事柄を述べる（野村「中古の連体形ナリ」『国語国文』2015–1　参照）。

　『源氏』には，全体で一千五十例ほどの連体ナリ文がある。そのうち，「なきにしもあらず」「動詞＋ぬにもあらず」のような二重否定，「べし＋なり」すなわちベキナリ形式などは，別個に考えるべき形式であるので，それを差し引く。また「二の町の心やすきなるべし」(1–132) は，「二流どころの気楽なものなのだろう」と「日本古典文学全集」で訳されているように，「心やすき」はモノ準体（「心やすき者」）である。問題にしているノダ文ではないので，これらも除外する。残りのナリ文は八百例ほどである。これらの中には「さっさと歩くんだ。」のような「命令」用法，「吾輩はかく考えるのであるのである。」のような陳述累加的「強調」用法，「ぼくは電車の運転手になるんだ。」のような「意志表示」的用法は，見当たらない。これらの用法は後の時代（たぶん近代に近い時代）になって生じたものであろう。

　さすれば，八百例ほどとしたものは大体今日の「ノダ事情文」に相当するが，その用法については，今日の「ノダ事情文」と異なるところもある。いま改めて，今日のノダ事情文に似ている八百例ほどのナリ文の性格を箇条書き風に眺めてみよう。なお『源氏物語』の例は，「日本古典文学全集」（小学館）から取る。訳文もおおむね踏襲する。「1–12」の様な数字は，「全集」第一分冊－一二ページなどを表す。ナリ文の概要を示すために，例文を多くした。

Ⅰ　「～～連体形ハ～～ナリ」型のナリ文が比較的多く，全体 (800 例) の7％ほどに達する。現代語の「～～ハ～～ノダ」は，はるかに少ないよう

であるので(幸松 2012)，「〜〜ハ〜〜ナリ」型は，現代語のノダ文よりも
相当に比率が高い。既述のように，この「〜〜ハ〜〜ナリ」の「〜〜ハ」
は，ある事態についての「解釈A」に当たり，「〜〜ナリ」部分は，ある
事態についての「解釈B」に当たる。以下，「解釈B」を「再解釈」と称
することがある。

（1）　右近の司の宿直奏の声聞こゆるは，丑になりぬる<u>なる</u>べし。

（桐壺・1–112）

（宿直奏の声が聞こえてくるのは，もう丑の時になってしまったので
あろう。）

（2）　言通はすべきさまを教へずなりぬらんなど，よろづに思ふも，心のと
まる<u>なる</u>べし。　　　　　　　　　　　　　　　　（花宴・1–429）

（……あれこれ思うのも，心が傾いているからなのであろう。）

　「2」の訳は，「〜からなのであろう」となっているが，分かりやすい現代
語にするためと思われ，字義通りの解釈は「傾いているのであろう」でよい
だろう。

（3）　常のうちとけゐたる方にははべらで，心やましき物腰にてなん会ひて
はべる。ふすぶる<u>に</u>やと……　　　　　　　　　（帚木・1–163）

（おもしろくもなく物腰で会ったのでございます。おかんむりなのか
と……）

　「3」では，解釈Aと解釈B（ニヤがナリに当たる）が別文である（だから当
然「7%」の中には含まれない）。これが「心やましき物腰しにて会ひては
べるは，ふすぶるにやあらん」とでもあれば，「〜〜ハ〜〜ナリ」型に収ま
る。このようにナリ文（解釈B）は，しばしば自立化する。別文化・自立化
の様相については，野村（2015）も参照のこと。

Ⅱ　「〜〜ハ〜〜ナリ」型（別文化型も含める）の「主語側（〜〜ハ）」と「述
　　部側（〜〜ナリ）」とは，「表面的・感覚的な事態解釈−内奥的・裏面的
　　（事情的）な事態解釈」をなし，やや具体的には，「感覚的・知覚的事実表

現 − 人間の内面の表現」という対応を典型的なパターンとする。「外面 −
内面」の対応と言ってもよい。現代語で説明すると，（母を喪くして）泣
いている花子について「花子が泣いているね」（花子の外面）−「悲しいん
だよ」（花子の内面）と言えば，この「外面−内面」の型にはまる。ナリ文
の基本的なパターンをなすので，実例は非常に多い。次例も同様である。

（4） いとわりなくやつれたまひつつ，例ならず下り立ち歩きたまふ（外面）
　　　は，おろかに思されぬ（内面）なるべしと見れば，わが馬をば奉りて，
　　　　　　　　　　　　　　　　　　　　　　　　　　（夕顔・1−225）
　　　（常になくお徒歩でおいでになる，これは，いいかげんな気持ちでは
　　　いらっしゃらないのだろうと思われるので）

　次の「5」では，文字通りに対応する解釈部分は「にはかに造らせたまふ」
と「そこに据ゑたまへる」とであろうが，「にはかに造らせたまふと聞く」
とすることで，「解釈A」は「感覚的・知覚的事態解釈」に傾く。いずれに
せよ，Bは裏面的事情である。

（5） 桂の院といふ所，にはかに造らせたまふと聞くは，そこに据ゑたまへ
　　　るにやと思すに，心づきなければ，　　　　　　（松風・2−399）
　　　（桂の院という所をにわかにお作らせになっているというが，そこに
　　　あの人をお置きになっているのだろうか」と）

　次の「6」は，「～～を～～と思う」型の構文になっている（「を」による
接続型の構文とも考えられる）が，ナリ文の主述関係に置き直してみれば，
「ものしたまふ−こともおはする」でよいだろう。

（6） むげに限りのさまにものしたまふを，聞こえおかまほしきこともおは
　　　するにやとて，大臣も宮もすこし退きたまへり。　　（葵・2−32）
　　　（いまを限りという様子でいらっしゃるので，遺言なさりたいことも
　　　おありなのかと思って……）

　次の「7」は，除外される「べきなり」タイプである。しかし内容的には

通常のナリ文に属するので，ここに示す。そしてここでは，「内奥的な事態解釈」が「事の本質」を示すように機能している。「べきなり」（「まじきなり」を含めている）には，この種のケースも多い。

（7）〈命婦〉「上もしかなん。『わが御心ながら，あながちに人目驚くばかり思されしも，長かるまじき<u>なり</u>けりと，今はつらかりける人の契りになん。　　　　　　　　　　　　　　　　　　　　　　（桐壺・1-107）
（人が見て驚くほどにいとしくおぼしめされたのも，思えば長く続くはずはなかった仲なのだなと）

　次の「8」の注釈的「さるべきにや」は，「前世の宿縁でしょうか」と訳されるが（全訳は略），やはり「事の本質」ということである。

（8）　さるべき<u>に</u>や，げにかくあはめられたてまつるもことわりなる心まどひを，みづからもあやしきまでなん」　　　　　　　　（帚木・1-177）

　最後に，以上のような「解釈A－再解釈B」のパターンを離れて，「B」が状況全体に対する解釈となっているような例を挙げておく。

（9）　月も入りぬる<u>に</u>や，あはれなる空をながめつつ，恨みきこえたまふに，
　　　　　　　　　　　　　　　　　　　　　　　　　　　　　（賢木・2-81）
（月もはいってしまったのか，心にしみ入るような空をながめなされて，かきくどき申し上げているうちに）

Ⅲ　既述のように，中古ナリ文には，命令・意志・強調表現は見当たらない。また，現代語の「あっ，雨が降っているんだ」「おや，もう桜が咲いたのか」のようなタイプは，「発見」のノダと言われることがあるが，対応するナリ文は『源氏』には見当たらない。

Ⅳ　中古ナリ文が原因・理由を直接に表すという型はほとんど見当たらない。例えば現代で「洪水になったね」「上流でダムが決壊したんだ」という場合には，「上流でダムが決壊したんだ」は，原因・理由をもって「洪水になった」ことの「説明」をしているように見える。『源氏』では，こ

のような事例はほとんど見当たらないのである。例えば「1」の「右近の司の宿直奏の声聞こゆるは，丑になりぬるなるべし」では，「解釈A」と「解釈B」はともにただ一つの事態に対する「解釈－再解釈」と考えることが出来た。一方「洪水になった」ことと「上流でダムが決壊した」こととは，接近した事態と考えられるとは言え，「ただ一つの事態」と考えることは難しいと思われる。空間的・時間的に離れた事態だからである。そこで「洪水になりたるは上流でダムが決壊しけるなり」のようなタイプの例文は，『源氏』では現れない。ナリ文の「解釈－再解釈」は，「ただ一つの事態」に対して始めて可能なのである。これを中古ナリ文の「一事態（性）制約」と名づけておく。ナリ文を同一性文から導いたのも，これを理由とするのである。

　現代のノダ文では，「原因・理由」が，ある事態の「説明」になっている。だからこれまではノダ文についての「説明」説は，一事態，二事態という観点から問題にされたことは無かった。「宿直奏の声が聞こえるね」「丑の刻になったんだよ」（同一事態）と，「洪水になったね」「上流でダムが決壊したんだよ」（別事態）とが，「説明」とか「事情」とか言うことで同一視されていた。しかし，現代のノダ文が中古の準体ナリ文を引き継いでいるのであるならば，「原因・理由」のノダ文は事情文の原型から外されることになるだろう。

V　重複的表現が目立つ。例えば次の「10」では「言ふ」が重複している。重複は「一事態性」の結果と考えることが出来る。

(10)　〈女房〉「民部のおもとなめり。けしうはあらぬおもとの丈だちかな」と言ふ。丈高き人の常に笑はるるを言ふ<u>なり</u>けり。　　（空蝉・1–201）
　　　（……と言う。せいが高くていつも笑われている人のことを言っているのであった）

　もっともただの重複はあまり意味が無いので，「解釈B」は「解釈A」を言い換えたり，より詳しく述べたりしていることが多い。次の「11」では，第一の「……おはする」の内容を第二の「……おはします」がより詳しく述べている。もちろんⅡのパターンに従って解釈することが出来る。

(11) 「直衣着たる人のおはする。宮のおはしますなめり」と聞こゆれば

(1–317)

（直衣を着た人がおいでなのよ。父宮がいらっしゃったのでしょう。）

Ⅵ 「原因・理由を直接に表す表現・ナリ」が相当数ある。次の「12」の「暑ければにや（暑ればナリ）」のようなもののことである。「已然形・ナリ」が約四〇例，その他「〜てなり」などが二〇例ほどある。これはⅦをはしょった表現のようでもあるが，文の一部分を体言扱いして「〜なり」と述べているのかと考えられる。全例八百には，このタイプを含ませている。また「12」では，「暑ければにや」が後文に対して注釈的である。「13」は「〜てなり」である。

(12) 紛るべき几帳なども，暑ければにや，うちかけて，いとよく見入れらる。　　　　　　　　　　　　　　　　　　　（空蝉・1–193）

(13) あやしく世の人に似ず，あえかに見えたまひしも，かく長かるまじくてなりけり」　　　　　　　　　　　　　　　　（夕顔・1–261）

Ⅶ また，原因・理由句付きのナリ文がたくさんある。原因・理由句付きのナリ文というのは，次の「14」のように，「〜〜理由句〜〜ナリ」などとなる型のナリ文である。Ⅵとは構文的に異なることに注意されたい。

(14) 内裏より御使あり。三位の位贈りたまふよし，勅使来て，その宣命読むなん，悲しきことなりける。女御とだに言はせずなりぬるが，あかず口惜しう思さるれば，いま一階の位をだにと，贈らせたまふなりけり。これにつけても，憎みたまふ人々多かり。　（桐壺・1–101）

（生前，女御とさえも呼ばせぬままに終わってしまったことが，じつに心残りなこととおほしめされるので，せめてもう一階上の位をだけでもというお気持ちで，お贈りになるのであった。）

「14」では，まず「三位の位贈りたまふ」と述べられているので，重複的ナリ文と見ることが出来る。しかしながらわざわざ重複にせずとも，例えば次のような現代語風に表現出来ないものであろうか。

ノダ文の通時態と共時態 | 299

(15) 一階上の位をお贈りになったのは，女御とさえも呼ばせぬままに終
わってしまったことが，心残りだったのである（「女御とだに言はせ
ずなりぬるが口惜しう思さるるなり」）。

『源氏』ではこの表現が取りにくい。微妙なところがあるけれど，「心残
りだった」ことと「一階上の（三位の）位をお贈りになった」こととは，「原
因・結果」の関係にあるように思われる（「心残りであったから，一階上の
位を贈った」）。さすれば，事柄は全体で二事態に及んで「15」は一事態制
約に反することとなる。よりはっきりした例文を見てみよう。

(16) かく騒がるらんとも知らで，冠者の君参りたまへり。一夜も人目しげ
うて，思ふことをもえ聞こえずなりにしかば，常よりもあはれにおぼ
えたまひければ，夕つ方おはしたるなるべし。 （少女・3-41）
（こう騒がれていようとは知るよしもなく，冠者の君が（恋しい人の
いる）大宮のもとに参上なさった。先夜も人目が多くて，胸の中をと
てもお打ち明けになれずじまいであったから，そのためいつもよりせ
つない気持でいらっしゃったので，こうして夕暮れにおいでになった
のであろう）

「冠者の君参りたまへり」と「夕つ方おはしたる」とはほぼ同内容で，若
干の「言い換え」を含んだ重複と言えるだろう。現代語であるならこのよう
な場合には，「参上なさった＝こうして夕暮れにおいでになった」ことの事
情説明として，「騒がれているにも拘わらず，冠者の君が参上なさった。い
つもよりせつない気持だったのだ。」と展開して自然である。しかし中古の
ナリ文では，「冠者の君参りたまへり。常よりもあはれにおぼえたまひける
なり」という展開は許されない。同一事態制約に違反するからである。もち
ろん「常よりもあはれにおぼえたまひければなり」とすれば問題なく，この
種の「原因・理由句＋ナリ」というタイプには多くの例文がある（Ⅵ）。し
かしどうも直接に「原因・理由句・ナリ」（「常よりもあはれにおぼえたまひ
ければなり」）と述べるよりも，やや漠然とした事情説明のナリ文が好まれ
るようである。ところが「原因・理由句」に「常よりもあはれにおぼえたま
ひけるなり」の如くナリを直接付加にすることは許されないので，結局重複

的に「常よりもあはれにおぼえたまひければ，夕つ方おはしたるなり」の如く「原因・理由句＋重複内容句」型の表現が選択されることになる。

実はこの点に関わって，つとに田島光平（1964）「連体形承接の「なり」について」が，『竹取物語』を材料にして，例として「あしくさぐればなきなり」（「下手に探るから貝が無いということになるのだ」）を用いて，次のように述べている。

　　　「用例を見て，先ず注意されるのは，何か根拠を挙げて説明するという例が非常に多い。」
　　　「石上中納言は従者から「貝がない」という報告を受けて，「あしくさぐればなきなり。」と立腹したというのである。これを考えて見るに，子安貝の「ない」ということは分かっていることであるから，中納言の言いたいのは「悪しく探れば」という「ないこと」の理由・根拠である。」

「分かっていること」などという述べ方は，これまでのノダ文・ナリ文研究で繰り返されてきた事柄である。

田島の指摘はもっともではあるが，これだけでは中古のナリ文と現代のノダ文の重大な異なりが見落とされる。中古では「あしくさくればなきなり」（或いは「あしくさぐればなり」）でなければならないこの表現が，現代では「貝がない」を「分かっていること」として，「下手に探ったのだろう」という通常のノダ文単独で表現可能である。一方中古では，「あしくさぐるなるべし」と通常のナリ文で表現することが困難であるということである。「あしく探る」ことと「貝がない」こととは，同一事態とは認め難い事柄だからである。それは結局，ナリ文の根底には未だ「図式2」のような解釈構造が存在しているからでもあろう。

既に述べたように，ナリ文は「図式2」のような文構成をなしていると考えられた。より一般的な[図式4]として，提示し直す。

　　　［図式4］

ある事態

a　その表層的解釈　　b　その内奥の再解釈

「b」は「a」の，認識的に進化した言い換えである。いわゆる「背後の事情」というのは，ある事態の「a表層的解釈」に対する「b内奥の再解釈」に当たる。「原因・理由句＋帰結句・ナリ」，つまりある事態に対する原因・理由句を含んだ「b」は，そのことによって「ある事態」についてのより深い認識（解釈）を示している。単なる事実（一つの事態の単純な表現）よりも，その事実の原因・理由まで含んだ「原因句－帰結句」の方が，ただのノダ文よりも「事態のより内奥に達した解釈」を示した表現である。それを現代語のノダは「原因句・ノダ」の形で簡単に示すことが出来る。しかし，中古では一事態制約によって「原因句－帰結句・ナリ」の型で，初めてその「内奥に達した解釈」を示すことが出来るのである。

6. ナリ文からノダ文へ

　さて上記の観察が正しいものとし，さらにナリからダ（デアル，ジャ，デス）へと陳述辞が歴史的に変化し，また「準体句」が「準体句＋ノ」に変化したものとすれば，私たちは現代語のノダ文に対して次のように述べることが可能になる。ノダ文の「本質」に関しては多くの「説」があるが，その当否は歴史的な変化の順序に従って評価されなければならない。なぜなら，歴史的な変化はリアルだからである。そのままでは「言ってみただけ」という共時態の仮説に対して，通時態はそのリアリティを保証したり否定したりする。

　通時的に見るに，ナリ・ノダについては一貫して事情説明の用法がある。この用法はこれまでもノダの中心的用法と考えられていたわけであるが，それはそのまま通時態に即して維持される。一方，例えば「命令・意志・強調」のノダの用法は，中古ナリには存在しないことが確認される。とすれば「命令」のノダ文などは，後々の派生による用法であり，少なくとも「原型→　派生」の「派生」という扱いを受け，ノダ文の中心的記述からはずされる。命令の「ノダ」などは，ノダ文の原型の記述としては考慮する必要はないということになる。この事は，「命令・意志・強調」の用法を含んで一般化したようなノダ文の記述を行ってはならないということを意味する。なぜなら，そのような記述は，用法上の変化のリアリティを見失わせることになるからである。「命令・意志・強調」などの用法を持たないノダ文の使い手がある時期に存在したのであり，その時期の記述は当然「命令・意志・強調」などの用法を考慮せずに行われる。人間は（日本語話者は）既存の用法

から新しい用法を生み出しており，既存の用法に対して，「命令・意志・強調」などの用法をも含んだより一般性の高い（抽象的にして希薄な）基本義を生み出しているわけではないのである。

ただし，命令のノダが事情のノダからの派生として発生したか，別の用法として新しく生み出されたものかまでは，以上からは分からない。例えば，事情説明の一用法として「アイスクリームはスプーンで食べるんだ」という言い方があり，そこに（語用論的な）意志の力が加わって命令用法が生まれたという可能性がある。あるいは「さっさと歩くんだ」という言い方は，「さっさと歩く」という基本形による命令表現に，陳述累加の強調的ノダが加わって「さっさと歩くんだ」という言い方が生じたのかも知れない。しかしいずれにせよ，それは「派生」であるわけである。

また既にⅣで述べたように，「洪水になったね」「上流でダムが決壊したんだ」のような原因・理由事態を直接に事情説明に使用しているノダ文も中心的用法からは外される。「ナリ文−ノダ文」には，原型的に「同一事態制約」を認めなければならないからである。

以上をまとめると，ノダ文の意味記述は（上記が正しいものとして）おおむね次の図式の矢印の矢印の方向にしたがって行われるべきであり，それが人間の（日本語話者の）言語使用の心的状況のリアルな記述であるということになる。

［図式 5］

同一事態性事情文 　→　 事情の原因理由への拡大
↓ 　（↘）
発見の事情文 　命令・意志，強調

7. 通時態の困難

しかしながら，以上の記述は中古ナリ文の現代語ノダ文への歴史的変化を前提としている。中古ナリ文が現代語（近代語）ノダ文へ確かに変化したのか否か，歴史記述には歴史記述の困難がある。

ナリ文は「a　連体形（準体）＋ナリ」，ノダ文は「b　連体形＋ノ（準体助詞）＋ダ」という形で対応しているのだが，実は，比較的最近の研究は多く「a」から「b」への直接の移行に否定的である。「a」のナリ文は遅くとも室

町期末には（口語で）あまり用いられなくなっているのに，準体助詞のノが盛んに用いられるのは江戸期後期からであって，そこにブランクの期間がある。となると，「b」は「a」から用法をそのまま引き継ぐことは難しかろうという考え方である（福田，信田，土屋などの文献を参照）。

　しかしながら一方，次のような意見が存在する。「何より，「連体なり」文（＝「名詞節＋繋辞」）が一旦消えたとすると，現代語の「述語＋繋辞（だ）」は，なぜ必ず「の＋だ」という形をとるのか，ということの説明ができないように思う」「抄物資料には「なり」「ぞ」「ぢゃ」といったいくつかの繋辞形式が認められるが，すべてが常に繋辞としてはたらくわけではない。しかしここで重要なことは，中世室町期において「名詞節＋繋辞」と捉えるべきものが存在する，という点である。これが，後世の「連体形＋の＋ぢゃ（だ）」という形につながっていくものと考えられる」（青木 2011）。

　中古ナリ文と現代語ノダ文は，そのつながりを否定するには似すぎているように思われる。中世期には資料の多くが文語化するのだが，その中のナリ文は中古ナリ文を引き継いでいる。またごく簡単にしか述べ得ないが，室町期以降，用言類は終止形と連体形とが合一化して終止・連体形が構成されている。ということは，ノを後接しない終止・連体形は常に準体と認められる可能性があるということである。次は『浮世風呂』（二編上・文化六年 1809）の一連の会話から抜き出したもの。

(17)　快く寝る<u>のが</u>極楽よ。
　　　年が年百くさくさして<u>居るだ</u>。
　　　壽^{ながいき}を<u>するが</u>能^{いい}はな。
　　　早くお如来さまのお迎を<u>まつのさ</u>。
　　　お迎が来たら，最^もうちつと待て呉^{くれ}と<u>いふだんべい</u>。
　　　死んでみたら，また<u>生きたがるだろう</u>。
　　　こちとらは不断息子や嫁に云て<u>聞かせるのさ</u>。

　準体（連体形）が現れるべき場所（下線部分）に，ノ付きの場合とノ無しの場合の二通りが現れることが分かる。「（準体）連体形＋ナリ」と同様に，「（準体）連体形＋ダ」の可能性が常に考慮されねばならないということである。だから，今日方言的と見なされる「オラは死んじまっただ」の類も「死

んじまったのだ」の解釈が成り立つ可能性が考慮されるべきなのである。し
かしもちろん，以上は「ナリ文　→　ノダ文」の変化を保証するものではな
く，通時態は常に通時的変化を立証する責任を負わされているわけである。

とは言え，本章の当初の問題は共時態を通時態から切断してよいかという
点にあった。もし「ナリ文　→　ノダ文」の変化が正当と認められるなら
ば，共時態の通時態からの切断は，「図式4」の可能性を何ら考慮すること
なく，頭から排除するものとなる。それは「図式4」の反証可能性を頭から
否定することにもなるだろう。本章は既に反証主義に対しては否定的であっ
た。しかし反証主義を頭から否定するわけではない。一方ソシュールの共時
態中心主義は，通時的説明仮説に対する頭からの否定として，やはり排除さ
れねばならないのである。

参照文献

青木博史 (2011)「述部における名詞節の構造と変化」青木博史 (編)『日本語文法の歴
　　史と変化』175–194. くろしお出版.
信太知子 (1970)「断定の助動詞の活用語承接について」『国語学』82: 29–41.
田島光平 (1964)「連体形承接の「なり」について：竹取物語を中心にして」『国語学』
　　56: 12–21.
土屋信一 (1987)「浮世風呂・浮世床の「のだ」文」『近代語研究』7: 421–435.
野村剛史 (2009)「文類型における「事実」と「事情」」東京大学文法学研究会特別講
　　義.
野村剛史 (2014)「名詞文の分類」『言語・情報・テクスト』21: 69–82. 東京大学総合文
　　化研究科言語情報科学専攻紀要.
野村剛史 (2015)「中古の連体形ナリ」『国語国文』84 (1): 35–56.
福田嘉一郎 (1998)「説明の文法形式の歴史について」『国語国文』67 (2): 36–52.
幸松英恵 (2012)「「ノダ」文による《説明の構造》」東京大学総合文化研究科言語情報
　　科学専攻博士論文.
吉川泰雄 (1950)「形式名詞「の」の成立」『日本文学教室』3: 29–38.

第4章

副詞の入り口
──副詞と副詞化の条件──

小柳智一

キーワード：様相性，量性，名詞，挿入句，連体修飾句

1. はじめに
　本来は副詞でなかったものが，副詞に変化する文法変化（以下「副詞化」）
がある[1]。例えば，次のようなものである。

（1）a.　つゆ：名詞（露）→程度副詞（「少しも（～否定）」の意）
　　　b.　すべて：動詞句（統べて）→量副詞（「全部」の意）

　本章の目的は，副詞化する語句を考察し，どのような語句がどのように副
詞化しうるかという副詞化の条件を明らかにすることである。
　以下，まず第2節で，副詞とはどのような語類か，意味的特徴に着目して
副詞の規定を行う。続く第3節で，その規定に従った時，副詞にはどのよう
な種類があるか，副詞の外延の概略を示す。次に第4節で，副詞化がどのよ
うな場合に起こりうるか，副詞化の条件について考察する。最後に第5節で
まとめを行う。

2. 副詞の捉え方
　副詞化について考えるためには，副詞の外延（所属語類）を画定する必要
があるが，これはきわめて難しく，くわえて副詞内部の下位分類も困難であ
る。その困難さを反映してか，副詞分類には統一的な見解がない。代表的な

---

[1]　これは自立的機能語を生産する機能語生産で，小柳（2018: 第5章）の「機能語化B」
に当たる。

副詞分類として，山田（1908）[2]と仁田（2002）を挙げよう。

（2）a. 情態副詞（e.g. なめらかに，きらきらと）　程度副詞（e.g. いと，はなはだ）　陳述副詞（e.g. かならず，けっして）　　　山田（1908: 515）
　　b. 結果の副詞（e.g. がりがりに，丸々と）　様態の副詞（e.g. ゆっくりと，じろっと）　程度量の副詞（e.g. とても，相当，たくさん）　時間関係の副詞（e.g. ずっと，まだ）　頻度の副詞（e.g. しばしば，めったに）　　　　　　　　　　　　　　　　　仁田（2002: 33–35）

外延を画定するのが比較的容易な名詞，動詞，形容詞を扱うように，副詞を扱うことはできないだろう。無理に画定して下位分類を施すのではなく，副詞の捉えにくさを素直に受け入れた上で，全体を捉える方法を考えるのが得策だと思う。本章では以下のような捉え方をする。まず典型的な語類（図1のA）を真に副詞らしい副詞と定め，次にその周辺に，典型から外れる語類（図1のB）を置き，さらにその外に他の品詞に属する諸々の語類（図1のC）を連続的に位置づける。

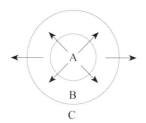

図1　副詞の捉え方

典型的な語類に，次のような，山田の言う「陳述副詞」と「程度副詞」を位置づけたい（小柳 2005: 35–37，小柳 2008: 5–6）。

（3）a. 陳述副詞　e.g. 彼女はきっと来るだろう／たぶん，けっして
　　b. 程度副詞　e.g. 薔薇がとても美しい／ますます，ぜんぜん

---

[2] 山田は「接続副詞」「感動副詞」も設けるが，これは接続詞，感動詞に当たるので，今は措く。

副詞の入り口 | 307

　陳述副詞と程度副詞に共通するのは，事態の「様相」とそれに関する「程
度量」を表すことである。様相とは実現性，未実現性，蓋然性などの，事態
の在り方を言い，核になるのは成立するか否か（実現性と未実現性）で，成
立した事態は存在し，不成立の事態は非存在である。また，その事態がどれ
くらいの確率で成立するかという度合を「成立程度量」，その事態が現にど
のくらいの度合を有して存在するかという度合を「存在程度量」と呼ぶこと
にすると，陳述副詞は成立程度量を，程度副詞は存在程度量を表すと考えら
れる。例えば，(3a)の陳述副詞「きっと」は，事態〈彼女が来る〉が成立す
る確率が高いこと（成立程度量大）を表し，(3b)の程度副詞「とても」は，
事態〈薔薇が美しい〉が現に有する度合が高いこと（存在程度量大）を表す。
そこで，意味的特徴によって，副詞を次のように規定する[3]。

（4）　典型的な副詞は，事態の様相とそれに関する程度量を表す連用修飾
　　　語である。

　陳述副詞と程度副詞は，全同だというのではなく（同じなら分ける必要が
ない），ともに(4)の特徴を備える点で，真に副詞らしい副詞と捉えられる
ということである。また，陳述副詞には他に例えば(5)のようなものがあ
り，程度副詞には例えば(6)のようなものがあるが[4]，それぞれ内部の下位分
類は当面の問題としない。多様なものを含みつつ，陳述副詞と程度副詞とい
う 2 群の副詞を，副詞の典型と考えることにしたい。

---

[3]　「程度量」という考え方は，森重（1959: 247–251）に学ぶ。森重の「程度量副詞」のう
ち「実現程度量（対象性）」は本章の陳述副詞に，「現実程度量（対象性）」は程度副詞にほ
ぼ相当する。ただし，副詞全体の把握の仕方は異なる。また，川端（1983: 31–33）は副詞の
条件として，(i)連用の従属節と意味的に連続し，節的な体制の語であること，(ii)述語の
様相的意味と呼応すること，(iii)量的な意味を表すこと，という 3 つを挙げる。本章の(4)
は，このうち(ii)と(iii)を継承する。私の副詞観は，森重と川端（特に川端）の副詞論に多
くを負う。なお，仁田（2002: 145）の「程度量の副詞」は程度副詞と量副詞を合わせた呼称
で，本章の「程度量」とは異なる。

[4]　陳述副詞については工藤（2000: 188–191）の「叙法副詞」，程度副詞については工藤
（2016: 105–107），渡辺（2002: 309–310），仁田（2002: 168）を参照。なお，私は特定の述語
形式との呼応を陳述副詞の必要条件とは考えない（小柳 2005: 37, 40）。

308 ｜ 小柳智一

（5）a.　<u>何とか</u>間に合わせます／ぜひとも　　　　　（意志・希求の強度）
　　 b.　<u>万が一</u>間に合わなかったら／たとえ　　　　　（仮定の想定度）
　　 c.　<u>かろうじて</u>間に合った／やすやすと　　　　　（実現の難易度）
（6）a.　湖は月に照らされて<u>ますます</u>美しい／もっと　　　　（比較差）
　　 b.　この方法が<u>最も</u>安全である／一番，とびきり　　　　（最上級）

　ところで，（2a）の山田の「情態副詞」（（2b）の仁田の「結果の副詞」「様態
の副詞」）はどうか。これらは動作や事物の様子を表すだけで，事態全体の
様相や程度量を表さないので（4）の規定に該当しない。また，被修飾語（動
詞）との間に意味的な有縁性があり（川端 1983: 7），例えば（7a）は自然だ
が，（7b）は不自然だろう。

（7）a.　<u>ぺちゃくちゃ</u>喋る。　　　壁を<u>べったり</u>塗りたくる。
　　 b.　[?]<u>ぺちゃくちゃ</u>語る。　　　[?]金箔を<u>べったり</u>おす。

　これと同じことは（8a）と（8b）のように，形容詞（形容動詞も同様）にも
見られ，情態副詞は形容詞と一括するのが適当だと思われる（松下 1930:
274–280，川端 1964: 3–4）。

（8）a.　<u>かしましく</u>喋る。　　　壁を<u>汚らしく</u>塗りたくる。
　　 b.　[?]<u>かしましく</u>語る。　　　[?]金箔を<u>汚らしく</u>おす。

　情態副詞を含めて，副詞一般の本質を有意味な形で捉えることは，不可能
だと思われる―例えば「連用修飾専用の無活用の自立語」などという規定
は，副詞の本質を何も教えない―。情態副詞を除外し，陳述副詞と程度副詞
を典型的な副詞と見なすことで，副詞の本質を（4）のように規定し，ここか
ら副詞の全体像を把握しようというのが，本章の方針である。ただし，情態
副詞や形容詞は次節で述べるが，ここに言う副詞と無関係ではない。

3.　副詞の拡がり
3.1　確認副詞と評価副詞
　真に副詞らしい典型的な副詞（図1のA）を（4）のように規定すると，そ

こから外れる副詞（図1のB）は，外れ方を示すことによって捉えられる。外れ方は(4)に即して，2つの方向が考えられる。1つは様相性に卓越する方向で，もう1つは量性に卓越する方向である。以下，中心から周辺へたどりながら，副詞を系列づけて捉えてみたい。

　まず，様相性に卓越した副詞には，ある事態が実現していることを確かめる，次の類がある[5]。事態の実現性という様相を確認するので，「確認副詞」と仮称しよう。確認の仕方によって下位分類でき，(9a)は直面した事態をそのままに確認する類で，(9b)は直面した事態から推論して大本の事態を確認する類である。

（9）a.　事実結果は失敗だった／やはり，実際，本当に　　　　（即事的確認）
　　　b.　そもそも計画などない／要するに，結局，本来　　　　（反省的確認）

　なお，確認副詞は，事態の実現を確認するので，その事態が確かに存在することを保証する。そのことを疑いようもない真のこととして表す語彙[6]は，真と看取できるほどに事態の存在程度量が大きいことを表すと読み替えられると，程度副詞化する（川端元子 1999: 56–57，市村 2009: 16–17，鳴海 2015: 188）。

（10）　本当に嬉しい／誠に，実に，真実

　確認副詞に連続して「評価副詞」がある[7]。工藤（2000: 222–223）の指摘する通り，評価には対象が必須で，評価副詞は，存在している事態を対象として，それに対する評価を表す。したがって，対象となる事態の実現性を含意すると言える。例えば，(11)の「さいわい」は，事態〈間に合った〉の実現性を確認した上で，それを幸運と評している。

---

[5]　森重（1959: 246）の「群数の副詞（類推，還元，包括）」，川端（1983: 19–21）の「関係副詞（E①～④）」を参照。

[6]　工藤（2016: 106）の「真実味　実感性」を参照。

[7]　渡辺（1971: 第8節）の「(批評・註釈の) 誘導副詞」，工藤（2000: 222–225）の「評価副詞（成分）」を参照。

（11） さいわい間に合った／あいにく，驚くべきことに

　さらに，評価副詞は当然のことながら評価・情意の形容詞（形容動詞・情
態副詞を含む。以下同）と連続する。これらの形容詞は副詞の外（図1のC）
に位置づけられる。

（12） 珍しく遅刻しなかった，しんみり雨音を聞く

　このように，様相に卓越する方向への拡がりは，陳述副詞・程度副詞から
確認副詞・評価副詞を経て，評価・情意形容詞まで連続的に捉えられる。

3.2　量副詞

　次に，量性に卓越した副詞には「量副詞」がある。量副詞は名詞句の表す
事物の分量を表す。程度副詞の表す存在程度量は，ある事物が存在すること
に付随する事態の程度量だが，量副詞は存在する事物の分量を表すので，2
つの量は性質が異なる。量副詞は，連続的な量を概括的に表す場合と，種類
の多様性を通して量を表す場合がある。

（13）a.　荷物をたくさん積む／少し，すべて，ずいぶん　　　　　（概括量）
　　　 b.　見本をあれこれ手に取る／いろいろ，さまざま　　　　　（多様性）

　量副詞を含む文は，量的に大である事物が存在することを表すが，これ
を，量的に大でありつつ事物が存在すると読み替えられると，程度副詞化す
る。例えば「ごみがずいぶん落ちている」は，事物〈ごみ〉の分量が大である
こと（[[ずいぶん[ごみ]]が落ちている]という意味関係）を表すが，これが
事態〈ごみが落ちている〉に付随する程度量が大である（[ずいぶん[ごみが落
ちている]]という意味関係）と解されるようになると，「部屋がずいぶん汚
れている」のように，事態〈部屋が汚れている〉の存在程度量を表すことも可
能になる。こうなれば，量副詞は程度副詞化する[8]。
　なお，事物の分量を数的に明確化したのが数量詞である。数量とは数に

---

[8]　森山（1985: 61）の「量的程度副詞」，仁田（2002: 180–184）の「量程度の副詞」を参照。

よって計測された量であり，数量詞は本質的に副詞だと思うが，（14b）のように名詞的な性質もあるので（岩田 2013: 70–71），図 1 の B と C にまたがって位置づけられるだろう。

(14) a.　荷物を <u>30 箱</u>積む／<u>5 個</u>，<u>6 人</u>，<u>19 袋</u>，<u>100 本</u>，<u>160 台</u>
　　 b.　<u>50 束</u>を 1 まとめにする，<u>7 人</u>が出席する，<u>101 匹</u>が吠える

　量副詞はまた，副詞の外（図 1 の C）にある，語彙的に分量を表す状態形容詞に連続する。「多く」「少なく」は言うまでもなく，（15）のように，その状態が現実問題として事物の多量性を表すものもある。

(15)　荷物を<u>高く</u>積み上げる，胡椒を<u>たっぷり</u>かける／ぶ厚く

3.3　集合副詞と例示副詞・比喩副詞

　さらにまた，連続的な量ではなく，離散的な要素の集合を対象として，その集合内での当該要素と他の要素との関係（e.g. 他からの特立，他に累加）を表す副詞がある。「集合副詞」と呼ぶことにする[9]。

(16) a.　<u>特に</u>この料理がすばらしい／もっぱら　　　　　（特立・排他）
　　 b.　<u>その上</u>このワインもおいしい／さらに　　　　　（累加・併合）

　当該事態を他の事態と区別して特立する集合副詞は，当該事態の存在程度量が他の事態に比較して大であると読み替えられると，程度副詞化する（程度量の比較差を表す）[10]。

(17)　この絵は<u>特別</u>美しい／とりわけ，並外れて，格段

　集合副詞そのものではないが，集合に関わるものとして「例示副詞」「比喩

---

[9]　工藤（2000: 227–230）の「とりたて副詞」を参照。「とりたて副詞」は「とりたて助詞（副助詞）」と対応する名称だが，私は「副助詞」を副詞性の助詞と考えるので（小柳 2008: 5–7），助詞で行われている名称を副詞に与えない。

[10]　工藤（2016: 105–106）の「目立ち性」「とりたて性　比較性のもの」を参照。

副詞」がある。例示とは個別例によってそれを含む集合的類を提示すること，比喩（類似性による比喩）とは同じ集合に属する個別例によって当該の個別例を描写することである。前者は個と類（集合）の関係を扱い，後者は要素間の関係を扱うが，ともに集合を前提とする点で，集合副詞と共通性がある。ただし，量性は希薄である。

(18)　たとえば京都などの観光地，まるで雪のような姫君／あたかも

　なお，比喩副詞は，当該事態と別の事態が類似する度合が高いことを表すと見ることもでき，程度副詞に近接的である（工藤 2016: 102）。
　さらにまた，集合副詞や例示副詞・比喩副詞に関連づけられるものとして，ある種の接続詞（図 1 の C）がある。並列の接続詞は同等の対象同士を等位的に結びつけるもので，それらを要素として含む集合を対象とするわけではないが，要素同士を関係づける点で，似たところがある。

(19)　大学および短大で実施／または，あるいは

　このように，量に卓越する方向へは，量副詞から数量詞，状態形容詞へ連続する系列と，集合副詞から例示副詞・比喩副詞を経て接続詞へ連なる系列が見出される。

3.4　時間副詞と空間副詞

　最後に，様相性が時空に特化した語類として「時間副詞」と「空間副詞」を挙げる[11]。時空は事態の存在にとって不可欠で，陳述副詞がムードと呼応するように（e.g. きっと〜だろう），これらの副詞はアスペクト・テンスと呼応する（e.g. ずっと〜ている，昨日〜た）。時間副詞は，例えば未来時点を表す「明日」が未実現性の様相を表すように，陳述副詞と連続する面がある。しかし，時間に特化されること，時間の諸特徴に即して複雑な下位類を有すること，時空の平行性によって空間副詞と並べて捉えると便利であること，

---

[11]　時間副詞については川端（1964），仁田（2002: 第 7, 8 章）の「時間関係の副詞」「頻度の副詞」を，空間副詞については川端（1967）を参照。時間副詞と空間副詞は完全に平行的ではなく，大きく相違する点もあるが，今は共通性の方に着目してまとめて扱う。

などを考えて，別類として立てる。

　また，時間副詞と空間副詞は，何らかの意味で時空間量— e.g. 動作の持続量，発話時現在から事態生起時点までの時間的距離，事態生起の頻度，事物が分布する延長量，方向的な拡散範囲—を表す。よって，本質的に副詞である。非常に多様な下位類を含むが，ここでは若干の例示にとどめる。(20)が時間副詞，(21)が空間副詞の例である。

(20) a. <u>ずっと</u>雨が降っていた／しばらく，つかの間　　　　　　　（持続量）
　　 b. <u>昨年</u>事実が明らかになった／明日，一昨日，今朝　　　　　（時点）
　　 c. 彼は<u>しばしば</u>訪ねてくる／たまに，いつも，始終　　　　　（頻度）
(21) a. <u>ずっと</u>山脈が続いている／一面に，一帯　　　　　　　　　（延長量）
　　 b. <u>あちこち</u>出歩く／四方八方，いたるところ，　　　　　　（地点・方向）

　時空間量も量の一種なので，時間副詞・空間副詞の中には，(22)のような量副詞から変化したものがある。また，量副詞がそうであったように，時間副詞・空間副詞も数量詞(23)や，語彙的に時空間量を表す状態形容詞(24)に連続する。

(22)　バスを<u>少し</u>待つ，駅までは<u>相当</u>ある／かなり
(23)　3 時間，3 週間後，7 月 9 日，6 回，100 メートル，40 キロ四方
(24) a. <u>長く</u>会えずにいた／遅く，すばやく，さっさと
　　 b. <u>広く</u>見てまわる／遠く，近く，深く，はるばる

　以上の副詞の種類とその拡がりを大まかに図示すると，図 2 のようになる。これで副詞の全種類を尽くせたわけではなく，1 つの語が複数の種類に渉ることもあり，副詞の完全な全体像を捉えるには不十分だが[12]，ここで示したいのは，副詞が他の品詞と連続しながら緩やかなまとまりを持ち，その中心に様相性と量性を表す陳述副詞・程度副詞が位置づけられることである。ここに副詞の本質を見出す。

---

[12]　大きなところでは，指示副詞 (e.g. そう，このように) を位置づけていない。また，各副詞類の下位類と組織化も十分に行っていない。なお，図では煩雑になるのを避けるために，上で述べたいくつかの関係の図示を割愛した。

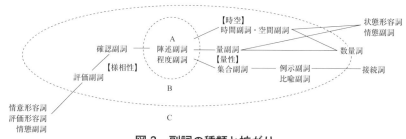

図2　副詞の種類と拡がり

4. 副詞化の条件

さて，以上を踏まえて，副詞化について考える。副詞化とは，図2で言えばCからBへの変化のことであり，B内での変化(e.g. 量副詞の時間副詞化)や，BからAへの変化(e.g. 確認副詞の程度副詞化)は副詞内部のことなので，ここでは取り上げない。副詞化する語句には，名詞句・形容詞句・動詞句などがあるが(工藤 2000: 174–175)，名詞句・動詞句・形容詞句であれば無制限に副詞化するというわけではないので，副詞化の条件があるはずである。条件には意味的なものと統語的なものが考えられる。

4.1　副詞化の意味的条件

まず，意味的条件は容易に思いつく。副詞の本質である様相性あるいは量性をその語が含意する，または推意させる[13]ことが条件である。例えば，次に挙げるのは，この条件を満たしていることが明らかなものである(具体例は，名詞句／形容詞句／動詞句の順に挙げる)。(25b)の「露」「泡沫」は事物を指すが，ともに少量であることを含意し，それによって「少しも(〜否定)」という意の副詞になる。フランス語の否定表現 ne 〜 pas の pas(「一歩」の意)も類似例として思い浮かぶ。

(25) a.　時空性→時間・空間副詞

---

[13] 「含意」とは，表意そのものではないが，ある表意が表されれば必然的に伴って表される，表意の内奥にあるような意味，あるいは表意の一部として含まれる意味特徴を言う。「推意」とは，表意に含まれてはいないが，文脈や状況などによって表意から推察可能な意味(いわゆる言外の意味)を言う。小柳(2018: 第4章)を参照。

副詞の入リ口 | 315

e.g. 時々，後々，一面／末永く，間もなく，常に／絶えず [14]

b. 量性・多様性→量副詞，程度副詞
e.g. 露，泡沫，一杯／少しく／統べて，挙って，残らず

c. 序列性→程度副詞，集合副詞，時間副詞
e.g. 一番，最低／この上なく，限りなく／初めて，次いで

次の例は，一見すると，それ自体に様相性・量性が明らかでなく，条件を満たしていないように見えるかもしれない [15]。

(26) a. 確実性・決定性→確認副詞，陳述副詞，程度副詞
e.g. 事実，実際／全く，疑いなく，誠に／決して，定めて

b. 評価性・情意性→程度副詞，評価副詞，陳述副詞，集合副詞
e.g. 偉い事／凄く，酷く，自棄に／優れて，極めて

しかし，これらの語彙は，ある事態が存在することを前提とし，その事態に対して，査定したり決定を下したり，評価したり情意を抱いたりするので，対象となる事態の実現性を含意すると言える。また，評価・情意形容詞による連用修飾句は，被連用修飾句の表す事態を，様態と程度量の両側面から規定するという性質がある [16]。例えば，「不思議に予想が当たる」は，予想の当たる様子が不思議であり，また不思議に思われるくらい予想が当たるというように，「不思議に」が〈予想が当たる〉の様態と程度を未分化に表している。したがって，ここには量性が含まれている。

これらとはやや異なるものに，接続句が例示副詞化，比喩副詞化した「た

---

[14] 「ず」を伴う動詞句の例は他にも「相変わらず」「残らず」などがあるが，これらの動詞句が副詞化するのは，「ず」自体に副詞性があるからではなく，動詞の語義またはそれの否定が様相性・量性を含意するからだと考えられる。そのような含意のない動詞が「ず」を伴っても，副詞にはならず，情態副詞（すなわち形容詞）的になる。e.g. 走らず歩く，叱らずに論す

[15] 工藤 (2016: 106–107) の「異常さ　評価的」「感情形容詞から」「予想や評判との異同」を参照。

[16] 山田 (1908: 1483–1484) の「有属文」の1つで，連用の有属文にこのような特徴があることの詳細は，川端の副詞論（例えば，川端 1983: 8–14），あるいは小柳 (2007: 123–126) を参照。

とえば」「いわば」がある。元になった古代語の「喩へば」「言はば」は，例示・比喩という設定で述べるならという意味の条件句だが，これは，これから述べることが具体例や能喩であることを予告して，後続の内容を方向づける。ここから発話動作の意味が失われれば，副詞化する[17]。「喩ふ」「(端的に，印象的に)言ふ」はまさに例示・比喩という意味そのものを表し，例示・比喩は第3節3で述べたように，集合という量性と関わるので，この場合にも副詞化の意味的条件を満たしている。(27)は比喩副詞，(28)は例示副詞の例である。ちなみに，同じ「たとへば」が比喩副詞にも例示副詞にもなることは，比喩と例示の意味的な近さを示す。

(27) a. 僧正遍昭は，歌のさまは得たれども，まことすくなし。たとへば，絵に画ける女を見て，いたづらに心を動かすがごとし。
　　　(僧正遍昭は，歌の姿はきちんとしているけれども，真実味があまりない。たとえば，絵に描いた女を見て，無駄に感動するようなものだ。)　　　〈古今和歌集・仮名序，p. 26: 905–914 年成〉

　　 b. 文屋康秀は，詞たくみにて，そのさま身におはず。いはば，商人のよき衣着たらむがごとし。
　　　(文屋康秀は，言葉遣いは巧みであって，しかしその姿はぴったりしていない。いわば，商人が立派な服を着ているようなものだ。)　　　〈古今和歌集・仮名序，p. 26〉

(28) 喩へば，蕭何，樊噲，韓信，彭越，是等は高祖の忠臣なりしかども，少人の讒によって過敗の恥をうくとも，かやうの事をや申すべき。
　　　(たとえば，蕭何，樊噲，韓信，彭越，これらは漢の高祖の忠臣だったけれども，つまらない小物の讒言によって失脚の恥辱を受けたというのも，このようなことを申すのであろうか。)　　　〈覚一本平家物語・巻第2，上 p. 83: 13C 前半成〉

---

[17] 渡辺(1971: 311–312)の「誘導」は，「誘導副詞」(陳述副詞に当たる)が後に否定表現(決して～ない)や仮定表現(もし～なら)が来ることを予告する職能を言うための用語だが，「誘導」はむしろ，話の方向を特定の内容に導くことを指すのにふさわしいように思う。一般に，発話動詞を述語とする接続句が実際の発話動作の意味を失って副詞化(または接続詞化)する例は多い。e.g. 正直言って，言い換えれば，一例を挙げると，言語学的に言えば

副詞の入リロ ｜ 317

　以上のように，様相性・量性を表しうることが，その語句が副詞化するための意味的条件である。

4.2　副詞形成

　次に，統語的条件を考えよう。これも明白で，副詞の統語的特徴である連用修飾機能を有することが条件である。形容詞連用形や動詞テ形などはもともと有しているので，問題がない。問題になるのは，本来的に連用修飾機能（格に立つ機能は別である）を有していない名詞である。名詞が副詞化する際，どのように連用修飾機能を獲得するのだろうか。日本語史を遡って見ると，それには1つの方法と，2つの径路が考えられる。

　1つの方法は，接辞類の付加や，重複によって，連用修飾語を造語することである。これは名詞を資材として新たに副詞を作るもので，「大人_{名詞}→大人し_{形容詞}」「否_{感動詞}→否ぶ_{動詞}」などの派生語を生産する語形成の一種である。副詞形成の接辞は(29a)のように多様だが，圧倒的に「に」「と」が優勢で，「〜に」「〜と」は副詞らしい形である[18]。(29b)は重複による語形成の例（蜂矢1998: 335–337）。

(29) a.　頼り-に，相応-に／割り-と，自然-と／丸-きり，頭-から／山-の如，鳥-じもの

　　 b.　道々，所々，時々，折々，度々，後々，先々，色々

　名詞と副詞について，小田(2015: 5)は古代語における2つの同質性を述べている。そのような面もあるかもしれないが，古代語の名詞と副詞が融通無碍に転成し合うわけではないので，現代語と同じく，やはり副詞化する名詞は上に述べる意味的条件を満たす必要があったと思われる。例えば「道々」（小田の挙例）の「道」が空間副詞化したのは，名詞一般のこととし

18　挙例のうち，「の如（←の＋事または状）」「じもの（←し＋物）」は，本来は名詞句を構成していたが，その名詞句が次に述べる径路（この場合は挿入句経由を考える）を経て連用修飾機能を獲得し，副詞形成の接辞になったと考えられる（小柳2014: 270）。なお，「に」「と」によって形成された副詞は定着した後，「に」「と」が脱落することがあり，「相当に→相当」「随分に→随分」など，漢語副詞に顕著である（前田1983: 365, 368，鳴海2015: 150, 166）。

て可能だったのではなく，「道」が空間的な意味を含意しているからだろう。また，「道」が重複によって副詞を形成したのは，そのままでは連用修飾機能を持たず副詞になれないからで，このことも名詞と副詞の違いを示す。

4.3 挿入句経由

前項では，語形成の次元でいわば名詞を副詞に作り替える方法を見たが，日本語史を顧みると，これとは別に，言語使用の次元で特定の統語的環境にある名詞が副詞に読み替えられる場合が考えられ，それには2つの径路が想定できる。

1つは，挿入句を経由する場合である。挿入句とは，独立した形式を有する句が，文中に割って入るが，その文中の成分と統語的に直接の関係を持たないものを言う。普通は (30a) のように述語句だが，名詞句が挿入句になることもあり，その時，名詞句は主文に対して注釈的に働く（山口 2011: 521–522，小柳 2014: 278–279）。(30b) の「苛けく」「愛しけく」は，形容詞「苛し」「愛し」のク語法で，細かいことを措けば「苛きこと」「愛しきこと」という名詞句と等価と見なせる。これらは主文に挿入され，「そこに思い出」に対してそれが「苛けく」である，「ここに思い出」に対してそれが「愛しけく」であると，注釈している。

(30) a.　板葺の　黒木の屋根は　［山近し］　明日の日取りて　持ちて参
　　　　　ゐ来む
　　　　　（板葺の黒木の屋根は［山が近いのですよ］明日取って持って参
　　　　　上しましょう。）　　　　　　　　　〈万葉集・巻4・779: 8C 後期成〉
　　　b.　……　本方は　君を思ひ出　末方は　妹を思ひ出　［苛けく］
　　　　　そこに思ひ出　［愛しけく］　ここに思ひ出　い伐らずそ来る
　　　　　梓弓檀
　　　　　（……檀の木の根本はあなたのことを思い出し，枝先は妹を思い出
　　　　　し，［心が痛むことだ］そこにつけて思い出し，［悲しいことだ］ここ
　　　　　につけて思い出し，伐らずに来るのだ，あの檀の木を。）
　　　　　　　　　　　　　　　　　　　　　　　〈古事記歌謡・51: 712 年成〉

このような環境で使用された名詞が主文に取り込まれると，連用修飾句化

すなわち副詞化すると想像される。「まこと（真事）」を例にすると，「まこと」は名詞が本来である。(31)は名詞述語文の例。

(31)　白玉の　緒絶えはまこと　しかれども　その緒また貫き　人持ち去にけり

（白玉の緒が切れてしまったのは本当のこと。けれども，その緒をまた玉に通して他人が持って行ってしまいました。）

〈万葉集・巻16・3815〉

「まこと」が挿入句として使われたのが次例である。(32a)では，真間の手児奈という女性と自分の噂に対して「まこと」かと注釈を加え，(32b)では，噂通り水島が神々しいことに対して「まこと」だと注釈している。

(32) a.　葛飾の　真間の手児奈を　［まことかも］　我に寄すとふ　真間の手児奈を

（葛飾の真間の手児奈と［本当だろうか］私が恋仲だと噂している。あの真間の手児奈と。）　〈万葉集・巻14・3384〉

　　b.　聞きしごと　［まこと］貴く　奇しくも　神さびをるか　これの水島

（聞いた通り，［本当だ］貴く不思議にも神々しくあることだ，この水島は。）　〈万葉集・巻3・245〉

　しかし，(32b)の「まこと」は挿入句ではなく，連用修飾句と解することも可能である—その場合には「聞いた通り，本当に貴く……」と現代語訳することになる—。このような環境で，遊離的だった名詞挿入句が，主文内に拘束されて連用修飾句化するというのが，想定される副詞化の径路の1つである[19]。(33a)は「も」を伴うので，連用修飾句化（副詞化）した確例である。さらに，中古になると，(33b)のような「まことに」が形成される。これは「まこと」の副詞性を語形成によって明示化したのだと考えられる。

---

[19]　これは名詞挿入句に限ったことではない。終止形述語句に由来する「いかんせん」「どうやら」なども同様に挿入句を経由して副詞化したと考えられる。

320 | 小柳智一

(33) a.　萩の花　咲けるを見れば　君に逢はず　<u>まことも久に</u>　なりにける
　　　　かも
　　　　（萩の花が咲いているを見ると，あなたに逢わず本当に長くなっ
　　　　てしまった。）　　　　　　　　　　　　　　　〈万葉集・巻10・2280〉
　　b.　舎人^{とねり}の顔のきぬにあらはれ，<u>まことに黒きに</u>，
　　　　（舎人の顔が地肌のままに現れ，実に色が黒い上に，）
　　　　　　　　　　　　　　　　　　　　〈枕草子・3段，p. 27: 10C 後半成〉

4.4　連体修飾句経由

　もう1つの径路として考えられるのは，「X＋の」という連体修飾句を
経由する場合である。そもそも「の」の前接部 X にはもちろん名詞も現れ
るが，名詞以外も現れ，その中には副詞もある（山田 1908: 472–474，浅見
1959: 26）。(34) は文，(35) は副詞が現れる例である。

(34) a.　[かかることもやあらむ]の諫めなりけり。
　　　　（こういう不面目なことも起こるのではないかという戒めだった
　　　　のだな。）　　　　　　　　　　　〈源氏物語・総角，5-p. 300: 1001–14 年頃成〉
　　b.　我が身つらくて，[尼にもなりなばや]の御心つきぬ。
　　　　（我が身がつらくて，尼にでもなってしまいたいというお気持ち
　　　　になった。）　　　　　　　　　　　　　　　〈源氏物語・柏木，4-p. 301〉
(35) a.　[わざと]の御覧とはなけれど，
　　　　（特別にお目にかける催しというのではないけれど，）
　　　　　　　　　　　　　　　　　　　　　　　〈源氏物語・藤裏葉，3-p. 459〉
　　b.　[あまた]の人のそねみを負ひ，
　　　　（多くの，人の嫉妬を受け，）　　　　　　〈源氏物語・明石，2-p. 245〉
　　c.　[いささか]の御返りもあらばなむ。
　　　　（ほんのちょっとのご返事でもあればなあ。）
　　　　　　　　　　　　　　　　　　　　　　　〈源氏物語・夕霧，4-p. 442〉

　このような環境で，「の」に前接する名詞が量性を含意する場合，量副詞
に読み替えられ，さらにそれが連体修飾句という環境から離れて使用され
れば，連用修飾語化するだろう。例えば，「露」は連体修飾句から始まって

連用修飾語化し，やがて否定述語と呼応する例に偏るようになった（西田 1992: 114–116）。これは，「［つゆ_{名詞}＋の］＋名詞」から「［つゆ_{副詞}＋の］＋名詞」への読み替えを経て，連体修飾の環境から離れた連用修飾語「つゆ_{副詞}」が形成されたと考えることができる。(36a)はその最初の段階で，この「露」は一往，名詞と見なされるが，相当に量的な意味を表しており，副詞に近い。(36b)は副詞化した例，(36c)はその後の，否定述語と呼応するようになった例である。

(36) a. ありさりて　後も逢はむと　思へこそ　露の命も　継ぎつつ渡れ
　　　　（時が経っていずれ逢えるだろうと思うからこそ，露のようなはかない命も絶やさず生き続けられるのです。）
　　　　　　　　　　　　　　　　　　　　　　　　　　　〈万葉集・巻 17・3933〉
　　　b. つゆも，物，空に駆けらば，ふと射殺し給へ。
　　　　（ちょっとでも，何者かが空で駆けることがあれば，さっと射殺して下さい。）　　　　　　　〈竹取物語，p. 68: 9C 末 -10C 初成〉
　　　c. 御胸のみつと塞がりて，つゆまどろまれず，
　　　　（お胸がいっぱいになるばかりで，少しもお休みになれず，）
　　　　　　　　　　　　　　　　　　　　　　　　〈源氏物語・桐壺，1-p. 23〉

　以上，副詞化するための条件について考えた。ここで見た条件を備えていれば必ず副詞化するわけではないが，副詞化するものは指摘した意味的・統語的条件を満たす必要があると思う。

　なお，付け加えて言えば，副詞は，副詞らしい形態（e.g. ついに，意外と）もあるが，動詞や形容詞とちがって固有の形態に縛られない。動詞や形容詞は，基本形がウ段音で終わったり「し」で終わったりして，形が限られているが，副詞はそうではない。そのため，様々な語句が形態を変えずに，あるいは少なくとも大きく変えずに，副詞化することが可能だったと考えられる。そしてまた，名詞も同じく固有の形態に縛られていないので，名詞が副詞化することを妨げる形態的な理由はない。

5.　おわりに

　本章で述べたことの要点をまとめる。

(37) 典型的な副詞は，事態の様相と程度量を表す陳述副詞・程度副詞で，他の副詞は様相性と量性のどちらに卓越するかによって，系列的に関係づけられる。副詞の本質は，様相性あるいは量性を表すことである。

(38) 副詞化する語句は，様相性あるいは量性を含意する，あるいは推意させるという意味的条件と，連用修飾機能を有するという統語的条件を満たす必要がある。

(39) もともと連用修飾機能を有さない名詞が副詞化するためには，連用修飾機能を獲得しなければならず，そのために，名詞を資材として副詞を形成することがある。また，挿入句・連体修飾句という統語的環境の中での読み替えによって，副詞化することがある。

　ここにまとめた(38)(39)は副詞化の条件であり，他の語句，特に名詞がここを通って副詞の世界に入る，いわば「副詞の入り口」である。

　冒頭に述べた通り，副詞はきわめて捉えにくい品詞である。そのためか，「副詞研究」の多くは，副詞に属する（と直感的に思われる）語彙の個別的な記述・考察であり，副詞の本質と全体像を正面から捉えようとするものはほとんどない。本章で参照した先行研究のうちのいくつかは，その貴重なものである。(37)にまとめた，本章の副詞の捉え方は，典型的な副詞から周辺的な副詞へ連続的に捉えようとするもので，このような考え方は認知言語学のプロトタイプ論と親和性があるように思うが，どうだろうか。

付記
　本研究は，JSPS 科研費 JP24520508，JP17K02787 の助成を受けたものである。

資料
古事記，万葉集，竹取物語，古今和歌集，枕草子，源氏物語（新編日本古典文学全集：小学館），覚一本平家物語（新日本古典文学大系：岩波書店）

参照文献
浅見徹 (1959)「絶えむの心わが思はなくに：陳述をめぐる問題」『万葉』33, 25–40.
市村太郎 (2009)「近世後期における副詞「まことに」の意味・用法」『早稲田日本語研究』18: 12–23.
岩田一成 (2013)『日本語数量詞の諸相：数量詞は数を表すコトバか』くろしお出版.

小田勝 (2015)「古代語の品詞はどう捉えられるか」『日本語文法』15(2): 3–16.

川端元子 (1999)「広義程度副詞の程度修飾機能：「本当に」「実に」を例に」『日本語教育』101: 51–60.

川端善明 (1964)「時の副詞：述語の層について その一」『国語国文』33 (11/12): 1–23/34–54.

川端善明 (1967)「場所方向の副詞と格：述語の層について その二」『国語国文』36 (1/2): 1–31/24–57.

川端善明 (1967)「数・量の副詞：時空副詞との関連」『国語国文』36 (10): 1–27.

川端善明 (1983)「副詞の条件：叙法の副詞組織から」渡辺実 (編)『副用語の研究』1–34. 明治書院.

工藤浩 (2000)「副詞と文の陳述的なタイプ」仁田義雄・森山卓郎・工藤浩『日本語の文法 3 モダリティ』第 3 章. 岩波書店.

工藤浩 (2016)『副詞と文』ひつじ書房.

小柳智一 (2005)「副詞と否定：中古の「必ず」」『福岡教育大学国語科研究論集』46: 35–50.

小柳智一 (2007)「第 1 種副助詞と程度修飾句：程度の構文とその形成」青木博史 (編)『日本語の構造変化と文法化』115–140. ひつじ書房.

小柳智一 (2008)「副助詞研究の可能性」『日本語文法』8 (2): 3–19.

小柳智一 (2014)「「じもの」考：比喩・注釈」『万葉集研究』35: 247–284.

小柳智一 (2018)『文法変化の研究』くろしお出版.

鳴海伸一 (2015)『日本語における漢語の変容の研究：副詞化を中心として』ひつじ書房.

西田隆政 (1992)「副詞「つゆ」をめぐって：否定表現の量的側面よりの強調」『文学史研究』33: 114–124.

仁田義雄 (2002)『副詞的表現の諸相』くろしお出版.

蜂矢真郷 (1998)『国語重複語の語構成論的研究』塙書房.

前田富祺 (1983)「漢語副詞の種々相」渡辺実 (編)『副用語の研究』360–378. 明治書院.

松下大三郎 (1930)『改撰標準日本文法』中文館書店, 勉誠社版 (1974) による.

森重敏 (1959)『日本文法通論』風間書房.

森山卓郎 (1985)「程度副詞と動詞句」『京都教育大学国文学会誌』20: 60–65.

山口佳紀 (2011)『古代日本語史論究』風間書房.

山田孝雄 (1908)『日本文法論』宝文館.

渡辺実 (1971)『国語構文論』塙書房.

渡辺実 (2002)『国語意味論』塙書房.

『認知言語学を拓く』執筆者一覧

【編者】
森 雄一（もり ゆういち）　成蹊大学文学部教授
西村義樹（にしむら よしき）　東京大学大学院人文社会系研究科教授
長谷川明香（はせがわ さやか）　成蹊大学アジア太平洋研究センター客員研究員

【著者】(五十音順)
相原まり子（あいはら まりこ）
現在，東京大学教養学部非常勤講師，日本大学文理学部非常勤講師.
【主要業績】「動詞句・前置詞句の後ろに現れる"来"と"去"」『中日言語研究論叢
—楊凱栄教授還暦記念論文集—』朝日出版社, 2017.「失去位移义"来"的核心功
能」『世界汉语教学』1, 2010.「中国語のフォーカス標示手段—"来"を中心に—」『中
国語学』252, 2005.

石塚政行（いしづか まさゆき）
現在，東京大学大学院人文社会系研究科助教.
【主要業績】Configurational entities and locative genitive in Basque.『日本エドワー
ド・サピア協会研究年報』33, 2019. Detransitivization of productive causative
verbs in Basque.『日本エドワード・サピア協会研究年報』32, 2018.「バスク語の
自動詞分裂と二言語使用」『東京大学言語学論集』38, 2017.

大橋 浩（おおはし ひろし）
現在，九州大学基幹教育院・大学院人文科学府教授.
【主要業績】『認知言語学研究の広がり』(川瀬義清氏・古賀恵介氏・長加奈子氏・
村尾治彦氏との共編著) 開拓社 2018.「譲歩への変化と譲歩からの変化」『日本認
知言語学会論文集』15, 2015. The development of an english intensifier phrase: a
corpus-based study. *English Linguistics* 23(2), 2007.

加藤重広（かとう しげひろ）
現在，北海道大学大学院文学研究院教授.
【主要業績】『言語学講義』筑摩書房 2019.『日本語統語特性論』北海道大学出版
会 2013.『日本語修飾構造の語用論的研究』ひつじ書房 2003.

小嶋美由紀（こじま みゆき）
現在，関西大学外国語学部・大学院外国語教育学研究科教授.
【主要業績】「《老乞大》中所見的祈使標識"去來"」『関西大学外国語学部紀要』9,
2013.「拡張的二重目的語構文"玩儿他个痛快"の成立動機とメカニズム」『中国語
学』256, 2009.「"人家(renjia)"と『人(ヒト)』の自称詞用法」『中国語学』248,
2001.

小柳智一（こやなぎ　ともかず）

現在，聖心女子大学現代教養学部教授.

【主要業績】「孤例の問題—規範と文法変化—」『国語学研究』58, 2019. 『文法変化の研究』くろしお出版 2018.「分類の深層—『あゆひ抄』の隊から—」青木博史・小柳智一・吉田永弘（編）『日本語文法史研究 4』ひつじ書房 2018.

眞田敬介（さなだ　けいすけ）

現在，札幌学院大学人文学部准教授.

【主要業績】「認識的 have to の使用依拠的一考察—その好まれる文法パターンと主観性—」山梨正明（編）『認知言語学論考 No.14』ひつじ書房 2018.「疑問文に生起する英語認識的法助動詞の容認可能性について」『日本語用論学会第 16 回大会発表論文集』2014. A closer look at subjectification in the grammaticalization of English modals: From the main verb mo(o)t to the root modal must. In Ritsuko Kikusawa and Lawrence A. Reid, eds., *Historical Linguistics 2011: Selected Papers from the 20th International Conference on Historical Linguistics, Osaka, 25–30 July 2011.* John Benjamins, 2013.

高橋英光（たかはし　ひでみつ）

北海道大学名誉教授.

【主要業績】『認知言語学とは何か—あの先生に聞いてみよう—』（野村益寛氏・森雄一氏との共編著）くろしお出版 2018. *A Cognitive Linguistics Analysis of the English Imperative: With Special Reference to Japanese Imperatives.* John Benjamins, 2012（第 46 回市河賞／第 5 回日本英語学会賞）.『言葉のしくみ—認知言語学のはなし—』北海道大学出版会 2010.

長屋尚典（ながや　なおのり）

現在，東京大学大学院人文社会系研究科准教授.

【主要業績】 Focus and prosody in Tagalog.（Hyun Kyung Hwang 氏との共著）In Sonja Riesberg, Asako Shiohara and Atsuko Utsumi, eds., *Perspectives on Information Structure in Austronesian Languages.* Language Science Press, 2018.「タガログ語の存在と所有のあいだ」『東京大学言語学論集』39, 2018. Demonstrative prepositions in Lamaholot. *NUSA* 63, 2017.

西山佑司（にしやま　ゆうじ）

慶應義塾大学名誉教授. 明海大学名誉教授.

【主要業績】『名詞句の世界』（編著）ひつじ書房 2013.『ことばの意味とはなんだろう』（今井邦彦氏との共著）岩波書店 2012.『日本語名詞句の意味論と語用論』ひつじ書房 2003.

野村剛史(のむら　たかし)

東京大学名誉教授.

【主要業績】『日本語「標準形」の歴史—話し言葉・書き言葉・表記—』講談社 2019.『日本語スタンダードの歴史—ミヤコ言葉から言文一致まで—』岩波書店 2013.『話し言葉の日本史』吉川弘文館 2010.

三宅登之(みやけ　たかゆき)

現在, 東京外国語大学大学院総合国際学研究院教授.

【主要業績】『花咲く中国語』(張国璐氏・石黒ひさ子氏・池上貞子氏との共著)朝日出版社 2013.『中国語の基礎　発音と文法』(李軼倫氏との共著)NHK 出版 2013.『中級中国語 読みとく文法』白水社 2012.

森　雄一(もり　ゆういち)

現在, 成蹊大学文学部教授.

【主要業績】『認知言語学とは何か—あの先生に聞いてみよう—』(高橋英光氏・野村益寛氏との共編著)くろしお出版 2018.『認知言語学　基礎から最前線へ』(高橋英光氏との共編著)くろしお出版 2013.『学びのエクササイズ　レトリック』ひつじ書房 2012.

李　菲(り　ふぇい)

現在, 立教大学ランゲージセンター教育講師.

【主要業績】「離合詞"帮忙"が表す意味—"帮助"との比較を通して—」『立教女学院短期大学紀要』55, 2018.「"挨打"構文からみる"遭受句"の表現機能」『東京大学言語学論集』37, 2016.「結果補語"着 zháo"の意味拡張—「接触」から「獲得」「被害」へ—」『中国語学』257, 2010.

成蹊大学アジア太平洋研究センター叢書

認知言語学を拓く

2019年 10月30日　第1刷発行

編　者　　森　雄一・西村義樹・長谷川明香

発行人　　岡野秀夫

発　行　　株式会社　くろしお出版
　　　　　〒102-0084　東京都千代田区二番町4-3
　　　　　電話：03-6261-2867　FAX：03-6261-2879　WEB：www.9640.jp

印刷所　　シナノ書籍印刷

装　丁　　右澤康之

© Seikei University Center for Asian and Pacific Studies　2019
Printed in Japan　ISBN978-4-87424-813-3　C3080

本書の全部または一部を無断で複製することは，著作権法上での例外を除き禁じられています